历史从未走远

王立群 著

东方出版社

目录

一 道德品性

道德品性

○ 正义的评价核心是道德，溢出道德底线的丧心病狂必然成为人生败笔。

○ 底线是人生不可逾越的规则和最低标准。超越底线将会付出沉重的代价。

○ 每个人一生都会面临许许多多的选择。当这些选择摆在我们面前的时候，我们都将会面临一场场考验。所有考验的本质其实只有一条：坚守还是放弃。我们所说的每个人，毫无疑问也包括了政治家。政治家是对国家负有重大责任的人，他们的道德底线更神圣、更关键，一旦被突破，整个国家将会为此付出代价。

1.伯夷、叔齐的气节

孤竹国是殷商的下属小国。孤竹国国君有三个儿子，在三个儿子中，他比较看重三子叔齐，希望将王位传给叔齐。孤竹国国君死后，叔齐认为长幼有序，应该让他大哥伯夷继承王位。伯夷则认为立叔齐为君是父亲的意愿，自己不能违背父愿，于是便离家出走。伯夷走后，叔齐也不肯当国君，拍拍屁股也跟着跑了。国人无法，只好立了孤竹国国君的二儿子。这是伯夷、叔齐让国的故事。

伯夷、叔齐兄弟俩听说周文王姬昌有德，善待老人，便一起前往投奔。不凑巧的是，二人赶到时周文王刚死。周武王载着父亲的牌位，带领人马正欲东伐商纣王。这件事情在伯夷、叔齐看来，是大逆不道之事，因此兄弟俩拉住周武王的马进谏：父死不葬，大兴干戈，这是不孝；作为臣子，讨伐国君，这是不仁。伯夷、叔齐的这一番指责让周武王很没面子，也让周武王手下的人很是恼火：我们都要开打了，你们还跑来说这些丧气的话，这不是咒我们吗？于是，周武王的左右卫士要杀掉他俩，幸亏姜太公阻止，说这是有仁有义的人，派人搀扶着他们离开了。这是伯夷、叔齐叩马强谏的故事。

伯夷、叔齐，孤竹君之二子也。父欲立叔齐，及父卒，叔齐让伯夷。伯夷曰："父命也。"遂逃去。叔齐亦不肯立而逃之。国人立其中子。——《史记·伯夷列传》，中华书局2013年版（以下凡引此书，皆为此版，不再一一注明）

伯夷、叔齐叩马而谏曰："父死不葬，爰及干戈，可谓孝乎？以臣弑君，可谓仁乎？"左右欲兵之。太公曰："此义人也。"扶而去之。——《史记·伯夷列传》

周武王伐商顺利得"像缎子一样"，天下改朝换代。兄弟俩认为周朝以臣伐君，是不义之国，他们绝对不能也不会吃周朝的粮食，于是跑到首阳山挖野菜去了。那时的野菜虽然不少，但是整日以野菜为食并不能果腹，最终两人饿死在首阳山上。这是伯夷、叔齐不食周粟的故事。

鲁迅在《故事新编·采薇》中把伯夷、叔齐描画成了恪守旧礼、可笑又可怜的遗老，是脾气太大的傻瓜。

以今日世俗眼光看之，兄弟俩确实有点儿傻，推位让国，离家出走；兄弟俩确实也有点儿愣，武王伐商后来被认为是正义之举，二人却不惜身家性命，叩马强谏；兄弟俩确实也有点儿愚，认为周以不义手段取国，所以不能吃这个国家的粮食，采薇充饥，最终饿死。

在评价历史人物与事件的时候，我们一方面要注重历史事实，考索其真实性；另一方面则要深究其中所包含的时代意义。清代的梁玉绳曾列举十条证据说明伯夷、叔齐事迹中有不可信之处，因此我们现在还是更想看看它的意义。

君子有所为，有所不为。伯夷坚守孝，叔齐坚守悌；兄弟二人共同坚守仁、义。他们放弃国之大宝，舍弃身家性命，坚守了自己的信念，并且践行了自己

武王已平殷乱，天下宗周，而伯夷、叔齐耻之，义不食周粟，隐于首阳山，采薇而食之。及饿且死，作歌。其辞曰：『登彼西山兮，采其薇矣。以暴易暴兮，不知其非矣。神农、虞、夏忽焉没兮，我安适归矣？于嗟徂兮，命之衰矣！』遂饿死于首阳山。——《史记·伯夷列传》

的信念。

伯夷、叔齐的让国精神和不食周粟的高尚气节，是历代诗人反复吟咏的题材。著名者如屈原、陶渊明、李白、杜甫、白居易、范仲淹、司马光、文天祥、刘伯温、顾炎武等都有相关作品传世。伯夷、叔齐的精神早已超越了时代，成为气节、风骨的象征。

在《史记》中，《伯夷列传》是非常独特的一篇，在短短地讲述了伯夷、叔齐的故事后，司马迁毫不吝惜地将更多的心力用在了自己的感慨上：都说老天爷不偏不私，经常帮助好人，可是像伯夷、叔齐这样的人难道不是好人吗？可为什么让他们饿死在首阳山？孔子的弟子中，颜回可谓好学，但他箪（dān）瓢屡空，食不果腹，早早去世。老天是怎么报答善人的呢？像盗跖（zhí）这样的人，杀人如麻却得以善终，这又是遵循了什么样的道德呢？现在像这样的事情不胜枚举，如果说这是所谓的天道，那天道究竟是对呢，还是错呢？

司马迁对此十分疑惑，他的内心深处一定经历了痛苦的挣扎，而这到底是什么原因，也足够让他老人家想上一辈子了。

『天道无亲，常与善人。』若伯夷、叔齐，可谓善人者非邪？积仁洁行如此而饿死！且七十子之徒，仲尼独荐颜渊为好学。然回也屡空，糟糠不厌，而卒蚤夭。天之报施善人，其何如哉？盗跖日杀不辜，肝人之肉，暴戾恣睢，聚党数千人横行天下，竟以寿终。是遵何德哉？
——《史记·伯夷列传》

若至近世，操行不轨，专犯忌讳，而终身逸乐，富厚累世不绝。或择地而蹈之，时然后出言，行不由径，非公正不发愤，而遇祸灾者，不可胜数也。余甚惑焉，傥所谓天道，是邪非邪？
——《史记·伯夷列传》

2.伤不起的小人物

在历史上与羊有关的诗词、典故很多，有"天苍苍，野茫茫，风吹草低见牛羊"的辽阔壮美之景，有"斜光照墟落，穷巷牛羊归"的温暖安详之境；有苏武胡地牧羊十九年，杖汉节，"卧起操持、节旄(máo)尽落"的坚韧不屈，有齐宣王不忍见其觳觫(hú sù)，以羊易牛的仁爱与恻隐；有"三羊开泰"的吉祥祝愿，有"羚羊挂角"的超脱境界。在中国传统文化中，羊大多是与温顺、吉祥、善良等词语联系在一起的。

但是，在春秋的历史舞台上出现了一个凶狠的羊氏人员。

当时，郑国、宋国之间发生了大棘之战(今河南柘城)，交战双方皆严阵以待，摩拳擦掌，士气很盛。在正式交战之前，宋国的主帅华元要做一番战前总动员，除了要慷慨陈词鼓舞士气，申明作战纪律，还要来点儿实际的——杀羊做成羊羹来犒劳军士。军士们吃得饱饱的，心情也就舒服了，自然也就腰不疼了，腿不抽筋了，打仗也有劲了。当然，犒劳军士要有一个统筹规划。到底需要宰多少只羊，到底要做多少碗羊羹，作为主帅的华元事先都已周密安排好了。这样一来，众士兵在战前牙祭打得舒服，主帅华元那晚睡得也特别香，或许在梦中已经品咂大败郑军凯旋受赏的滋味。

但是，百密一疏，华元忘记了一个人，这个人就是他的车御，也就是他的司机，当然这个司机手里握的不是方向盘，而是马鞭。这个人叫羊斟。至于华元为什么偏偏忘记了给羊斟赏赐，史书当中没有记载，我们能做的只是推测。或许大战在即，主帅华元事务繁忙，有点儿紧张了，遗漏了；或许是华元认为一个司机在战场上没有太大的作用，不用特意犒劳；又或许华元平时与羊斟太亲近，认为不需要通过犒劳奖赏的形式激励他，自己人没有那么多礼节。不管是什么原因，事情就是这么个事情，情况就是这么个情况——羊斟没碰到一丁点儿羊肉，而是闻足了羊膻味。

当华元还在做着美梦的时候，羊斟脑袋里面却在盘算着一个邪恶的计划，这个计划足以摧毁华元的美梦，也足以让喝过羊羹的人永远地记住这一碗羊羹。在决定好、谋划好之后，羊斟奸诈地笑了……

第二天，两军对阵，蓄势待发。突然，一个意想不到的场景出现了：宋国主帅的车子飞速地驶入了对面郑军的队伍里。事情发生得太突然、太诡异了，无论是宋军还是郑军都没有反应过来，难不成华元在使什么计策不成？最后还是郑国人反应快一点：我不管你有什么计谋，送上门来的便宜岂能不要，不要又没人会感谢我。所以，郑国人不费吹灰之力抓住了宋军主帅华元。军法有言：擒贼先擒王，宋军眼睁睁地看着主帅自动送到人家门前让人家给绑了起来，一下子慌了手脚，不知该如何应战。军心一乱，喝过的羊羹估计也发挥不了什么作用了，结果可想而知，郑军大败宋军。

华元之将战，杀羊以食士，其御羊斟不及，故怨，驰入郑军，故宋师败，得囚华元。
——《史记·宋微子世家》

那么，华元的车子怎么会平白无故地跑到敌阵当中去了呢？难不成他疯了？

疯的不是华元，而是那个受到冷落的羊斟。

羊斟在华元分赐羊羹的时候没有言语，没有给他羊羹喝的时候，他还是没有言语。但是，不说话不等于没想法。他在遥想，想他对华元的忠心；他在比较，比较他与华元相互的付出是否平等；他在解释，解释华元没想起他来的原因；他在控制，控制他的怨愤与不满。但是，心胸狭窄的他内心容不下如此的漠视，最终他爆发了，他要让华元付出代价。

在策马扬鞭的一刹那，羊斟似乎看到了华元不解的眼神，死也要让人死个明白，于是他大声地向华元咆哮道："畴昔之羊，子为政；今日之事，我为政。"谁的地盘谁做主，昨天那只羊由你说了算，今天的一切将听从我羊斟的！

战争是国与国之间的较量，是血与火的较量，战争的胜败凝聚着众多人的心血，但是这样重要的"国之大事"，竟葬送在人的私心里。同样的故事在《左传》中也有记载，并且《左传》还以"君子"的口吻对这件事情做出了相应的评价："君子谓羊斟'非人也，以其私憾，败国殄民'。"语气极为严厉：羊斟根本不是人，因为一己之私、一己之恨，让国家败亡，百姓受苦。

人的骨子里都有点儿自私的因子，人内心也有自尊的需要。羊斟心里过不去的那道坎不是那一碗羊羹，而是对他的漠视。但是，世界上得不到别人认可、得不到别人重视的人，不止你羊斟一人，与你同时代的就有一个，人家没像你一样为了自己那点儿可怜的自尊将自私因子无限放大，而是淡化了这种因不受重视所形成的心理障碍。这个人叫烛之武，在历史上留名之前，仅仅是一个"弼马温"，即养马之人，空有报国之志，一直不得重用，所以他有着怀才不遇的愤懑："臣之壮也，犹不如人；今老矣，无能为也已。"后来，历史给予了他一个机会，秦晋联军大举攻打郑国，战争如弦上之箭一触即发。在这时，佚之狐向郑文公推荐了沉沦下僚的烛之武。在国家危难之际，烛之武没有纠结于自己所受的不公平待遇，临危受命，游说秦君退兵，顺利地化解了一场危机。

生活在同一个时代的两个人，做人的差距怎么就那么大呢？

不知道羊斟在周密计划的时候有没有想过：宋国败了之后，他自己将何去何从？改用郑文公的一句话："然宋亡，子亦有不利焉。"国之不存，何以家为？人将焉附？

佚之狐言于郑伯曰：『国危矣，若使烛之武见秦君，师必退。』公从之。辞曰：『臣之壮也，犹不如人；今老矣，无能为也已。』公曰：『吾不能早用子，今急而求子，是寡人之过也。然郑亡，子亦有不利焉。』许之。——杨伯峻《春秋左传注·僖公三十年》，中华书局2009年版（以下凡引《左传》，皆为此版，不再一一标注）

3.人非别后，心许生前

《礼记·大学》说："所谓诚其意者，毋自欺也。如恶恶臭，如好好色，此之谓自谦，故君子必慎其独也！"君子认为一定要谨慎地对待自己的独处，不要欺骗自己，不要自我掩饰，而有些人厌恶臭秽之味而嘴上不讲，有些人喜欢漂亮女人而佯装厌恶。不自欺，这是诚信的最根本要求，也是诚信的最高层次，掩饰有时能骗得了别人，却骗不过自己。

春秋时期有一位恪守诚信的典范，此人便是吴国的季札。季札是吴王寿梦的第四子，深得寿梦喜爱和器重。为此，寿梦在临死之前决定把王位传给他，但季札认为这样做不符合"嫡长子继承制"，拒绝接班。寿梦只好立长子诸樊为王，同时立下遗嘱要求吴国的王位继承遵循"兄终弟及"的原则，如此一来，季札早晚会登上王位。只不过，寿梦没有想到季札的让位不是虚让、不是作秀，他是真的不想为王，在三个哥哥诸樊、馀祭、馀眛依次为王之后，按照寿梦的遗嘱，应该是季札为王，但是季札还是拒绝了王位，最后吴国立馀眛的儿子为王。

季札多次让位，这是对自己当初拒绝王位决定的回应，是对自己行为的诚信，他以多次让位兑现了自己对自己的承诺，做到了不自欺。

不自欺的季札，还留下了"季札挂剑"的佳话。有一次，季札出使北方诸国，途中经过徐国，拜见了徐国国君徐君。徐君与季札相见之后，相谈甚欢，徐君十分喜欢季札的佩剑，只是没好意思说出口。季札

寿梦有子四人，长曰诸樊，次曰馀祭，次曰馀眛，次曰季札。季札贤，而寿梦欲立之，季札让不可，于是乃立长子诸樊，摄行事当国。——《史记·吴太伯世家》

一看徐君的神态，也明白了他的心思，但在春秋时代，佩剑不仅是一种装饰，更是一种象征，是使者的象征、礼仪的象征，季札还要出使别的国家，佩剑是必需之物，所以虽然内心愿意将剑赠给徐君，但季札还是继续带剑前往他国了。后来，季札光荣完成使命返回吴国，途中再次经过徐国时，又去拜见徐君，没有想到此时徐君已经死了。季札很痛心，解下佩带的宝剑，挂在徐君墓前的树上。他的随从说："徐君已经死了，您这是要送给谁呢？"季札回答："不能这样说，当初途经此地时，我在心里已经向自己许诺要把这把剑送给徐君，怎么能因为徐君死了而违背自己的诺言呢！"

季札所坚守的，居然是内心默许的诺言，还是针对死人来兑现的。这种胸怀，这种气度，令人佩服，季札挂剑，遂成为恪守诚信的万世师表。

古代君子的风范，但愿能来一次穿越，刷新一下今日失信弥漫的空间。

毒奶粉、假疫苗、假农药、假文凭、、地沟油、染色馒头、瘦肉精，真品与赝(yàn)品齐飞，诚信与欺诈难辨。很多的统计数据，也总是让人们焦虑与质疑不断。

季札挂剑的确是个老掉牙的故事，但老掉牙的背后恰恰是对现代社会普遍缺失诚信的警示。

季札之初使，北过徐君。徐君好季札剑，口弗敢言。季札心知之，为使上国，未献。还至徐，徐君已死，于是乃解其宝剑，系之徐君冢树而去。从者曰："徐君已死，尚谁予乎？"季子曰："不然。始吾心已许之，岂以死倍吾心哉！"——《史记·吴太伯世家》

在当下，我们似乎早已习惯了食言，习惯了谎言，习惯了自欺、欺人、被人欺。别人对我们的许诺，我们不断地去求证；自己对自己的许诺，我们很少去实施；自己对他人的许诺，我们避免去验证。乱喊狼来了不好，我们却每天都在喊。当我们捶胸顿足要求别人信任时，先扪心自问一下自己是否值得"被信任"：太上不欺心，其次不欺人，再次不欺天。

如果你无法兑现许诺，那你总能够做到不承诺吧，哪怕是在心里；如果凭一己之力不能清除所有的污垢，那总能够做到拒绝同流合污，让世界稍微干净一点点吧。

曾经，某知名人士的学历"造假门"事件吸引了大众的眼球（尽管其文凭被证明"似乎也许好像"是真的）。在接受采访时，这位人士一方面大谈真诚，说不真诚就不会成功，"从头至尾我都是一个真诚的人"；另一方面大放厥词，"如果把全世界都蒙了，就是你的真诚蒙到了别人，你欺骗一个人没问题，如果所有人都被你欺骗到了，就是一种能力，就是成功的标志"（是够真诚的）。实在弄不懂这是什么逻辑，也终于明白了什么叫作成功：成功就是把所有的人都给"蒙"了。令人疑惑的是，这个"所有的人"包括你自己吗？你自己能把自己哄得手舞足蹈吗？如果不包括你自己，那还是"所有的人"吗？如果是，那你自己还算不算"人"呢？现在有点儿想明白了，之所以把欺诈与真诚画上等号，或许是早已脱离了人类的缘故。怪不得有人说，现代社会，"宁做真小人，不做伪君子"，"真小人"至少还展露了其"真实"的一面，"伪君子"却是彻头彻尾的假。

看来，世界上不是缺少丑，而是缺少发现丑的眼睛。我们不禁要问，面对众多的丑，社会的约束力到底又在哪里呢？

4.奇人子路

孔子弟子三千多人，贤者七十七人（或曰七十二人），在众多弟子中，子路是比较特殊的一位，他以直率坦诚著称，可以称得上是孔门弟子中"最可爱的人"。这样一位可爱的人却有着不寻常的经历，颇具传奇色彩。子路之奇可以从以下几个方面略窥一二。

一是服饰之奇。

子路，名仲由，春秋时代鲁国卞人。子路在《尸子》一书中被称为"野人"，即缺乏教养、没有礼貌的粗野之人。《史记·仲尼弟子列传》对其性格及形貌做出了更为详尽的描述：子路生性粗俗，勇猛而有气力，为人刚直，喜欢在帽子上插上雄鸡羽毛，以猪腿骨为饰品。其原文中的"豭（jiā）豚"指的是公猪，与雄鸡都是凶猛、刚烈、好斗之物。从人的服饰装扮可以看出他的情趣爱好、性格特点，子路所佩戴二物与他的勇武彪悍有关。子路的装扮，即便是在离现在很远的周代也显得很另类，每次上街都会引来无数人关注，回头率百分之百，因为当时是一个盛行君子威仪风度的时代，"古之君子必佩玉"，"君子无故玉不

子路性鄙，好勇力，志伉直，冠雄鸡，佩豭豚。——《史记·仲尼弟子列传》

去身"，玉器是最为盛行也最为普遍的配饰。子路佩戴雄鸡羽毛、猪腿骨，这些都不太符合君子礼仪风度的要求，被称为"野人"很合适。

二是拜师之奇。

子路这样一个爱好勇力、任性使气的粗野之人，与孔子的礼乐教化差距甚大，加之他仅仅比孔子小九岁，所以最初子路对于礼乐教化很不以为然，对孔子也极不客气，甚至还曾经侮辱过孔子，《史记·仲尼弟子列传》记为"陵暴孔子"。如此一来，子路与其他学生的入学之道也颇为不同，其他学生都是倾慕孔子的德行才学，主动投谒门下，而子路根本不屑当孔子的学生，反而是孔子在被子路"陵暴"之后，主动地以礼乐慢慢诱导子路，最后子路才入了孔门。虽然最后子路穿上儒服，带着礼物拜师孔子，以此终止了二人的较量，但最开始子路架子端得很大，孔子则以低姿态出现。孔子众多弟子中，能够享受到如此待遇的，能够让孔子如此大费周章的，唯有子路一人。能够让孔子主动去教他，子路身上一定有他的过人之处。入门既已不俗，此人又怎能不奇？

三是与孔子相处之奇。

子路拜师孔子，跟随其学习，慢慢地对孔子也逐渐了解了，认识到孔子的伟大，对其日益尊敬起来。别人诋毁孔子，子路会生气、会辩解；孔子遇到危难，子路会着急、会担忧。孔子在匡地被误认为阳虎，被匡人围困了五天，子路在行进过程中被人冲散了，因为担心孔子的安危，他凭着自己的勇力，极力冲到包围圈中查看孔子的情况。所以，孔子曾经说过，如果自己的主张行不通了，坐着竹筏到海外去，跟随他的可能只有子路。

孔子亦是凡人，凡人便有凡人的苦恼与缺点，对于孔子身上的缺点，或者子路认为不对的地方，子路会毫不犹豫、一针见血地指出。孔子在游历诸侯的过程中途经卫国，当时卫国的国君是卫灵公，但国家政权实际上掌握在卫灵公夫人南子手里，南子听闻孔子来到卫国，想见一见这位传说中的人物，便派人向孔子传话。孔子最开始是不愿意去见南子的，原因是南子这个女人的名声不好，好淫成性。但是，孔子想在卫国发展，最快捷的途径便是走南子这条路线，所以为了能够找到施展才能的舞台，孔子还是去见了南子一面——两人隔着帘子，各自行礼。孔子回去之后，其他学生没有任何表示，唯有子路一人非常不高兴，子路说了什么，史书没有记载，想必不是什么好话，最后逼得孔子没有办法，向着子路赌咒发誓说：如果我做了什么不合于礼法之事，就让老天厌弃我吧，就让老天厌弃我吧！

这便是子路与孔子的相处之道，他对孔子无比忠诚，但对孔子也能直言不讳，他对孔子的爱与不满，随时写在脸上，不会掩饰。

四是身死之奇。

子路死于卫国的一场血腥政变之中。进入孔

子曰：「道不行，乘桴浮于海。从我者，其由与？」——程树德《论语集释·公冶长》，中华书局1990年版（以下凡引《论语》，皆为此版，不再一一标注）

灵公夫人有南子者，使人谓孔子曰：「四方之君子不辱欲与寡君为兄弟者，必见寡小君。寡小君愿见。」孔子辞谢，不得已而见之。夫人在絺帷中。孔子入门，北面稽首。夫人自帷中再拜，环珮玉声璆然。——《史记·孔子世家》

子见南子，子路不说。夫子矢之曰：「予所否者，天厌之！天厌之！」——《论语·雍也》

门之后，子路学到了处理政务的本领，以"政事"著称，历任鲁国季孙氏的宰、卫国大夫孔悝（kuī）的宰。

在子路为孔悝宰时，他所效命的卫国发生了内乱。故事的起因是卫灵公的太子蒯聩（kuǎi kuì）因得罪卫灵公夫人南子而出奔国外，卫灵公死后，南子决定立卫灵公的小儿子公子郢（yǐng）为君，但公子郢以蒯聩的儿子蒯辄还在世为由予以拒绝，所以，卫国人便立了蒯聩之子蒯辄为君，是为卫出公。

夏，灵公卒，夫人命子郢为太子，曰：『此灵公命也。』郢曰：『亡人太子蒯聩之子辄在也，不敢当。』于是卫乃以辄为君，是为出公。——《史记·卫康叔世家》

蒯辄即位为君之后，旅居在外的蒯聩心里不安定了，他本来指望着卫灵公去世之后，自己还能回到国内继承君位，没想到他被忽略了，国人直接跳过他立了他的儿子为君，这样他的为君之路就被堵死了。但是一直做着国君梦的蒯聩不甘心，于是在姐姐伯姬与姐姐情夫浑良夫的帮助下发动内乱，胁迫他的外甥孔悝驱逐卫出公。

此次内乱发生之后，子路闻讯即要进城见蒯聩，路遇子羔、公孙敢，二人都认为在此混乱状况下，还是不要蹚这浑水为妙。子羔、公孙敢都是为子路着想，但是子路认为"食焉不辟其难""利其禄，必救其患"，他作为孔悝之宰，受其俸禄，不能逃避祸难，必须救患拨正。此为子路之义勇。

子路趁机进入城门之后，直接来到蒯聩所在的高台下，责问蒯聩为什么要胁迫孔悝，直言蒯聩所为不合礼制规定，即使是杀掉孔悝，还会有其他人奋起反对。子路首先从舆论上给予对方一定的心理压力，此为子路之智勇。

接下来，子路说：蒯聩为人胆小无勇，如果烧掉蒯聩所在的高台，就能将孔悝救下。此为子路对蒯聩的勇力挑战。蒯聩听闻之后，派出石乞、盂黡（yú yǎn）击杀子路，子路奋起迎敌，此其原始勇力之展现。子路虽然以长于勇力著称，但是毕竟敌众我寡，孤军作战的他还是没有占到上风。在激战当中，子路的帽带被对方割断了，子路见已无回天之力，慨然抛出心中所愿：先让我把帽带系好。系好帽缨，从容赴死，此为子路之君子风度。

子路是抱着必死的信念去营救孔悝、怒斥蒯聩的，虽然他知道一个人的力量很微弱，但是也不打算逃避，最后子路被蒯聩命人剁成肉酱，惨不忍睹。为义而死，子路不是唯一的一个，也不是最悲壮的一个，说其身死为奇，是从子路的人生历程上来说的。子路在《史记》中是以一个勇士的形象登台亮相的，不过这时的勇士尚是粗俗之人。璞玉需待能工巧匠雕琢，子路身上的勇猛之性尚需孔子改造。生性质朴的子路进入孔门之后，并未因为礼乐教化而抹去其勇猛本性，孔子曾批评他道："由也好勇过我，无所取材。"子路也多次向孔子请教"勇"的

有使者出，子路乃得入。曰：『太子焉用孔悝？虽杀之，必或继之。』且曰：『太子无勇。若燔台，必舍孔叔。』太子闻之，惧，下石乞、盂黡敌子路。——《史记·卫康叔世家》

以戈击之，割缨。子路曰：『君子死，冠不免。』结缨而死。——《史记·卫康叔世家》

问题,《史记·仲尼弟子列传》记载:"子路问:'君子尚勇乎?'孔子曰:'义之为上。君子好勇而无义则乱,小人好勇而无义则盗。'"孔子认为勇猛之气需要义的统辖,如果只好勇而不尚义,君子会作乱,小人会行盗。子路经常对孔子的话语提出质疑,这一次他却在生命的终端以具体行动印证了孔子的教导,完满地交上了最后的答卷。

之前佩戴雄鸡羽毛、猪腿骨,放荡不羁、粗俗不堪的"新新人类",最后却能不免冠而死,不忘维持君子风度,其间转变怎能不令人惊叹!

有一种人,永远不会掩饰自己,不会伪装自己。因为不伪装,所以敢说、敢做、敢担当;因为直率,所以可爱,不会使人轻易忘怀。子路就是一个不会使人轻易忘怀的人。

5.吃鱼的故事

《史记》中有两则吃鱼的故事。

一则是冯骧(xuān)客孟尝君的故事。冯骧(《战国策》等文献多写作"冯谖")听说孟尝君招贤纳士,就衣衫褴褛地去投奔。孟尝君把他安置在比较低级的住所里,但这个穷困潦倒的冯先生对自己的待遇相当不满意,于是抱着草绳缠着剑把的长铗(jiá)引吭(háng)高歌:长剑啊长剑,咱们还是回去吧!这里吃饭没有鱼。孟尝君于是提高了冯骧的级别,有鱼吃了,居高档住所了。然而,冯骧并没有满足,出门还要坐马车,还要领薪水,还要养家糊口,于是"故伎重演",数次弹剑复歌，惹得孟尝君很是不悦。但是，正是这个"贪婪索取"的冯驩，后来凭借其才智恢复了孟尝君的相位。

其实，冯驩屡次要求提高待遇，是故意挑战孟尝君的极限，看看他是否诚心对待士人，验证一下其好客之名是否徒有其表。

另一则是鲁国国相公仪休的故事。公仪休嗜鱼，既云"嗜"，就非一般的隔三岔五地尝点儿腥味了，可能是"不可一日无此君"了。但是，就是这个"嗜鱼如命"的博士相国却坚决拒受他人馈赠的鱼。公仪休有他自己的想法：我身为相国，有能力顿顿吃鱼，要是现在接受别人送来的鱼，一旦我这个相国因此被免职，再想天天吃鱼，恐怕就很难做到了。

天下没有免费的午餐，这是公仪休嗜鱼却不受鱼贿的心理活动，他的拒贿源自内心的敬畏，他也成为严于律己的典范。除此之外，公仪休还留下了"拔葵去织"的典故。自家园子里种的菜味道鲜美可口，那可不行，拔掉；自己的媳妇织的布好，不行，不但要烧掉机杼，还要把媳妇赶回娘家。这也有他的逻辑：我们拿着国家发放的薪水，怎么能够与民争利呢？我们这样做，让那些菜农、织妇怎

孟尝君置传舍十日，孟尝君问传舍长曰：『客何所为？』答曰：『冯先生甚贫，犹有一剑耳，又蒯缑。弹其剑而歌曰「长铗归来乎，食无鱼」。』孟尝君迁之幸舍，食有鱼矣。五日，孟尝君复问传舍长。舍长答曰：『先生又尝弹剑而歌曰「长铗归来乎，出无舆」。』孟尝君迁之代舍，出入乘舆车矣。五日，又问传舍长。答曰：『客复弹剑而歌曰「长铗归来乎，无以为家」。』孟尝君不悦。——《史记·孟尝君列传》

客有遗相鱼者，相不受。客曰：『闻君嗜鱼，遗君鱼，何故不受也？』相曰：『以嗜鱼，故不受也。今为相，能自给鱼；今受鱼而免，谁复给我鱼者？吾故不受也。』——《史记·循吏列传》

么卖他们的产品，怎么去生活？公仪休的理论是"食禄者不得与下民争利，受大者不得取小"，不能守着锅里的，还看着碗里的，公职人员不能与老百姓争利。

《史记》中说，公仪休是鲁国博士，奉法徇理，无所变更，似乎他也深受老子思想的影响。《老子》说："祸莫大于不知足，咎莫大于欲得。故知足之足，常足矣。"意思是说：祸患没有大过不知满足的了，过失没有大过贪得无厌的了。所以知道满足的人，永远是觉得满足的、快乐的。公仪休深知"知足者富"的道理，所以顿顿有鱼吃。

要知足，就必须抵制诱惑。

"吴王好剑客，百姓多创瘢(bān)""楚王好细腰，宫中多饿死"。上有所好，下则迎之。上嗜吃喝，下则投之以金樽美酒、玉盘珍馐；上嗜美色，下则献之以霓裳娇娥、倾城倾国；上嗜豪赌，下则奉之以钱财万贯、珠玉满车。但是，"身后有余忘缩手"，最终怕是要陷入"眼前无路想回头"的窘境了。

冯谖一曲"长铗归来乎"，不过是当时士人借提高生活水准之名以求自重而耍的小小"伎俩"；公仪休嗜鱼不受鱼，也是奉法循理、保持自己生活质量的简单办法。道理都很简单，谁都懂。拒绝

公仪休者，鲁博士也。以高弟为鲁相。奉法循理，无所变更，百官自正。——《史记·循吏列传》

食茹而美，拔其园葵而弃之。见其家织布好，而疾出其家妇，燔其机，云『欲令农士工女安所雠其货乎』？——《史记·循吏列传》

一条鱼、两条鱼可能做起来易如反掌，但要是换成一车鱼，换成一片大海呢？

诱惑大了，你是不是就要想想了？这一想，麻烦可就大了。

6.政治家的道德底线

李斯之死是秦帝国迅速崩溃的重要原因之一。

李斯是辅佐秦始皇统一天下的重臣。秦始皇所有政绩中都有李斯的一份功劳。秦始皇沙丘病故之后，李斯更是肩负着维系帝国命运的重大责任。赵高企图篡改秦始皇遗诏之时，唯李斯一人有扶大厦于将倾之力。虽然赵高已经串通了胡亥，但是，如果得不到李斯的认可，赵高要想成功，绝非易事。

可是赵高的一句话击中了李斯的要害：如果扶苏即位，丞相之位理应由扶苏更熟悉、更信任的蒙恬担任。李斯为了保住自己的相位，违心地接受了赵高篡改始皇遗诏以发动政变的计划。李斯在这番利益的权衡之中，做了一个最不该做的选择，他与赵高赐死扶苏，诛杀蒙恬、蒙毅，保住了自己的相位。但是伴随着赵高日益膨胀的权势，李斯最终还是惨死在赵高的屠刀之下。

李斯既想保住大秦帝国，又想保住自己的荣华

长子刚毅而武勇，信人而奋士，即位必用蒙恬为丞相，君侯终不怀通侯之印归于乡里，明矣。
——《史记·李斯列传》

于是乃相与谋，诈为受始皇诏丞相，立子胡亥为太子。
——《史记·李斯列传》

富贵，结果最终连自己的性命也未能保住。这是李斯的悲剧！

选择应该选择的是勇敢，选择不该选择的是怯懦；放弃不该放弃的是愚蠢，放弃应该放弃的是睿智。

李斯最大的悲剧是他突破了一个政治家的道德底线。如果他能够坚守"奉主之诏，听天之命"的原则，能够"在其位，谋其政"，始终将国家的利益置于第一的位置，他会走到被杀这一步吗？虽然历史不能假设，但是，如果以仁义著称的扶苏即位，李斯或许不能保住相位，但至少不会惨死并遭族诛。

底线是人生不可逾越的规则和最低标准。超越底线将会付出沉重的代价。每个人一生都会面临许许多多的选择。当这些选择摆在我们面前的时候，我们都将会面临一场场考验。所有考验的本质其实只有一条：坚守还是放弃。

我们所说的每个人，毫无疑问也包括了政治家。政治家是对国家负有重大责任的人，他们的道德底线更神圣、更关键，一旦被突破，整个国家将会为此付出代价。

附记：《北京大学藏西汉竹书》（三）中，有一篇名为《赵正书》的文章。此篇近1500字，记录了秦始皇临终前与李斯的对话、李斯被害前的陈词及子婴的谏言等。篇中还首次提到秦始皇临终前正式传位给胡亥，而非赵高、胡亥、李斯合谋擅立胡亥。此为惊天之发现，然因其为孤证，尚无法彻底推翻司马迁《史记》的记载。我们期待新的出土文献出现以判定孰是孰非，或许对这些历史人物曾经的评价会被改写。

7.陈涉的失诺

在大秦帝国沉浸在无比的荣耀之中时，当秦国大地的春种秋收依旧井然有序地进行之时，当秦始皇屡次在广袤的帝国土地上耀武扬威展示他登峰造极的功绩时，阳城田间田埂上的一个雇农的内心深处已经蠢蠢欲动起来。

他叫陈涉。正是他，点燃了反秦的第一把火，这把火迅速燃遍了关东的每一个角落。

陈涉一句"燕雀安知鸿鹄(hú)之志哉"的怅恨，折射出他不安于现状的心理与自命不凡的期许，"苟富贵，无相忘"的许诺则是处于相同地位与阶层的惺惺相惜。

陈涉前往渔阳途中发出的"王侯将相宁有种乎"的呐喊，是中国古代最著名的豪言壮语之一。这位底层的雇农，用他自己的方式，向秦帝国的最高统治者、向一直以来传统的等级秩序发起了挑战。

陈涉大军一路凯歌，沿途城池闻风而下、望风而靡，到陈地之时，士卒数万、车骑千乘，文治煌煌、武功烈烈。陈涉佣耕时的鸿鹄之志，大概也就是这样的威风吧。所以刚取得一点点成果，他就迫不及待地称王、建都，扬扬自得。

早年一块儿种田的那个伙计听说陈涉果真当了

陈涉少时，尝与人佣耕，辍耕之垄上，怅恨久之，曰："苟富贵，无相忘。"庸者笑而应曰："若为佣耕，何富贵也？"陈涉太息曰："嗟乎，燕雀安知鸿鹄之志哉！"——《史记·陈涉世家》

召令徒属曰："公等遇雨，皆已失期，失期当斩。而戍死者固十六七。且壮士不死即已，死即举大名耳，王侯将相宁有种乎！"——《史记·陈涉世家》

王，便风尘仆仆地前来投奔，高呼着陈涉的大名，满以为这位当年许下"无相忘"的哥们儿会提携他一下，没想到却吃了个闭门羹。当他千方百计见到当今的陈王时，一句"夥（huǒ）颐！涉之为王沈沈者（哎呀，好阔气呀，陈涉的宫室好深啊）"的乡音，就把自己的命送掉了。

西方有句谚语："仆人眼中无英雄。(No man is a hero to his valet.)"这位与陈涉一起光着膀子在田间劳作的昔日伙伴，压根就没有意识到今天的陈王不再是昨天的陈涉了，他还不知趣地到处宣扬陈涉的陈年糗事，在消解陈涉权威的同时，也在急剧吞噬着自己的性命。

陈涉杀了早年的小伙伴，释放出的信号让许多故人心寒不已；陈涉无信无义之举，其破坏效应巨大，故人们纷纷逃离陈涉，陈涉慢慢地真正成为"孤家寡人"。最后陈涉仅做了六个月的王，就死在了车夫手中。后人在唏嘘中总结陈涉之兴的原因中就有早立鸿鹄之志这一条，而总结其亡之因时也有一条，就是无信、无仁爱之情。

也许，陈涉早年的那句"苟富贵，无相忘"仅仅是发发感叹而已，就如同富贵人家的小姐，面对良辰美景的时候免不了要来一声叹息的。所以，曾经共事的那些伙计是绝对不该当真的。不幸的是，他们都当了真。

明代的刘基有本寓言集叫《郁离子》，其中记载

入宫，见殿屋帷帐，客曰："夥颐！涉之为王沈沈者！"楚人谓多为夥，故天下传之，夥涉为王，由陈涉始。客出入愈益发舒，言陈王故情。或说陈王曰："客愚无知，颛妄言，轻威。"陈王斩之。——《史记·陈涉世家》

诸陈王故人皆自引去，由是无亲陈王者。——《史记·陈涉世家》

了一个这样的故事。

济阴（济水的南面）有个商人，渡河时船坏落水，他大声求救。有个渔夫划船去救他，还没有靠近的时候，商人高喊："我是济阴的富豪，快快救我，我给你一百两金子。"商人被救上岸后却只给了渔夫十两金子。渔夫问："当初你答应给我一百两金子，现在却只给十两，这不是不讲信用吗？"商人怒道："你一个打鱼的，一天能挣多少钱？突然间得到十两金子还不满足吗？"渔夫悯然而去。巧的是，这个商人后来再一次落水；更巧的是，原先救过他的那个渔夫也在那里。不巧的是，渔夫撑船上岸，远远地看着那位商人在水中挣扎，直至沉没。有人问渔夫："为什么见死不救呢？"渔夫说："他就是那个答应给我一百两金子而不兑现承诺的人。"

《论语·为政》中说："人而无信，不知其可也。"既然答应别人，就要兑现承诺。济阴商人用自己的生命鲜活地证明了这样一个道理：承诺是金。

济阴商人因为失诺最终送了命，陈涉因为失诺让故朋好友纷纷离他而去，失去了支持他、拥立他登上王位的贫民阶层，他的失败是理所当然的。

贾人急号曰："我济上之巨室也，能救我，予尔百金。"渔者载而升诸陆，则予十金。渔者曰："向许百金，而今予十金，无乃不可乎！"贾人勃然作色曰："若渔者也，一日之获几何，而骤得十金犹为不足乎？"渔者黯然而退。他日，贾人浮吕梁而下，舟薄于石又覆，而渔者在焉。人曰："盍救诸？"渔者曰："是许金而不酬者也。"舣而观之，遂没。——刘基著，王立群译《郁离子》，上海社会科学院出版社2009年版（以下凡引《郁离子》，皆为此版，不再一一注明）

如果不能兑现承诺，那就不要轻易许诺。老子说："轻诺必寡信。"因此，有些诺言是不能轻易许的，但既然许下了，就必须兑现。

童话故事中总是有勇敢的王子对美丽的公主许下承诺：我会保护你，而最终的结果是历经磨难，"从此，他们过着幸福的生活"。当然，这只是童话，现实世界中可能并不如此单纯。对于诺言，古人的一句话倒可以借鉴："诺不轻许，故我不负人；诺不轻信，故人不负我。"不要轻易许诺，因此不会辜负别人；对于别人的许诺，不要刻意地时刻铭记，因此也不会觉得别人对不起自己而心理失衡。

8.刘邦的心声

刘邦，字季。按古代兄弟伯仲叔季的排行次序来看，他应该排行第四。但史书中没有记载他还有个三哥，所以一般都认为刘邦排行第三，人称刘三。

刘邦少时不事农事，游手好闲，经常受到父亲的训斥。他有两大爱好：嗜酒，好美姬。刘邦是个美男子，如何好色史无详细的正面记载，喝酒倒都是不给钱的，经常赊账，从来不还。这时的刘邦，就是一个无赖。不知为何，后来混了个泗水亭长的职位。亭长，大致相当于今天的乡长、镇长，主要负责地方的治安警卫，兼管停留旅客，治理民事。为什么会起用刘邦，也有可能是出于以暴制暴的考虑吧，因为刘邦本就是那个地方的一个不安定因素。

刘邦当上了泗水亭长，能够经常到秦都咸阳出差。有一次，他碰巧看到了秦始皇的巡游队伍。秦始皇成为皇帝以后，经常巡游，炫耀他登峰造极的功绩。炫耀，需要有人看，所以，他巡游的时候，百姓不用回避，于是刘邦就有机会见识了这样的场面。那家伙，宏大壮观，气势威严，这让撅着屁股跪在路边的刘邦开了眼界，喟然长叹："大丈夫当如此也！"作为一个男人，就应该这样啊！这一声长叹，正是他心声的真实表达。一个"当"字，活脱脱勾勒出了刘邦的志向——对于权力的无比垂涎与艳羡。

高祖常繇咸阳，纵观，观秦皇帝，喟然太息曰："嗟乎，大丈夫当如此也！"——《史记·高祖本纪》

秦始皇在骊山大兴土木，从全国各地不断征发民工，这是刘邦的职责之一，他不仅需要把征调的人员凑够，还要亲自把他们押送到目的地。在押解劳役去骊山的途中，劳工不断逃亡。按这个逃亡的速度，到咸阳的时候恐怕一个不剩了，他自然交不了差。在劳役大都逃之夭夭的无奈之境下，刘邦被迫落草为寇。

刘邦虽然没有多少军事指挥才能，但他善于用人。韩信也曾说刘邦"善将将"。在成为大汉王朝的皇帝后，刘邦曾在众臣面前总结自己的成功经验，他说："策划用兵，指挥战争，决胜千里之外，我比不上张良；镇守国家，安抚百姓，供应粮饷，不断绝粮道，我比不上萧何；统率百万大军，战就一定能胜利，攻就一定能攻取，我比不上韩信。这三个人，都是俊杰之才，我能够用他们，这就是我取得天下的原因。"项羽手下也有这样的人，比如范增，不过得不到信

夫运筹策帷帐之中，决胜于千里之外，吾不如子房；镇国家，抚百姓，给馈饷，不绝粮道，吾不如萧何；连百万之军，战必胜，攻必取，吾不如韩信，此三者，皆人杰也，吾能用之，此吾所以取天下也。——《史记·高祖本纪》

任，所以项羽失败了。的确，刘邦善于使人、用人，张良、萧何、韩信都在刘邦的器重之下为汉帝国立下了赫赫战功。人就是一粒种子，发芽、成长是它的天性，但是需要阳光、空气和水分。刘邦就是一粒种子，张良、萧何、韩信就是阳光、空气和水分。刘邦知道自己需要什么，所以一旦条件适合，就会疯狂地成长。

面对秦始皇的巡游队伍，刘邦的对手——项羽也曾发出过类似感叹，他对叔父项梁说"彼可取而代之"，最终他也成为反秦大军的重要力量。楚汉之争中，项羽抓了刘邦的父亲作人质，并派人告诉刘邦，准备把刘老头用大锅给炖了。但刘邦却说："咱俩在楚怀王面前相约为兄弟，既然是兄弟，我爹也就是你爹，你一定要煮你爹，千万不要忘了分我一杯肉汤！"这话听起来有些无赖，不过刘邦正是用近似无赖的做法，最终战胜了项羽。

在尊其为帝的强烈呼声中，刘邦忸怩作态，推让再三，故作极不情愿状地坐上了梦寐以求的皇帝宝座。刘邦说："我听说皇帝的尊号，只有贤能的人才能配得上，我可承受不了皇帝的尊号。"在手下多次劝说之下，刘邦说："既然诸位认为我合适，那我就干吧，这是为了国家的便利。"刘邦此时的这番话语，实在是十足的虚伪与矫情，不过也开了后世汲汲篡权者矫揉造作的先河。

为高俎，置太公其上，告汉王曰："今不急下，吾烹太公。"汉王曰："吾与项羽俱北面受命怀王，曰『约为兄弟』，吾翁即若翁，必欲烹而翁，而幸分我一杯羹。"

——《史记·项羽本纪》

汉王曰："吾闻帝贤者有也，空言虚语，非所守也，吾不敢当帝位。"……汉王三让，不得已，曰："诸君必以为便，便国家。"甲午，乃即皇帝位汜水之阳。

——《史记·高祖本纪》

未央宫落成大典，刘邦大会诸侯、群臣，在未央宫前殿摆设酒宴。捧着玉制酒杯，刘邦起身向他的父亲太上皇献酒祝寿。这样的场面，刘邦很享受，也很骄傲。他借机追问他爹："从前您总是说我游手好闲，干啥也不行，不能积累财产，发家致富，总是说我不如我二哥有能力，您老人家现在看看，我的产业比我二哥如何？"此番话语，既是对早年他爹训斥他不务正业的反驳，更是大功告成后耀武扬威的表达。当着众位大臣的面，皇帝这样责备他爹，群臣都会尴尬，连忙"呵呵"，高呼万岁。在群臣的大笑与高呼万岁声中的太上皇，不知心中作何感想！这是刘邦真实的心声。

未央宫成。高祖大朝诸侯群臣，置酒未央前殿。高祖奉玉卮，起为太上皇寿，曰："始大人常以臣无赖，不能治产业，不如仲力。今某之业所就孰与仲多？"殿上群臣皆呼万岁，大笑为乐。——《史记·高祖本纪》

高祖还乡，隆重置办酒席，宴请从前的朋友父老子弟。特意从家乡选了一百二十个儿童，教他们唱歌，酒酣耳热之际，高祖亲自击筑伴奏、领唱自己作词作曲的《大风歌》："大风起兮云飞扬，威加海内兮归故乡，安得猛士兮守四方！"一百二十个儿童齐声唱和，高祖拔剑起舞，慷慨激昂，感时伤怀，不禁热泪纵横。和旧日酒友的高歌与热泪盈眶真实表达了刘邦从一个无赖到大汉皇帝的感慨，其中的酸甜苦辣，尤其是艰难困苦也许只有刘邦心里清楚，这次的流泪倒不是演戏，应该是真情的自然流露。

悉召故人父老子弟纵酒，发沛中儿得百二十人，教之歌。酒酣，高祖击筑，自为歌诗曰："大风起兮云飞扬，威加海内兮归故乡，安得猛士兮守四方！"令儿皆和习之。高祖乃起舞，慷慨伤怀，泣数行下。——《史记·高祖本纪》

高祖还乡的场面的确很动人，满满的衣锦还乡的荣耀与显摆。是啊，刘邦不是什么富二代、官二代，他从沛县的一个让人讨厌的乡民，最终坐上了大汉帝国皇帝的宝座，整个帝国都是他的。那些不学无术、一无所成的富二代还时不时在网上炫炫富，刘邦靠个人奋斗走向成功，他是有资格、有理由在家乡父老面前晒一下的。元代的曲作家睢（suī）景臣曾以这个场面为题材写过一组套曲。这组套曲以一个熟悉刘邦乡民的口吻，故作无知，把大汉开国皇帝从神坛上硬生生地给拽下来了，曲词很口语化，诙谐泼辣，如：

> 你须身姓刘，您妻须姓吕，把你两家儿根脚从头数：你本身做亭长耽几盏酒，你丈人教村学读几卷书。曾在俺庄东住，也曾与我喂牛切草，拽坝扶锄。
>
> 春采了桑，冬借了俺粟，零支了米麦无重数。换田契强秤了麻三秤，还酒债偷量了豆几斛（hú），有甚胡突处。明标着册历，见放着文书。
>
> 少我的钱差发内旋拨还，欠我的粟税粮中私准除。只道刘三谁肯把你揪捽住，白甚么改了姓更了名唤做汉高祖。

《哨遍·高祖还乡》，隋树森《全元散曲》，中华书局1964年版，第544—545页。

这套曲子，有艺术的成分，也有一些史实的依据。其实，正是因为刘邦从前的草根性质，其成为大汉天子的历程才显得更为曲折艰辛。只有清楚刘邦的出身，才能真正深入到刘邦心底，才能理解他高歌

《大风歌》时的"泣数行下",才能理解刘邦的心声。

高祖讨伐黥(qíng)布的时候,不幸被流箭射中,回来的路上就病了。后来病情加重,吕后请来良医,医者说伤病可治。刘邦骂道:"我本是一介布衣,手提三尺之剑,最终获得天下,这难道不是天命吗?人的命运,是由上天决定的,纵然你是扁鹊,又有什么用呢?"于是,没让医者治疗,赏了他五十金,打发走了。病重之际,刘邦拒绝就医,那一番天意的表达虽愚昧但也是一七尺男儿的刚烈写照。刘邦这几句话,读之令人不禁感慨唏嘘,这是怎样的胸怀!正因有此,《大风歌》才会传遍大汉帝国;正因有此,大汉气象才会巍巍造就。我总以为,开国者的气质、自信、胸怀与一个王朝的气象有莫大关系。

虽然刘邦的发迹史包含太多的偶然,但与他胸怀大志,善用人、善将将,重情意、不拘小节是分不开的。有道是天道酬勤,天道也酬志、酬智。

于是高祖嫚骂之曰:『吾以布衣提三尺剑取天下,此非天命乎?命乃在天,虽扁鹊何益!』遂不使治病,赐金五十斤罢之。——《史记·高祖本纪》

9. 气节啊,你到底还值多少钱

刘邦晚年,一心想废掉太子刘盈,立戚夫人之子赵王刘如意为太子。虽然有不少元老重臣反对此事,但是,他们并没有非常坚定地站在刘邦的对立面,且刘邦的主意已定,恐难以挽回。

上欲废太子,立戚夫人子赵王如意。大臣多谏争,未能得坚决者也。——《史记·留侯世家》

这件事情，最为着急的是吕后。正在吕后不知如何是好之际，有人为吕后设谋，让她找张良。吕后于是让他的哥哥吕泽劫持张良，逼着张良献计。

但是，张良并不愿卷入储君谋立、皇位继承这种极度敏感的事件之中，可是张良又是反对刘邦废长立幼的功臣之一。当时张良对吕泽说："皇上在打仗困难的时候确实能够听取我的意见，但是现在是因爱而要废长立幼，这已经不是靠说能了结的事了。皇上非常看重'商山四皓'（隐居在商山的四位年长的高士；皓，白，指发白），多次请都请不来，因为他们认为皇上对臣下态度傲慢。如果你们想办法把'商山四皓'请出来辅佐太子，让他们天天陪着太子，特别是在上朝之时陪伴太子，皇上知道了，也许会起作用。"

张良这一招三十六计都没用，却使了一计阴招——制造假象。

吕后得到张良的指点后，立即付诸实施。她派吕泽让人带着太子的亲笔信，还带了一份厚礼，请"商山四皓"出山，这四位高士竟然全来了，客居在建成侯吕泽的豪宅。"商山四皓"是以节操著名的隐士，但是，"卑辞厚礼"使"四皓"改变了初衷，告别隐居，走向市井，立即投到了太子刘盈的

吕后恐，不知所为。人或谓吕后曰：『留侯善画计策，上信用之。』吕后乃使建成侯吕泽劫留侯，曰：『君常为上谋臣，今上欲易太子，君安得高枕而卧乎？』」——《史记·留侯世家》

留侯曰：『始上数在困急之中，幸用臣策。今天下安定，以爱欲易太子，骨肉之间，虽臣等百余人何益。』」——《史记·留侯世家》

于是吕后令吕泽使人奉太子书，卑辞厚礼，迎此四人。四人至，客建成侯所。——《史记·留侯世家》

门下。

这就叫人格不抵厚礼，名节败于金钱。"商山四皓"不过是待价而沽的"高士"。因此，"商山四皓"的气节操守受到了后人广泛的批评。

汉高祖十二年（前195），刘邦在平定黥布叛乱的过程中再次受到致命的箭伤，而且由箭伤引发的疾病更加严重。此时的刘邦忽然感到人的生命是有尽头的，因此，其废立太子的愿望也更加强烈了。张良劝阻无效，托病不再上朝。作为太子太傅的叔孙通急了，于是以死相谏。

叔孙通为阻止刘邦废立太子，不但称引历史上晋献公因废太子导致晋国乱政数十年，秦始皇不早定长子扶苏为太子导致赵高扶立胡亥致使秦帝国灭亡的例子，而且明确表示，太子仁孝，吕后功高，陛下一定要废太子，我愿以死明志。刘邦哄叔孙通说：你算了吧，我和你开玩笑呢。叔孙通依然不依不饶地说：太子是天下的根本，根本一动摇，天下都会震动。你怎么能拿天下开玩笑？刘邦说：我听你的。这句"我听你的"，听上去是答应了，实际上只是应付之辞，其内心的想法毫无改变。

汉十二年，上从击破布军归，疾益甚，愈欲易太子。留侯谏，不听，因疾不视事。叔孙太傅称说引古今，以死争太子。上详许之，犹欲易之。
——《史记·留侯世家》

不久，一次朝宴上，刘邦发现太子身边有四位八十多岁的老人，胡须、眉毛都白了，服装、帽子非常讲究。高祖很奇怪，就问他们："你们是谁？"四位老人上前回答，并各自报上姓名：东园公、甪(lù)里先生、绮里季、夏黄公。

刘邦听后大惊："我请你们多年，你们躲我不来。现在为什么要随从我的儿子呢？"四位老人回答："陛下轻视读书，又爱骂人。我们坚决不愿受辱，所以才因为恐惧而逃亡。如今听说太子仁孝恭敬，爱护天下读书人，天下人都愿意为太子效力，所以我们就来了。"

刘邦说："烦请诸位替我好好照顾太子。"四位老人敬完酒，离去。

刘邦看着离去的四位老人，指着他们的背影对戚夫人说："我想换太子，但是他们四位高士都来辅佐太子了，太子的羽翼已经丰满，难以撼动了啊！吕后真是一位好主子啊！"

戚夫人听说后，立即失声痛哭，刘邦说："为我跳一曲楚舞，我为你唱一首楚歌：鸿鹄高飞啊，一飞千里。羽翼已成啊，横渡四海。横渡四海啊，无可奈何。即使有弓箭啊，还能有什么用呢！"

这支歌反复唱了几遍，戚夫人痛哭流涕，刘邦起身离去。最终未废立太子。

刘邦为什么见到"商山四皓"辅佐太子之

及燕，置酒，太子侍。四人从太子，年皆八十有余，须眉皓白，衣冠甚伟。上怪之，问曰：'彼何为者？'四人前对，各言名姓，曰东园公、甪里先生、绮里季，夏黄公。——《史记·留侯世家》

上乃大惊，曰：'吾求公数岁，公辟逃我，今公何自从吾儿游乎？'四人皆曰：'陛下轻士善骂，臣等义不受辱，故恐而亡匿。窃闻太子为人仁孝，恭敬爱士，天下莫不延颈欲为太子死者，故臣等来耳。'——《史记·留侯世家》

我欲易之，彼四人辅之，羽翼已成，难动矣。吕后真而主矣。——《史记·留侯世家》

鸿鹄高飞，一举千里。羽翮已就，横绝四海。横绝四海，当可奈何！虽有矰缴，尚安所施！——《史记·留侯世家》

后要放弃易位太子一事呢？

"商山四皓"的身份是山林之士，年龄是行将就木之人，他们愿意为太子效死力，这代表了天下公议（天下舆论）的偏向。刘邦看到了天下公议不在戚夫人一边。在公议与私爱的较量中，与其违背天下的公议，不如割舍自己的私爱。所以，他悲歌徘徊，不能自已。最终决定不更易太子。

"商山四皓"的出山带来了两个问题：

第一，"商山四皓"为什么出山？第二，"商山四皓"出山值得吗？

先看第一点。导致"商山四皓"出山的是两大原因：一是太子的盛邀，二是太子"卑辞厚礼"。太子的盛情相邀有太子之信为证，"卑辞"更是明证。这能打动"商山四皓"吗？能。因为太子的盛情相邀包含了太子对他们的尊重与信任。当年，他们因躲避秦祸而隐居商山，后又受不了刘邦对儒生的轻侮，现在，太子用"卑辞"写的信打消了他们的顾虑。当然，"厚礼"也少不了。"四皓"也是普通人，"厚礼"可以给他们带来优裕的生活，"厚礼"同时体现了太子的尊重。但是，无论如何，"四皓"重出江湖损害了他们的名声、气节。一向不与统治者合作的高士，竟然也为"尊重"与金钱所动。这个代价是必须付的。

再看第二点。"四皓"出山值得吗？

"商山四皓"的插手打乱了刘邦易位太子的做法，保住了刘盈的太子之位。

问题是"商山四皓"的出现及对太子刘盈的辅佐，只不过是演给刘邦看的一出大戏。这出戏演得很成功，让刘邦误以为社会舆论在太子刘盈一边。刘邦下世之后，刘盈继位为惠帝，在位七年，并没有见到"商山四皓"有什么表现。如果"商山四皓"真有本事辅佐刘盈，有治国的才干，为什么从此就消失在历史中了呢？

刘邦是一代英主。他在临终之前为吕后安排了萧何、曹参、王陵与陈平三任相国，个个都能称职。这说明刘邦的眼光很毒，看人极准。惠帝在位七年，仁惠而有德政，但确实无大作为。《史记》甚至没有给他写传记，而将有关他的一切写在了《吕太后本纪》中，可见司马迁只不过把刘盈看作吕后强权下的一个摆设罢了。实践证明刘邦对刘盈的看法是非常准确的。只是因为赵王刘如意过早被吕后杀掉了，我们无法知道这位小皇子是否真的像其父刘邦赞许的那样有作为。如果我们仅仅以为刘邦是因为喜爱戚夫人而要废立太子，那也未免太轻看了大汉王朝的开国皇帝。刘邦还不至于因情爱而拿帝位开玩笑。毕竟，他希望汉王朝能够长治久安。

可见，"商山四皓"的所作所为只不过帮了吕后的大忙，对大汉王朝来说，未必就是一桩好事。

废立太子一事虽然就此打住，但"商山四皓"的"高士"身份也因为"厚礼"而节操碎了一地。"商山四皓"是个案吗？《史记》书写的人物中间，还有没有类似因金钱而损害个人气节的人呢？有。他是谁呢？朱建。

朱建在黥布叛乱之前曾经力阻黥布，可是黥布没有听从。黥布叛乱被平定后，朱建因为曾经出面阻止而没有受到株连。朱建这人极为善辩，而且为人刚正不阿，非常受人尊崇。可以说，谁要是朱建的朋友，人们就会对其刮目相看。朱建虽然只是一介布衣，但是，其人格魅力使他在京城中极有声望。因此，吕后的宠臣辟阳侯审食其(yì jī)多次想结交朱建。

审食其虽然得到吕后的宠幸，地位显赫，但是，他还是希望结交像朱建这样的名士，以提升自己的名望。朱建认为辟阳侯不走正道，一位大丈夫靠太后宠幸上位，人品不佳，所以始终不愿见他。

权倾一时的审食其想结交朱建而遭到拒绝一事，被刘邦手下一位重要大臣陆贾知道了。

陆贾是朱建的密友，两人平时交往颇为频繁。朱建的母亲去世，因为家中贫寒，连办理丧事的钱都没有，只好向亲友借贷办理丧服器物。陆贾于是紧急拜见审食其，一见面就祝贺。审食其被陆贾的祝贺搞得莫名其妙，便问陆贾："我有什么喜事值得你来祝贺？"陆贾说："朱建的母亲去世了。"审食其依然听不懂：朱建的母亲去世向我道什么喜？陆贾说："朱建以前不见您是因为他的母亲在世。如今朱建的母亲去世了，您要是置办一份重礼，前去吊唁，那么，朱建就可以为您效力了。"

审食其一听，这确实是个好机会，于是准备

平原君为人辩有口，刻廉刚直，家于长安。行不苟合，义不取容。——《史记·郦生陆贾列传》

辟阳侯行不正，得幸吕太后。时辟阳侯欲知平原君，平原君不肯见。——《史记·郦生陆贾列传》

及平原君母死，陆生素与平原君善，过之。平原君家贫，未有以发丧，方假贷服具，陆生令平原君发丧。——《史记·郦生陆贾列传》

陆生往见辟阳侯，贺曰："平原君母死。"辟阳侯曰："平原君母死，何乃贺我乎？"陆贾曰："前日君侯欲知平原君，平原君义不知君，以其母故。今其母死，君诚厚送丧，则彼为君死矣。"——《史记·郦生陆贾列传》

了一百金作为丧葬费，前往吊唁。由于审食其深得吕太后的宠幸，他吊唁朱建之母并以重金相赠之事很快传遍京城。住在京城的列侯、贵人也纷纷前往吊唁。朱建因此得到了五百金的丧葬费。因为这件事，朱建和审食其的关系迅速得到改善。

不过，朱建一向标榜自己"行不苟合，义不取容"，审食其这种人一送礼，他却马上就改变了自己的行事标准。看来，一个人要始终如一地坚持自己的气节操守绝对不是一件简单的事。朱建一生刚直不阿，因为母亲的丧事无钱操办而接受自己平日看不起的审食其的馈赠，并因此与其相交，为其设谋，毁了一世英名。

当审食其命悬一线，被汉惠帝投入大牢之际，审食其的家人紧急求朱建与审食其见一面。朱建接到审食其家人的求援，断然拒绝。朱建这样做并不是因为他不愿援手相救，而是觉得这样做救不了审食其。但是，审食其并不知道朱建为什么不见他，因此非常恼怒，以为朱建是忘恩负义。

朱建知道，这件案子的关键人物是惠帝。解铃还须系铃人。于是，他立即拜见惠帝刘盈的一位男宠闳（hóng）籍孺。他对闳籍孺说："天下人都知道您深受惠帝的宠幸。如今辟阳侯审食其坐了大牢，大家都说是因为您在皇上身边说了他的坏话而使他入了狱。

辟阳侯乃奉百金往税。列侯贵人以辟阳侯故，往税凡五百金。——《史记·郦生陆贾列传》

如果今天杀了辟阳侯审食其，明天早上太后一定会一怒之下杀了您，您还不赶快为审食其向皇上求个情。皇上一向非常信任您，他听到您的求情，一定会赦免审食其。审食其一出狱，太后一定非常高兴，也因此会非常喜欢您。皇上、太后都喜欢您，您想想，您的富贵肯定会再翻一番。"

闳籍孺一听非常害怕，赶快求见皇上，为审食其大大开脱了一番。

惠帝平日一向非常宠幸闳籍孺，一听他求情，便做了个顺水人情，释放了审食其。审食其开始因为朱建不见自己以为他背叛了自己，非常恨朱建。等他一出狱，知道是朱建设法救了他，非常吃惊，对朱建感激涕零。

当然，有人会说，朱建是因为母丧而接受审食其的馈赠的，其情可原。

但问题是，中国传统文化一向非常重视气节。"富贵不能淫，贫贱不能移，威武不能屈"是中国文人行事的准则。如果因为孝道而放弃气节，虽有可以理解之处，但朱建的内心是否有些遗憾呢？

气节是一个民族的灵魂，是一个民族能够赢得世界其他民族尊重的重要条件。一个民族是由一个一个的人组成的。如果一位位高士、一位位节士都会因为种种原因放弃气节，这难道不会对一个民族产生负面的影响吗？

乃求见孝惠幸臣闳籍孺，说之曰："君所以得幸帝，天下莫不闻。今辟阳侯幸太后而下吏，道路皆言君谗，欲杀之。今日辟阳侯诛，旦日太后含怒，亦诛君。何不肉袒为辟阳侯言于帝？帝听君出辟阳侯，太后大欢。两主共幸君，君贵富益倍矣。"——《史记·郦生陆贾列传》

《庄子·外物》中记载，任公子蹲在会稽(kuài jī)山上垂钓于东海，用五十头牛做鱼饵，最终大鱼上钩。任公子将它剖开制成鱼干，从浙江以东，到苍梧以北，所有人都饱饱地吃上了这条大鱼：

> 任公子为大钩巨缁，五十犗以为饵，蹲乎会稽，投竿东海，旦旦而钓，期年不得鱼。已而大鱼食之，牵巨钩，䧟没而下，骛扬而奋鬐，白波若山，海水震荡，声侔鬼神，惮赫千里。任公子得若鱼，离而腊之，自制河以东，苍梧以北，莫不厌若鱼者。

只要饵足够大，就一定会有大鱼上钩。当气节因金钱碎了一地之时，气节啊，你到底还值多少钱？

10.正义不一定属于胜利者

吕后虐杀戚夫人，制造"人彘(zhì)"事件，这是她人生的一大败笔！

戚夫人确有取死之道。她最大的失误，是不应当仰仗着刘邦的宠爱挑战吕后和太子的位置。但是，这个失误罪不至诛啊！她被虐杀的史实昭示着吕后道德高地的彻底沦陷。

"人彘"事件发生后，吕后还让汉惠帝去观摩她的"杰作"。汉惠帝是吕后的亲生儿子，看完后只说了一句话："此非人所为！"这不是人做的事！连亲生儿子都这样看，历史将会怎样看待吕后？

此法，彼法，看法最大！

吕后对戚夫人，可以囚，可以杀，但制成骇人听闻的"人彘"，是注定要钉在历史耻辱柱上的重大丑闻。因为它丧失了人性，挑战了人类的底线。人们同情戚夫人，确有同情弱者的因素，但更重要的是吕后的"精彩"表演揭示了她自己丧尽天良、毫无人性的内心。

本来吕后与戚夫人之间的"战争"，戚夫人是"战争"的发起者，是施暴者，吕后是受虐者。但是，历史开了个大玩笑，施暴者最终成了受虐者，受虐者成了施暴者。现实生活中，吕后胜利了，戚夫人失败了。但是，正义不一定属于胜利者，邪恶也不是失败者的专利。

历史与现实的巨大反差，真是一个莫大的讽刺。

吕后与戚夫人的斗争属于后宫之争，后宫斗争的本质仍是政治斗争。但是，即使是政治斗争，也有一个文明的尺度与底线。胜利者要善待失败者，因为善待失败者就是善待自己。放纵自己的私欲，疯狂地报复失败者，泯灭人性，正义自然会在胜利者最为得意的时候悄悄地失去。

历史是由胜利者书写的，但是吕后无法写明自己的人生，在她死后两个月，吕氏宗族就被灭族，他们也无法为自己留下只言片语。司马迁的《史记》与班固的《汉书》对吕后残酷诛杀戚夫人均没有善评。吕后只是一时的胜利者，一旦她下世，就会彻底失败。

公元960年，后周的殿前都点检赵匡胤夺了八岁小皇帝周恭帝的皇位，建立了大宋。但是，对于失败的柴氏皇族，赵匡胤给了极大的优待，甚至在太祖誓碑的三条之中第一条就是优待失败的柴氏宗族，周恭帝没有被虐杀，反而受到优抚。赵匡胤以自己的理性与宽厚善待了失败者，同时也为自己的人生增加了一大亮点。

赵光义称帝之后，对其兄赵匡胤的善举心领神会，不过，他的做法多了一些权术色彩。大宋端拱元年 (988) 二月，宋太宗为了平息雍熙北伐带来的大臣非议，将赵普第三次请出山担任宰相。赵普一上任，强力整顿吏制，短短五个月就除掉了朝中两个结党营私的集团。赵普的雷厉风行触动了宋太宗的神经与利益，当年七月让赵普回家休假。宋太宗削除赵普的权力，赵普非常知趣地加以配合：一是请病假，二是求退休，三是辞官职。正当赵普多次上书要求退休之时，宋太宗却突然止住了脚步，坚决不同意其辞官。一心要削除赵普巨大影响的宋太宗为什么突然刹车止步？因为，宋太宗发现赵普老了，已经进入人生的倒计时了。消灭一个不是威胁的威胁，实在不值得。所以，他止住了逼迫赵普退出官场的做法。他想给大宋的臣子们制造一种感觉：当朝天子不是一个薄情寡义之人，不是一个小肚鸡肠之人，而是一位对功臣充满着感恩与仁慈的人。一句话，宋太宗想最后利用赵普一把，为自己增色。

在宋太宗与宰相赵普的斗争中，宋太宗绝对是一位胜利者，但是，他不想让失败者赵普就这样轻轻地走掉，他还想最后再利用赵普显示一下自己的宽厚。因此，赵普的第三次罢相，拖了差不多两年才得以完成。赵普死后，宋太宗为其辍朝五

秋七月戊戌，谓赵普曰：『卿者年触热，固应不易。自今长春殿对罢，宜即归私第颐养，俟稍凉乃赴中书视事。』普顿首谢。——《续资治通鉴长编》卷二十九

山南东道节度使、兼侍中赵普为太保、兼侍中，给事中、参知政事吕蒙正为中书侍郎、兼户部尚书，并同平章事。——《续资治通鉴长编》卷二十九，中华书局2004年版（以下凡引此书，皆为此版，不再一一标注）

日，并亲自撰写了神道碑，充分肯定了赵普的功绩。

一个胜利者如此利用失败者为自己博取美名，真是闻所未闻。相对于一心只想报仇的吕后，宋太宗似乎更是一位江湖大师——会玩。

胜利是人之所欲，但是，获取胜利后如何对待失败者却考验着胜利者的道德水准。胜利者一旦在胜利后任性用权，甚至不计政治成本，必然要付出道德的代价。正义的评价核心是道德，溢出道德底线的丧心病狂必然成为人生败笔。因此，胜利与正义二者之间所画的不一定都是等号。

11.道德规范与权力法则

汉惠帝七年（前188），刘盈病故。惠帝刘盈是吕后唯一的儿子，可是这个儿子竟然二十四岁就一命呜呼，老年丧子对身为母后的吕雉打击之大可想而知，丧子之痛折磨着这位权倾一时的皇太后。

此时，最令吕后担心的是，惠帝下世后吕氏宗族在朝中的势力会就此走下坡路。所以，她要竭尽全力巩固吕氏权势。第一步，惠帝早夭，又无嫡子，吕后将惠帝与后宫宫女所生的前少帝扶上帝位，先把皇权掌握起来。第二步，她将封吕姓诸侯王一事提上了议事日程。她问右丞相王陵，能不能封吕氏为诸侯王。王陵直截了当地回答:"不行! 当初高祖曾杀白马,与大臣们立下誓约,凡不是刘姓子弟而称王的,天下要共同讨伐他。现在要封吕氏为王,便是违背了与高祖的誓约。"吕后听了十分不悦,她又问左丞相陈平、太尉周勃,陈平、周勃回答:"高皇帝定天下,封王子弟;如今太后称制,封王兄弟、诸吕,这完全可以。"吕后一听,乐了。

王陵下朝后质问陈平、周勃:"当初高皇帝刑马盟誓,你们不在场吗?高皇帝仙逝,太后想封吕氏为王,你们纵容她、奉承她,违背盟约,将来有什么脸面在地下面对高皇帝呢?陈平、周勃回答王陵:现在当廷顶撞太后,我们不如你;但是,保全社稷,安定刘氏天下,你可不如我们。"

不久,吕后升王陵为前少帝的太傅,实际上是罢了王陵的右丞相一职。秦汉时期,丞相权力极大,丞相反对,吕后再厉害也弄不成事。王陵不傻,马上明白吕后这是嫌自己碍事把自己踢出决策层,一怒之下,干脆以有病为由,闭门不出,不上朝了。

王陵的明升暗降给了陈平一个机会:吕后任命陈平为右丞相。

刘邦当年的"白马盟誓"主要是三条:"非刘氏不得王;非有功不得侯;不如约,天下共击之。"

太后称制,议欲立诸吕为王,问右丞相王陵。王陵曰:"高帝刑白马盟曰『非刘氏而王,天下共击之』。今王吕氏,非约也。"太后不说。
——《史记·吕太后本纪》

问左丞相陈平、绛侯周勃。勃等对曰:『高帝定天下,王子弟,今太后称制,王昆弟诸吕,无所不可。』太后喜,罢朝。
——《史记·吕太后本纪》

王陵让陈平、绛侯曰:『始与高帝啑血盟,诸君不在邪?今高帝崩,太后女主,欲王吕氏,诸君从欲阿意背约,何面目见高帝地下?』陈平、绛侯曰:『于今面折廷争,臣不如君;夫全社稷,定刘氏之后,君亦不如臣。』
——《史记·吕太后本纪》

十一月,太后欲废王陵,乃拜为帝太傅,夺之相权。王陵遂病免归。
——《史记·吕太后本纪》

王陵遵守了"白马盟誓"，他品德高尚，不畏强权，但是，王陵因为触怒吕后，从此退出政坛，最终病死家中。后来朝中吕氏外戚派与皇族派、功臣派的斗争，王陵都无从介入，因为他已经淡出了权力圈子。

陈平、周勃背叛了"白马盟誓"，保全了自身。吕后死后，刘襄举兵、灌婴倒戈之际，陈平、周勃联合皇族派刘襄，一举铲除诸吕，彻底结束了吕氏外戚派把持朝政的局面，巩固了刘姓江山。

王陵遵守的是道德规范，陈平、周勃遵奉的是权力法则。

问题在于，王陵和陈平、周勃，谁做得对呢？应该怎样评价这三大功臣在大封吕姓王一事上的是是非非呢？坚守道德规范和坚守权力法则谁是谁非？

王陵坚守道德规范完全值得肯定。他的不畏强权让吕后懂得在自己的威势之下，功臣派就是有人不怕丢官，不怕掉脑袋，想违背高皇帝钦定的规矩不容易！虽然王陵的作为未必能让吕后懂得什么叫正义，但至少让她在临终之前都再三叮咛吕禄、吕产，万不可因送葬而擅离军营，这种发自内心深处的巨大恐惧正是王陵等造成的。

陈平、周勃遵遁权力法则——谁有权谁说了算。刘邦掌权，封刘姓诸王；吕后掌权，封诸吕为王。刘姓王，吕姓王，二者无所谓谁对谁错。

道德是高尚的，权力是现实的。王陵失去了现实的利益，却得到了历史的肯定。陈平和周勃，特别是陈平得到了现实世界的一切，但在历史上遭到了许多非议。现实中，道德规范与权力法则，往往是二者不可兼而得之。

12.耿介的周昌和董宣

汉初的周昌和刘邦是老乡，也是沛县人。他先在秦朝的泗水郡任卒史，是泗水郡政府机构的底层工作人员，地位比主管文书的书佐稍高，年薪一百石。刘邦起兵打败泗水郡守后，周昌开始追随刘邦，入关破秦。先任中尉，后升为御史大夫，封为汾阴侯。

周昌是个很有个性的人，为人正直，敢于直言，汉初的功臣萧何、曹参等人都很敬畏他。有一次，周昌有急事请示刘邦，那时刘邦早下班了，正抱着他最宠爱的戚姬玩乐。这事让周昌碰到了，他二话没说，扭头就跑。刘邦本来就一身流氓习气，看到周昌一言不发转身就走，立即追上去，一下子骑到了周昌脖子上，问他："我是个什么样的皇帝啊？"周昌说："陛下就是夏桀和商纣那样的主子。"夏桀和商纣可是历史上赫赫有名的暴君，刘邦没想到周昌会说得如此直接，反而笑了，但从此心里就特别忌惮周昌。

刘邦的这种流氓习气是出了名的，他曾经摘下儒生的帽子往里撒尿。郦食其第一次见刘邦时，两个女人正在给他洗臭脚丫子，因此骑到周昌头上对刘邦来说并不算什么大事。周昌虽然被刘邦骑在身上，回答时却是"仰曰"——努力地往上梗脖子，这个动作也很有戏剧性。

昌为人强力，敢直言，自萧、曹等皆卑下之。昌尝燕时入奏事，高帝方拥戚姬，昌还走，高帝逐得，骑周昌项，问曰："我何如主也？"昌仰曰："陛下即桀纣之主也。"于是上笑之，然尤惮周昌。——《史记·张丞相列传》

在刘邦这样的皇帝手下干活儿，再耿介的大臣也可能会遭到羞辱，但是也只有周昌这样的硬骨头才敢逆龙鳞骂刘邦，即使近似一句玩笑。刘邦后来还把自己最喜爱的儿子赵王刘如意托付给周昌，但最终也没能保住刘如意的性命。周昌觉得辜负了刘邦的信任，从此不再上朝，拒绝见吕后。三年后就死去了。

周昌说话有个毛病——口吃。刘邦因为宠爱戚姬，打算废掉嫡太子，立戚姬的儿子为太子。大臣们都强烈反对，周昌执拗耿介，更是极力谏诤。刘邦问他啥理由，周昌本来就结巴，加上当时非常愤怒，便说："我嘴上不能说，但我心里认为这件事不行，陛下您想废掉太子，我期……期不能奉诏。"刘邦被他连续的"期期期期"弄笑了。加上留侯张良的反对，这件事于是作罢。

汉语中有个成语"期期艾艾"，形容人说话不流利，其中一半就是来自这位"期期"先生。后一半来自另一位口吃的历史名人——三国时期的邓艾。古人说话的时候往往自称名，所以口吃的邓艾开口就"艾艾"好几次才说出正题。有一次，晋文王调侃他："你满口'艾艾'不止，到底几个'邓艾'啊？"邓艾回答道："古人说'凤兮凤兮'，指的是一个凤凰。""凤兮凤兮"这话据说是楚国狂人接舆对孔子说的，《论语》里有记载。孔子周游列国十四年，一直郁

及帝欲废太子，而立戚姬子如意为太子，大臣固争之，莫能得；上以留侯策即止。而周昌廷争之强，上问其说，昌为人吃，又盛怒，曰："臣口不能言，然臣期期知其不可。陛下虽欲废太子，臣期期不奉诏。"上欣然而笑。
——《史记·张丞相列传》

邓艾口吃，语称"艾艾"。晋文王戏之曰："卿云艾艾，定是几艾？"对曰："'凤兮凤兮'，故是一凤。"——余嘉锡《世说新语笺疏》，中华书局2007年版，第91—92页

郁不得志，接舆高唱着这首歌从孔子身边经过："凤兮凤兮，何德之衰？往者不可谏，来者犹可追。已而已而，今之从政者殆矣！"接舆是把孔子比成凤凰。面对晋文王的调侃，邓艾的回答也真是机智巧妙。这件事记载在《世说新语》的《言语》篇中，此篇是专门记载警言妙语的。人是没有十全十美的，所以，不要拿别人的缺陷开玩笑，否则往往自讨没趣。当然，这是题外话。

无独有偶，汉代还有一个以脖子硬而出名的人，这个人就是洛阳令董宣。

东汉光武帝时，京都洛阳的皇亲国戚专横跋扈，家奴也仗势欺人、胡作非为。一次，光武帝的姐姐湖阳公主的家奴在光天化日之下行凶杀人，然后躲藏在公主府中。当时的洛阳令董宣闻讯，即派衙役在公主府第附近守株待兔。几天后，杀人的家奴陪公主乘车外出。早已恭候多时的董宣拔刀挡住公主的去路，厉声斥责公主窝藏、庇护杀人犯，并立即将杀人者就地斩首。

湖阳公主向光武帝哭诉。光武帝听后大怒，立刻召见董宣，要将董宣乱棍打死。董宣叩头说："希望陛下能让我在临死之前说句话。"光武帝说："你想说什么就说吧。"董宣说："陛下您圣明，希望中兴汉室，如果纵容奴才杀人，要怎样治理天下？我不需要您乱棍打杀，我还是自行了断吧。"说完便用头撞柱，血流满面。

董宣的此番举动，让光武帝为之动容，他也不是个糊涂虫，但是，姐姐的面子也要给。思虑一番之后，光武帝决定撤销对董宣的箠 (chuí) 杀令，改令董宣向湖阳公主磕头认错。这番决定在光武帝看来已经是法外施恩了，岂料董宣是个硬骨头，他拒绝了光武帝。光武帝刚刚压下去的怒火又被点燃了，真是不知好歹的东西，于是他便让身边的宦官上前抓住董宣，要他向湖阳公主叩头认错，董宣就是不从。宦官强行让他磕头，董宣两手撑地，不肯就范。无奈，光武帝只好再次撤销自己的命令，不再勉强董宣，后来还赏赐给董宣三十万钱。

董宣拿湖阳公主开刀，并且以自己的坚持赢得了光武帝的支持，从此以后，皇亲国戚再也不敢为非作歹，京师的秩序得以安宁。京师称董宣为"卧虎"，时人颂扬他："枹（fú）鼓不鸣董少平。""少平"是董宣的表字，这句话的意思是董宣治理京城秩序井然，因此没有人击鼓鸣冤。

面对当朝的最高领导，周昌、董宣据理力争、敢于直言，这当然是需要很大勇气的。幸运的是，历史上的刘邦和刘秀还不算坏皇帝，否则，即使周昌、董宣逃之夭夭，也难免会出现跨省追捕的事件。看来，周昌、董宣等人能够成名，还真得力于被冒犯者的开明。

13.谦恭驶得万年船

左思《咏史》其二有言："金张籍旧业，七世珥汉貂。"说的是汉宣帝时的权贵金日磾（mì dī）和张安世家

时湖阳公主苍头白日杀人，因匿主家，吏不能得。及主出行，而以奴骖乘，宣于夏门亭候之，乃驻车叩马，以刀画地，大言数主之失，叱奴下车，因格杀之。主即还宫诉帝，帝大怒，召宣，欲箠杀之。宣叩头曰：『愿乞一言而死。』帝曰：『欲何言？』宣曰：『陛下圣德中兴，而纵奴杀良人，将何以理天下乎？臣不须箠，请得自杀。』即以头击楹，流血被面。帝令小黄门持之，使宣叩头谢主，宣不从，强使顿之，宣两手据地，终不肯俯。——《后汉书》卷七十七《酷吏列传》，中华书局1965年版（以下凡引此书，皆为此版，不再一一标注）

族，他们凭借祖先的功绩，七代在朝贵为显官。在汉代，还有一个家族，虽然没有如此显赫，但也不同凡响，父子五人都当上了两千石以上的大官，这个家族就是石奋家族。金、张家族靠的是祖先的功绩，那么开创兴盛局面的石奋及其儿子靠的是什么呢？

石奋在楚汉战争中仅仅是一员小吏，年仅十五岁，侍奉汉高祖刘邦，因其态度恭敬，甚得刘邦喜爱。在一次交谈中，刘邦态度关切地询问石奋的家庭情况，石奋告知刘邦自己家里仅有失明的老母与会弹琴的姐姐。可能是爱屋及乌，刘邦就想让石奋的姐姐跟从他，于是，石奋便成了刘邦的小舅子，石奋的姐姐成了刘邦的美人，后来刘邦将石奋全家迁到长安城中。到孝文帝时，石奋被任命为大中大夫，后为太子太傅。孝景帝即位后，位列九卿，后徙为诸侯相。

石奋一路升迁，受到汉高祖、文帝、景帝的厚爱，靠的是谦恭谨慎的态度，他一生都在恪守践行着这一处世立身的原则。石奋即使在退休之后，每逢岁时都要入宫朝拜天子，经过宫门之时，必定会下车快走，见到御车，不管皇帝在不在里面，都要伏轼致敬。

石奋自己生性谦恭，对孩子也是言传身教。石奋的子孙辈有人做了官，无论官职大小，回家看望他，石奋都会穿上朝服接见他们，并且不直呼他们的姓名；子孙如果犯错，石奋不会斥责他们，而是把自己关闭起来，不吃不喝，直到孩子主动认识到自己的错误；已成年的子孙在身边时，石奋即便是闲居在家，也一定要穿戴整齐；皇帝有赏赐的食物送到他家，他必定叩头跪拜之后才弯腰去吃，如同在皇帝跟前一样。在石奋的引领之下，子孙都遵从他的教诲，一言一行都很谨慎。因此，石奋一家以孝谨闻名于郡国，即使是特别注重礼节的齐鲁的儒生都自叹不如。可举两例为证：

石奋的长子石建为郎中令时，有一次上书奏事，奏章批复下来，石建读了批复之后，惶恐万分："我写错字了！"原来，石建上书时写了一个"马"字，古体马字最后是一勾加四点，应该是五笔，而石建写了四笔，少写了一笔。石建认为这种失误是不该有的："皇帝会责怪我，我真是该死啊！"

石奋的小儿子石庆在诸子中最为粗疏平易。石庆为太仆时，一次为天子驾车外出，天子问驾车的有几匹马，石庆用马鞭将驾车的马数完之后，才举起手向天子报告说："六匹马。"古代天子出行，车马仪仗都有相应规定，石庆作为负责天子车马仪仗的人，应该了解这一点，而且当时是他在驾车，几匹马应该了然于胸。但在天子询问之后，石庆还是数了一下再做回答。

万石君家以孝谨闻乎郡国，虽齐鲁诸儒质行，皆自以为不及也。——《史记·万石张叔列传》

建为郎中令，书奏事，事下，建读之，曰："误书！'马'者与尾当五，今乃四，不足一。上遣死矣！"甚惶恐。——《史记·万石张叔列传》

最粗疏的人做事尚且如此，其他人自然不用说了。

在石奋的影响与教育之下，石奋的长子建、次子甲、次子乙、次子庆，皆以驯行孝谨，官至二千石，以至于连汉景帝也说："石君及四子皆二千石，人臣尊宠及集其门。"二千石的俸禄，其级别相当于现在的省部级，一家出了五个省长（部长），确实是一大景观。

飞黄腾达是人生乐事，但是飞黄腾达却容易让人骄纵自满，石奋一家却是地位越高，态度越谦恭，从不和人当面争执，不仅赢得了天子、太后的信任，大臣也不与之为敌。石奋一家以实际的兴盛向我们展示了一种为人处世的法则：谦恭驶得万年船。

谦恭不是卑下，而是一种智慧。

汉初的张良以谦恭得到了黄石老人赠予的《太公兵法》，在以后的人生中则以谦恭得以保全身家性命。刘邦建国后大封功臣，张良不曾有战功，但刘邦说运筹策帷帐之中，决胜千里之外，子房有很大的功劳，于是让张良自己从齐国选择三万户作为封邑。可张良却说："当初我在下邳起事，与主上会合在留县，这是上天把我交给陛下。陛下您采用我的计谋，幸亏能有时生效，我受封留县就足够了，不敢承受三万户。"功成名就之后不居功，这是张良的聪明之处。张良作为刘邦的智囊，在关键时刻总能为刘邦指

万石君少子庆为太仆，御出，上问车中几马，庆以策数马毕，举手曰：『六马。』庆于诸子中最为简易矣，然犹如此。——《史记·万石张叔列传》

良曰：『始臣起下邳，与上会留，此天以臣授陛下。陛下用臣计，幸而时中，臣愿封留足矣，不敢当三万户。』——《史记·留侯世家》

引正确的方向，为大汉王朝的建立留下了赫赫功绩，但是，登基为帝的刘邦和战乱中的刘邦想法有了很大的改变，张良目睹了功臣屡被杀戮的事件，所以他辞封、辞仕。

谦恭不是软弱，而是一种宽容。

清朝康熙年间名臣张英，一天收到一封家书，说家里因为三尺屋场地基与邻居争执，闹得几动干戈，要他帮助解决。张家世居桐城，与一吴姓人家毗邻，后吴氏修葺房子想越界侵占张家老屋的地基，张家人坚决不同意，以为这是在欺负他们，于是双方发生了争吵。告到县衙，县官又因为两家都是显贵之家，左右为难，迟迟不肯判决。张家人气愤之下便寄书京城。张英看后一笑，提笔回信一封，并附诗一首："万里家书只为墙，让人三尺又何妨。长城万里今犹在，不见当年秦始皇。"家人得到回信之后毫不迟疑地让出了三尺地基，吴家见状，深受教育，也效仿张家让出三尺地基，于是在两家之间形成了一道六尺的通道，这就是著名的"六尺巷"的故事。

《老子》说过："上善若水。水善利万物而不争，处众人之所恶，故几于道。"最高的善好比水一样。水善于滋润万物却不和万物相争，处在众人所厌恶的卑下之地，所以最接近于道。在老子看来，谦恭不争是一种最高的境界。但是，在当今社会，我们会发现谦恭的声音似乎有些微弱了，争名夺利，纷纷扰扰：骨肉亲情为争夺财产对簿公堂；为获"先进"，为得"肥缺"，尔虞我诈、不择手段……但是，一时不代表一世，谦恭对决争夺、傲慢的结果必定还是我们预料的那样。

14.直肠子汲黯

河南濮(pú)阳人汲黯(jǐ'àn)，性格孤傲、直言不讳，喜欢开门见山，做事不兜圈子。对性格相投的人热情有加；对看不顺眼的人和事，要么瞥都不瞥一眼，要么当面指责，毫不留情。而且，这种指责不分对象、不看场合，就连当时的皇帝汉武帝也没能逃脱。

黯为人性倨，少礼，面折，不能容人之过。合己者善待之，不合己者不能忍见，士亦以此不附焉。——《史记·汲郑列传》

汉武帝广招天下儒生欲实行仁政。事实上，汉武帝好打仗、好神仙，好大喜功，所谓的崇儒不过是缘儒以饰，装点一下门面而已。汲黯早就看透了汉武帝的内心，洞察了他的言不由衷，他甚至不等武帝洋洋洒洒演说完毕，就脱口而出："陛下内心充满了欲望，对外却宣称要施行仁义，您就是这样仿效尧舜的样子治理国家吗？"一句话把汉武帝的宏论即刻噎了回去。面对如此直截了当、不留情面的诘责，汉武帝先是默然，接着大怒，继而色变，随之罢朝。

天子方招文学儒者，上曰吾欲云云，黯对曰：『陛下内多欲而外施仁义，奈何欲效唐虞之治乎！』上默然，怒，变色而罢朝。——《史记·汲郑列传》

大臣们纷纷指责汲黯，然而汲黯总是有理，振振有词。他反问：天子设置公卿大臣，难道就是为了让你们溜须拍马，把天子置于不义的地位吗？在其位，谋其政，纵使我胆小怕死，爱惜自己的身体，但辱没了国家又当如何呢？这话说得义正词严。事后，汉武帝曾私下对身边的人说：这个汲黯啊，真是个二愣子。武帝如此说，不过是自我解嘲而已，并没有进一

群臣或数黯，黯曰：『天子置公卿辅弼之臣，宁令从谀承意，陷主于不义乎？且已在其位，纵爱身，奈辱朝廷何！』——《史记·汲郑列传》

步追究。然而，直言不讳的汲黯并没有到此为止。

汲黯位居九卿之时，公孙弘、张汤还是刀笔小吏。不过，公孙弘善于迎合主上，做了丞相；张汤巧言诋毁，断狱稳操胜券，件件切中圣上的心意，于是做了御史大夫。汲黯深以为耻，对武帝发牢骚说："陛下用群臣如积薪耳，后来者居上。"意思是说皇帝用人像堆柴垛一样，后来的堆在上面。"后来居上"这个成语就是从这里来的。皇帝又一次"默然"，事后对身边的人说：汲黯真是不学无术，说话忒过分了。

匈奴浑邪王率部来降，朝廷征发两万乘车辆迎接，向百姓征用马匹，有人把马匹藏起来了。武帝怒，要斩长安令的脑袋。汲黯的直肠子作风又上来了，说"匈奴畔其主而降汉"，路经之地，令当地政府派公车护送一下就是了，何必"罢毙中国而以事夷狄之人"？后来，跟匈奴来降者交易的商人中，有五百人因为触犯了汉代京城物资不许出关的规定，按法被处死。汲黯指责汉武帝是"虚府库""发良民"来供养匈奴降兵，如同奉养宠儿一般；用隐约不明的法律斩杀无知的百姓，就是保护树叶而伤害树枝的行为。两番宏论，武帝两次"默然"。事后，武帝又说：我很久没有听到汲愣子的话了，如今他又胡言乱语了。

汲黯数次使武帝"默然"，虽曾一度被免官，但

上默然，不许，曰："吾久不闻汲黯之言，今又复妄发矣。"——《史记·汲郑列传》

武帝并没有处置他，还认为他是社稷之臣。原因在于汲黯"身正"，刚直正义、为人清廉。而且，武帝似乎也忌惮他三分。

大将军卫青入宫，武帝曾在厕内接见。丞相公孙弘晋见，武帝有时连帽子也不戴。至于汲黯，武帝不穿正装是不敢与他碰面的。有一次，武帝没戴帽子，恰逢汲黯前来奏事，他来不及整理服装，吓得迅速躲避到帐内，派近侍代为批复。当朝天子如此忌惮汲黯，更不必说那些意欲谋反之人了。

淮南王谋反时，曾经对人如此评价汲黯："这个人不好对付，喜欢直言进谏，甘愿守节为正义而死，很难用不法之事蛊惑他。至于劝说丞相公孙弘，那就像掀开头上蒙的布、摇落树叶那样简单。"

汲黯一身正气，即使说话不讲究艺术，别人对其还是敬畏有加。孔子曰："举直错诸枉，能使枉者直。"司马迁写武帝时汲黯的憨直、公孙丞相的阿世、张汤的巧言诋毁，再想想司马迁身披李陵之祸，这其中是否包含了言外之意呢？

15.忠厚长者直不疑

秦汉时期皇宫的门卫就是郎官，把门护驾，多由年轻人担当，是基层的公务员，意欲升迁，需要

大将军青侍中，上踞厕而视之。丞相弘燕见，上或时不冠。至如黯见，上不冠不见也。上尝坐武帐中，黯前奏事，上不冠，望见黯，避帐中，使人可其奏。其见敬礼如此。

——《史记·汲郑列传》

淮南王谋反，惮黯，曰：'好直谏，守节死义，难惑以非。至如说丞相弘，如发蒙振落耳。'

——《史记·汲郑列传》

先从郎官做起。汉文帝时期有一位叫直不疑的郎官，是南阳^(今河南南阳)人。在郎官任上，他做过两件事很有影响，司马迁把他写进了《史记》中，与石奋、卫绾^(wǎn)、张叔等人合传。

第一件事是直不疑买金偿亡。话说直不疑住的是三人间的集体宿舍，有一次，其中一位请假回家探亲，走的时候误把同住的另一位郎官的金^(黄铜，可以用来铸钱)拿走了。后来丢金的郎官发现自己的贵重金属不见了，就怀疑直不疑。直不疑认为既然怀疑他，那就承认这档子事是自己干的，干脆买了金偿还他。那位探亲的室友归队后，归还了误拿的金，这令妄加猜疑者羞愧难当，从内心深处觉得直不疑确实是个忠厚的人。于是到处宣扬此事，直不疑获得了"长者"的荣誉称号。在这件事情中，同事误解直不疑不是没有道理，而直不疑的作为则是常人意想不到、也很难做到的。

东汉时期也发生过一件类似的事情。据《后汉书》记载，还是南阳这个地方，有个叫卓茂的小官员，一次出行，有人看到他的车马，说是自己遗失的马。卓茂就问：你的马丢了多久了？那人说：一月有余。卓茂养这马好几年了，知道这人认错了，但也没有辩解，默默解下马牵给对方，对那人说：如果不是你的马，请到丞相府还给我。说完便独自拉车回去。

塞侯直不疑者，南阳人也。为郎，事文帝。其同舍有告归，误持同舍郎金去，已而金主觉，妄意不疑，不疑谢有之，买金偿。而告归者来而归金，而前郎亡金者大惭，以此称为长者。——《史记·万石张叔列传》

过了一段时间，丢马者真的找到了他丢失的马，于是赶紧到丞相府还马并叩头谢罪。卓茂在当时也被誉为"长者"。在类似的事情面前，有过错的人尚且极力推卸责任，何况清白之人？可直不疑和卓茂却厚道到亲自背黑锅，可见他们心胸宽广、其性不好争至如此。

第二件事是有人诋毁直不疑盗嫂。盗嫂就是说与嫂嫂关系暧昧、有私情。汉初功臣陈平就领受过这种阴毒的损招。其实，两人得此"恶名"也不是没有原因的，陈平是"美丈夫"，直不疑"状貌甚美"，两人都是帅哥。木秀于林，风必摧之。陈平对此进行了辩解澄清，直不疑则仅说了四个字："我乃无兄。"既无兄长，何来嫂嫂，既无嫂嫂，盗嫂之事又岂能发生？

人或毁曰："不疑状貌甚美，然独无奈其善盗嫂何也！"不疑闻，曰：『我乃无兄。』然终不自明也。——《史记·万石张叔列传》

陈平、直不疑的"盗嫂门"事件丰富了中国语林，产生了两个成语：盗嫂受金、无兄盗嫂。可见诋毁造谣的传统真的是由来已久。见人家英俊，便悬想此人作风一定不佳；看人家富有，便妄测此人不是贪污就是盗窃。听虚责响、视空索影，谣言就是这样被"炼成"的。

司马迁说直不疑"学老子言"，喜欢黄老之道。《老子》中说："信言不美，美言不信。善者不辩，辩者不善。"语言是有局限的，言语与事实之间总是有距离的。有些事情，仅凭摇唇鼓舌是苍白无力的。直不疑的忠厚之处，在于不用矫饰的言辞来辩解，而相信清者自清、浊者自浊，让事实说话；反之，花言巧语的人，则往往是此地无银三百两之徒。孔子云"巧言令色，鲜矣仁"，圣人的话是不错的。

人在江湖漂，哪能不挨刀。今天，我们在遭人误解、被人诽谤以致"剪不断，理还乱"的时候，不妨干脆学学直不疑的态度与做法。有时候，越描越黑，越辩越污，不妨宽容一点、大度一些，退让一步、忍耐一分，事实往往会水落石出。

16.另一种勇敢

汉武帝天汉二年（前99）的一场飞来横祸，成了司马迁内心深处难以磨灭的历史印记。

这一年，名将李广的孙子——李陵率区区五千人马，配合贰师将军李广利讨伐匈奴。李广利是谁，那可是汉武帝宠幸的李夫人的兄弟。李夫人出身娼家，父母兄弟均精通音乐，是职业乐舞艺人。李夫人还有一个兄长叫李延年，曾经因为犯法遭受宫刑，在宫中担任养狗的职务。因为李延年出身乐舞世家，所以精通音乐歌舞，汉武帝对乐舞特别重视，为此还特意扩大了国家的音乐机构——乐府。擅长乐舞的李延年，经常创作出一些令人耳目一新的舞蹈旋律，听众、观众都很喜欢，也由此受到汉武帝的宠爱。有一次，李延年陪皇帝娱乐，翩翩起舞，边跳边唱："北方有佳人，绝世而独立，一顾倾人城，再顾倾人国。宁不知倾城与倾国，佳人难再得！"

汉武帝听得如痴如醉，感叹道："世间真的有如此风姿绰约、亭亭玉立、倾国倾城的女子吗？"汉武帝的姐姐平阳公主趁机说："有，李延年的妹妹，就是这样一个能歌善舞的美女。"汉武帝便立刻召见李夫人，其妙丽善舞，果然不同寻常，真乃绝世佳人，于是纳入宫中为妃，深得宠幸。一人得道，鸡犬升天，李延年、李广利都因为李夫人而贵。李延年被封协律都尉，继续搞音乐；李广利则被封为贰师将军，要为大汉王朝开疆拓土。贰师是大宛的一个地名，地理位置在今天的吉尔吉斯斯坦境内。汉武帝封李广利这个官职，就是让他率军到贰师城夺取良马。其实，李广利没多少军事才能，他这次率军到大宛获取所谓的汗血宝马，前后历时四年，花费上亿，折兵五万，最终仅仅获得骏马三十匹；然而，由于是汉武帝的小舅子，李广利本人不仅受封，而且跟随他的人被提升为两千石以上的也超过百人。

随后，汉武帝将年号改为"天汉"。这个年号有多种解释：一说天汉是银河，大汉王朝连续几年大旱，改此年号，希望老天赶紧降雨；二说天汉即天佑大汉的意思，老天爷会福佑汉代朝廷；三说天汉就是整个天下是大汉的天下。三种说法都有理，笔者更倾向于第三种，因为汉武帝此时正在不断地开疆拓土。天汉二年，汉武帝再次派李广利出击匈奴。汉

贰师将军李广利捐五万之师，靡亿万之费，经四年之劳，而仅获骏马三十匹。——《汉书·傅常郑甘陈段传》，中华书局1962年版（以下凡引此书，皆为此版，不再一一标注）

武帝的意图不仅是宣扬汉家的军威，更是想借此让李广利"镀镀金"，以便名正言顺地将其往更高的岗位上提拔。

李广利的本事到底几斤几两，汉武帝其实还是了解的，所以要给他配备一些更有能力的辅佐人员。汉武帝召见李陵，想让李陵担任李广利的后勤，运输粮草。李陵是名将之后，他的祖父就是飞将军李广。李广与匈奴战斗一生，匈奴无不畏服，但是戎马一生终未封侯，后人有数不尽的诗词歌咏李广。比如唐代七绝圣手王昌龄写过一首《出塞》："秦时明月汉时关，万里长征人未还。但使龙城飞将在，不教胡马度阴山。"作为名将之后，李陵更愿意像他的祖父李广一样，亲自在前线与匈奴战斗，以证明自己的能力，为家族赢得荣誉。所以，他对汉武帝的如此安排，内心或许有所不满，与担任后勤相比，他更期望在一线战斗。当然，这种不满不能直接发泄，必须用另外的方式表达。他向汉武帝叩请道："微臣手下的士兵都是荆楚勇士、奇才剑客，他们力能伏虎，射箭百发百中，臣请求自带一支人马，向兰干山南进发，这样就能分散匈奴的兵力，以免匈奴全部兵力都与贰师将军李广利交锋。"李陵这话说得还是很有水平的：一则我手下的士兵都是能征善战的，运输粮

召陵，欲使为贰师将辎重。陵召见武台，叩头自请曰："臣所将屯边者，皆荆楚勇士奇材剑客也，力扼虎，射命中，愿得自当一队，到兰干山南以分单于兵，毋令专乡贰师军。"

——《汉书·李广苏建传》

草辎重有点儿大材小用；再则我带领一支军队，可以分散匈奴的兵力，减轻李广利的压力。不过李陵的心思还是被汉武帝看透了。汉武帝说话没那么委婉，直截了当地说："你是不愿意做贰师将军的下属吧！朕发兵这么多，没有多余的马匹给你。"事已至此，李陵说："不需多给马匹，臣愿以少击多，只需五千步兵，便可直捣单于王廷。"汉武帝被李陵的勇气打动，同意了李陵的叩请，并诏令强弩都尉路博德领兵在中途迎候李陵的部队。不幸的是，路博德也是一个耻于做下属的主儿，这为李陵的悲剧埋下了伏笔。

结果，在居延一带，李陵区区五千步兵，竟与匈奴八万主力大军相遇，李陵率部奋战八天、转战千里，箭都射完了，进无进路，退无退路，救兵迟迟不来，士兵死伤成堆，最终兵败，无奈投降。

矢尽道穷，救兵不至，士卒死伤如积。——《汉书·司马迁传》

当李陵的军队尚未覆没的时候，使者曾给朝廷送来捷报，朝廷的公卿王侯都高喊万岁，举杯为皇上庆贺。然而，当李陵兵败投降的消息传至长安，汉武帝大为愤怒，前几天还交口称赞李陵的满朝文武大臣马上转变阵营，对李陵痛加指责，纷纷列举李陵此举的种种罪责。当时作为太史令的司马迁生性就痛恨察言观色、趋炎附势的人，又恰逢汉武帝询问他对李陵事件的看法，司马迁知道自己应该拨乱反正，

"塞睚眦 (yá zì) 之辞"了。司马迁从前代前辈身上所学到的秉笔直书、直言敢谏的良史精神让他说了一番足以改变他命运的慷慨陈词，他从李陵平时的为人及作战双方的具体情形分析李陵投降可能是权宜之计，是在寻找机会报答汉廷，言说之间对贰师将军李广利的失职予以旁敲侧击。

司马迁的直言触怒了汉武帝，汉武帝认为他是在为李陵辩护，讽刺无能的李广利，也是在暗示自己的用人不当。于是，司马迁被冠以"诬上"的罪名下狱。这一案件落到了臭名昭著的酷吏杜周手中，或许杜周自感领会了"领导"的意思，对司马迁施以各种酷刑，司马迁始终没有屈服。后因传闻李陵率匈奴军队攻打汉朝，汉武帝盛怒之下将为李陵辩护的司马迁判以死刑。按照汉朝律令，死刑可以用钱自赎；无钱可以用宫刑替代。这本来是一线转机，但是命运没有眷顾司马迁，因为他家境贫寒，微薄的钱财不足以赎罪；左右亲近无人敢替他鸣不平，旧交好友无人愿为他行御前营救。万般无奈之下，司马迁只得自请宫刑，忍辱苟活。次年，他平静地接受了令家族蒙羞、让世人不齿的"腐刑"。

真正的勇敢不光是因为某件事壮烈地死去，有时还应包括因为某件事而"卑贱"地活着。司马迁说："一个勇敢的人不一定要为名节去死，怯懦的人如果仰慕大义，什么地方不可以勉励自己为名节而死呢？我虽然怯懦软弱，想苟活在人世，但也稍微懂得区分弃生就死的界限，哪会自甘沉溺于牢狱生活而忍受屈辱呢？再说奴隶、婢妾尚且能够下决心自杀，何况像我到了这样不得已的地步！我之所以忍受着屈辱苟且活下来，陷在污浊的监狱之中却不肯死，是因为我还有未实现的心愿，如果平庸地死去，文章就不能流传后世了。"支撑司马迁坚持活下来的是他的史官家族的责任，是完成他父亲司马谈遗愿的孝心，是他成就一家之言的不朽志向。

李陵之祸摧残了司马迁的肉体，然而并没有摧毁司马迁的人格、理想、勇气，反而激发了他发愤著书的斗志。他用古代那些超凡卓异、名垂青史的人来勉励自己：西伯姬昌被拘禁而扩写《周易》；孔子受困窘而作《春秋》；屈原被放逐，才写了《离骚》；左丘明失去视力，才著有《国语》；孙膑被挖去膝盖骨，《兵法》才撰写出来；吕不韦被贬谪蜀地，后世才流传着《吕氏春秋》；韩非被囚禁在秦国，写出《说难》《孤愤》；《诗》三百篇，大都是一些圣贤抒发愤懑而写作的。这些都是人们感情有压抑郁结不解的地方，不能实现其理想，所以记述过去的事迹，让将来的人了解他的志向。就像左丘明没有了视力，孙膑断了双脚，便退隐著书立说来抒发他们的怨愤，司马迁想到活下来从事著述来表达自己的思想，寄托郁闷的情怀。

就这样，一部"究天人之际，通古今之变，成一家之言"的皇皇历史巨著——《史记》诞生了。

三千年的风云变幻、世事沉浮，三千年的金戈铁马、刀光剑影，三千年的帝王将相、贩夫走卒，

且勇者不必死节，怯夫慕义，何处不勉焉！仆虽怯懦欲苟活，亦颇识去就之分矣，何至自湛溺累绁之辱哉！且夫臧获婢妾犹能引决，况若仆之不得已乎！所以隐忍苟活，函粪土之中而不辞者，恨私心有所不尽，鄙没世而文采不表于后也。——《汉书·司马迁传》

三千年的草莽英雄、文弱书生，三千年的人生沧桑、命运流转，经过司马迁满怀豪气、不平则鸣的如椽大笔浸染，最终凝结在《史记》五十二万六千五百字、一百三十篇中。

一部史家绝唱，梳理了一个民族走过的几千年的历史记忆；一部无韵离骚，蕴含了一个痛苦灵魂的满腔愤懑。字里行间响彻的，是一颗不屈的、高昂的头颅不平的鸣响。汉武帝以他的专制刀剑，阉割了司马迁的肉体，然而，他阉割不了司马迁的思想。经历并超越了精神与身体的双重苦难的司马迁，用他文直事核、"不虚美，不隐恶"却饱含血泪之情的笔墨，将大汉盛世的天子钉在了历史的光荣榜与耻辱柱上。

此后，司马迁的事迹忽然就湮没不彰了，就像一颗璀璨的明珠，倏忽没入了厚厚的尘埃，就那么无声无息地不见了。他死于何时，怎样死的，都成了考证不清的谜。记录历史的人，却被历史埋没，这是命运对他再次的捉弄，还是他的生命就应如此戛然而止？

当他写完最后一句"余述历黄帝以来至太初而讫，百三十篇"时，司马迁应该是投笔四顾、内心茫然的，他的愿望实现了，他父亲的愿望实现了，他史官家族的愿望实现了。他可以了无牵挂了，可以无憾而去了。他的一生就应该定格在那一个历史时刻。在从传说中的轩辕黄帝到当朝汉武大帝的一场文字狂欢中，司马迁以自己的血肉之躯证明了一种另类的勇敢，诠释了一种个体的生命精神，在倾情再现了波澜壮阔、纵横捭阖的历史画卷后，他的一生已然无法超越，他的生命走到了极致，也走到了尽头。

司马迁走了。但是，穿过光怪陆离的刀光剑影，透过激情澎湃的鼓角铮鸣，和着伯夷、叔齐的采薇吟唱，走出蜿蜒清淑的龙门山，我们分明看到了一位气宇轩昂的长者，似乎要向我们说些什么。

17. 价值观的重要性

汉武帝独尊儒术，是中国古代政治史、思想史、文化史上的一个重大事件。董仲舒首倡尊儒，兴办太学，由此培养了中国一代又一代以儒家思想为信仰的文官集团，对整个中国古代封建政治影响极为深远。

为什么这样说呢？文官从小熟读儒家经书，讲忠、讲孝、讲仁义、讲修身齐家治国平天下，有一整套儒家价值系统。有价值观念的官员和没有价值观念的官员是绝不相同的。有价值观念的人为官后，不仅仅听从上司的命令，还听从自己内心的声音。因为，他们自己心中还有另一把尺子——儒家的价值体系。

这些官员，即使因此获罪于皇帝，他们也宁愿听从内心的召唤，按照自己内在的价值体系行事。汉代有个讲灾异的儒家学者夏侯胜就是这方面的典型。

夏侯胜是西汉武帝、宣帝时期的经学家、政治家。他很小的时候父亲就不在了，追随叔父夏侯始昌学习《尚书》《洪范五行传》，擅长阴阳灾异之说。后转益多师，攻礼学、《论语》，博通群经，尤精《尚书》。儒家经典之中，《尚书》素为难懂，唐代的古文大家韩愈曾感叹《尚书》"佶 (jí) 屈聱 (áo) 牙"，意思是说《尚书》的文字艰涩生僻、拗口难懂。更何况，历经秦火之后，《尚书》因难以诵记，在汉代的传承残缺不全。在此种背景下，夏侯胜精通今文《尚书》，是汉代今文尚书学"大夏侯学"的开创者，今文经学家强调学以致用，常把今文经学作为治世的典范，因此他常借灾异来推论政治的得失，以此劝谏掌权者。对夏侯胜而言，儒家的价值观念、行为准则已经内化为他身体的一部分。他的做人准则是：为国要忠，为民要仁，为事要义。因此他上不奉承，下不欺瞒，崇尚正派刚直，厌恶邪道歪理。最能展现其坚守儒家价值准则的一件事就是他反对为汉武帝立庙乐。

庙乐即宗庙音乐，祭祀时用来歌功颂德。汉宣帝即位以后，说汉武帝功德无量，可他的庙中还没有与其功德相称的音乐，因此下诏要群臣讨论给武帝立庙乐。群臣纷纷赞成，积极言说立庙乐的重要性、必要性、可行性，唯有夏侯胜坚决反对。他说："武帝虽然有驱逐四夷、开疆拓土的功绩，但造成大批士兵和民众死亡，弄得民穷财尽，且他生活奢侈，挥霍无度，以至国家财力耗尽，国库空虚，百姓流离失所，半数人口死亡。到处发生蝗灾，赤地数千里，甚至人民相食，这种境况使得国家到现在元气还没有恢复。武帝对百姓没有什么功德恩泽，不应该给他制定庙乐。"

武帝虽有攘四夷广土斥境之功，然多杀士众，竭民财力，奢泰亡度，天下虚耗，百姓流离，物故者半。蝗虫大起，赤地数千里，或人民相食，畜积至今未复。亡德泽于民，不宜为立庙乐。——《汉书·眭两夏侯京翼李传》

夏侯胜说的有没有道理呢？他是从武帝朝过来的人，耳闻目睹，应该不会睁眼说瞎话。其实在汉武帝晚年，武帝自己也意识到了这些问题，不得不下罪己诏，以缓和当时臣民的不满。司马迁在《史记·孝武本纪》中虽然没有对这方面作过多记述，但在《史记·封禅书》中则对武帝直接进行了批判。总之，夏侯胜讲的内容没毛病。尽管如此，他的立场与言论仍引发群臣的一片哗然，虽然他们也列不出反驳的理由，却众口一词：这是诏书，皇帝的诏书你也敢反对？夏侯胜不为所动："当臣子的职责，必须坚持真理，直言不讳，而不是为了讨好皇帝而顺从他的旨意。我的话已出口，绝不收回，就是死了也不后悔。"结果，夏侯胜被以非议诏书、诋毁先帝的罪名下狱。几年后，因为发生地震，宗庙损毁，汉宣帝反省思过，大赦天下，夏侯胜才得以赦免。

是什么支撑夏侯胜公然站在皇帝、群臣的对立面，义正词严地反对皇帝的命令？是他为人处世的准则，是他根深蒂固的儒家价值观。这是他做人的底线，是源自其内心的声音。

与眭 (suī) 孟相比，夏侯胜还算幸运的，毕竟他遇上了大赦天下的事情，保全了性命。眭孟却因此而断送了性命。眭孟是鲁国人，年少时斗鸡走狗，效仿侠客，后折节易行，服膺儒学，精通《公羊春秋》，以明经被朝廷征为议郎。汉昭帝元凤三年 (前78)，天下发生了几件怪事：泰山南有块大石头自己竖了起来，旁有乌鸦群飞；昌邑国一棵枯死多年的树忽然生发新芽；

人臣之谊，宜直言正论，非苟阿意顺指。议已出口，虽死不悔。——《汉书·眭两夏侯京翼李传》

皇家上林苑也有一棵枯死歪倒多年的树，不仅活了，而且还立了起来。这些现象，在古代被称为灾异。经学家眭孟根据《公羊春秋》及董仲舒的说法推演，认为有天子生于民间，汉朝皇帝应该寻访贤人，禅让帝位，退为诸侯，以顺应天命。他把这些想法写成奏章，通过朋友上奏朝廷。此时的汉昭帝还很年少，掌控实权的是大将军霍光。见到奏章，霍光大怒，皇帝禅位，他这个大将军还能掌握实权吗？结果眭孟被下廷尉署问罪，以妖言惑众、大逆不道罪处死。五年之后，汉宣帝兴起于民间，人们这时又想起眭孟的预言。汉宣帝派人征召眭孟之子为郎，算是对眭孟的一点补偿。

对今天的读者而言，古人的灾异说很令人怀疑，也很迂腐可笑，最多不过是偶然巧合而已。其实，对古代士人而言，言说灾异是他们对抗皇权、劝谏皇帝的一个重要手段，所以正史之中，大多都有灾异的专篇记录。今天我们关注的不应该是这些预测的真实性，而是他们对天人感应学说真诚相信的态度，以及为了坚持这种学说而勇敢上书、不惜献身的精神。明代冯梦龙编辑的笑话集《古今谭概》也收录了眭孟言说灾异之事，在最后的评议中，冯梦龙尽管也嘲笑眭孟的迂腐，但同时他也说"此等建言，非汉人不敢"。

是什么让眭孟具备这种不惜献身的勇敢？是他对儒学的服膺，是他基于儒家思想而形成的价值观。

反之，没有价值观念的官员就大不一样！唯上是从，唯利是图，毫无是非观念，什么坏事都敢干。为什么？没有价值系统，就没有底线。没有价值系统，就不会受到信仰的煎熬和道德的谴责。像反对夏侯胜的群臣，他们并非文盲，其中也有不少学过儒家的典籍，比如反抗最激烈的时任丞相蔡义、御史大夫田广明。蔡义是以精通《诗经》步入仕途的，但对他而言，儒家经典只不过是晋身之阶，是获取功名利禄的手段。因此，面对皇上的诏书，这些人只会一味顺从，而没有自己的操守。从这个意义上讲，官员的价值观十分重要。

中国古代政坛有四种人，分别代表四种力量。第一，文官；第二，武将；第三，外戚；第四，宦官。他们各自的政绩大体如何呢？

总的来看，哪一个朝代文官集团掌权，政治就比较清明，帝国持续的时间也较长。如果武将掌权，往往出现藩镇割据的局面，像唐代的中后期、五代十国等。如果宦官跟外戚两股势力掌权，基本上是这个帝国最黑暗的一个时期。但这仅仅是个大致的划分，例外在所难免。文官、武将、外戚、宦官的身份也只是一种身份而已，身份和个人的价值观并不能完全画等号。

官员的价值观是从小培养的，是在整个社会的思想体系的影响下形成的。帝国制度下的中国古代，儒家思想深入到乡里民间，成为整个社会的行事准则，这是它影响力巨大的重要原因之一。

1.慈母纵子乱

春秋历史上有一段特别有名的宫廷变乱，这一变乱之所以有名、特别，乃在于其与家庭的不和谐有关——母亲的偏爱是罪魁祸首。这一变乱便是由郑庄公、共叔段与其母武姜共同演绎的"郑伯克段于鄢"。

郑庄公与共叔段同是武姜的儿子，但是，这两个儿子在武姜那儿的待遇却是迥然有别。郑庄公是不受母亲待见、不得母亲喜爱的儿子，这不受喜爱从其降生那一天就已经开始了。郑庄公名叫寤(wù)生。寤生有好几种解释，一般认为是"逆生"之意，即分娩时脚先出来，脑袋后出，也就是难产。武姜在生郑庄公的时候难产，受了不少罪，所以特别厌恶这个孩子，给他起了这样一个名字。古人对于名字非常重视，父母一般会给孩子取一个好听且有美好预兆的名字，"寤生"显然不是如此，单从名字就反映出他从出生就不得母亲待见。

等郑庄公的弟弟共叔段出生之后，武姜对郑庄公更是不堪其厌，甚至决定要让共叔段来继承君位，但是郑庄公的父亲没有应允。郑庄公继位之后，在武姜的要求之下，将共叔段封于京这个地方。其实，京地地位非常重要，不适合分封给诸弟。郑庄公碍于母

初，郑武公娶于申，曰武姜，生庄公及共叔段。庄公寤生，惊姜氏，故名曰寤生，遂恶之。——《左传·隐公元年》

爱共叔段，欲立之。亟请于武公，公弗许。——《左传·隐公元年》

亲武姜的面子，不得已做出这一于礼制不符的事情，当然也有人说这是郑庄公阴险的表现，他这是在"放长线钓大鱼"。后来，共叔段到达京地之后，开始整治武备，在母亲的怂恿与纵容之下谋划袭击郑庄公，他要夺权了。

在郑庄公二十二年（前722）的时候，共叔段终于完成了叛乱准备，在武姜的接应之下兴兵叛乱。共叔段野心勃勃，武姜踌躇满志，以为此番兵革过后，自然是一片艳阳天，属于他们的时代要到来了。结果没有料到的是，郑庄公已经不是当初在母亲面前战战兢兢、不敢大声说话的孩子，他在缺少母爱的环境中已然成长为一匹隐忍不发、出招必致命的野狼。郑庄公对于母亲与弟弟的阴谋了然于胸，他不出击，不代表懦弱，他只是在寻找合适的机会。当然，见惯了郑庄公那般厾样的武姜与共叔段根本没有把郑庄公放在眼中，这便给了他更大的胜算，他出兵迎战，大败共叔段，最后共叔段出逃他国。郑庄公对母亲武姜也是怨恨至极，直言"不及黄泉，无相见也"。

对于这一段历史，《春秋》中用"郑伯克段于鄢"六字来概括，《左传》中认为共叔段的作为不是弟弟应该做的，故不言弟；郑庄公对于弟弟失却了教育的责任，故称其为郑伯。当然，共叔段与郑庄公的这段公案已是历史陈迹，不同的人有不同的看法，但是在众人的评价体系中，武姜也应该是被批评的对象。春秋时代嫡长子继位渐渐成为普遍现象，而且王位的稳定是一个国家稳步前进的基础，但是一味放纵自己情感的武姜根本不懂这些，也不愿意为此亏待自己的小儿子，就是因为她对于孩子的不同态度造就了骨肉相残的悲剧。

历史总会有巧合，历史上还有几位溺爱小儿子而不知节制的母亲。

第一位是汉景帝的母亲窦太后。

窦太后除了汉景帝，还有一个小儿子梁孝王刘武，窦太后对其宠爱有加，赏赐不可胜数，府库金钱甚多，多达近万亿，珠玉宝器等比京师还要多。梁孝王的宫殿园囿面积广大，他建造的东苑方圆三百余里；他将睢阳城扩张为方圆七十里；他建造的宫殿，自宫殿连接到平台长达三十余里。最为重要的是，他平时的某些待遇与天子不相上下，如受赏赐天子旌旗，出从千乘万骑，东西驰猎等同于天子的规模。母亲长期的娇纵使梁孝王不可一世，他在梁国招揽四方豪杰，天下有名的游说之士纷纷归属梁国，而且梁孝王还大量铸造兵器，弓箭、戈矛之类多达数十万件。一个诸侯国，铸造如此多的兵器，其心何在？一个诸侯王，怎敢有如此放肆的举动？原因很简单，人家的娘不是一般人，人家的娘很给力。

孝王，窦太后少子也，爱之，赏赐不可胜道。于是孝王筑东苑，方三百余里。广睢阳城七十里。大治宫室，为复道，自宫连属于平台三十余里。得赐天子旌旗，出从千乘万骑。东西驰猎，拟于天子。——《史记·梁孝王世家》

窦太后与梁孝王的心思，在汉景帝废黜栗太子之后正式浮出水面，窦太后不再遮遮掩掩，直接提出立梁孝王为储君。汉景帝其实早就知道母亲的想法，他一直对梁孝王没有限制，或许源自骨肉亲情，不忍拒绝母亲，不忍伤害弟弟。但是，立储一事关系重大，汉景帝心里已有理想的人选，朝中大臣也极力反对立梁孝王。窦太后不得已暂时将立梁孝王为储君一事搁置。

后来，汉景帝立胶东王刘彻为太子，一直觊觎皇储地位的梁孝王一时间难以接受这一现实，便派出杀手向袁盎等十几位参与议嗣的大臣下黑手，以发泄内心无法压抑的不满与怨愤。只不过，纸包不住火，事情最终还是败露了，汉景帝大怒。虽然在窦太后与长公主的劝说之下，汉景帝没有治梁孝王的罪，兄弟二人和好，但想要"如初"，已经不可能了，汉景帝开始疏远梁孝王，不再与他同乘车辇。再后来，梁孝王上书请求留在京城，汉景帝没有答应，被迫回到封国之后的梁孝王精神恍惚，郁郁而终。

在梁孝王短暂的一生中，母亲的纵容与呵护，是其命运结局的重要推手，梁孝王将他所享受到的不同于其他诸侯王的待遇视为理所应当，这棵在温室中生长的小苗暴露在大自然中，受到一丁点儿风雨侵袭就失去了抵抗能力，极容易夭折。

十一月，上废栗太子，窦太后心欲以孝王为后嗣。大臣及袁盎等有所关说于景帝，窦太后义格，亦遂不复言以梁王为嗣事由此。
——《史记·梁孝王世家》

第二位是北齐武成帝的胡皇后。

北齐武成帝有一个儿子高俨 (yǎn)，与太子高纬同父同母。高俨自小就很聪明，深得武成帝与胡皇后的喜爱，他的饮食起居与太子高纬并无二致，而且武成帝经常当面夸奖他，说他将来必定大有作为。后来高纬做了皇帝，是为北齐后主，高俨被封为琅邪王，虽然搬到别宫居住，但其待遇仍然高于其他诸侯王，即便如此，胡太后仍然不满意，多次在后主面前提出希望提高高俨的待遇。

在如此环境下成长的高俨，骄横无礼、恣意妄为。有一次，高俨到南殿朝拜，看见典御官向高纬进献刚刚取出的冰块，钩盾官向高纬进献早熟的李子，他回到寝宫之后派人去索要冰块、李子，没有要到便勃然大怒，破口大骂："皇帝有的，为什么我没有？"这些话在恪守君臣之道的人看来，是足以杀头的，但是高俨不管，他想说就说。还有一次，高俨与宰相意见不合，一怒之下，便假传圣旨，将宰相给杀了。假传圣旨，这更是杀头的大罪，但是高俨还是无所畏惧、我行我素。

长时间地不知分寸、不懂节制，让人们将他与共叔段相比，身为皇帝的高纬自然不会袖手旁观，虽然胡太后极力维护，但最后高俨还是被秘密处死，年仅十四岁。

齐武成帝子琅邪王，太子母弟也，生而聪慧，帝及后并笃爱之，衣服饮食，与东宫相准。帝每面称之曰："此黠儿也，当有所成。"及太子即位，王居别宫，礼数优僭，不与诸王等。太后犹谓不足，常以为言。——檀作文译注《颜氏家训·教子》，中华书局2011年版（以下凡引《颜氏家训》，皆为此版，不再一一标注）

年十许岁，骄恣无节，器服玩好，必拟乘舆，尝朝南殿，见典御进新冰，钩盾献早李，还索不得，遂大怒，诟曰："至尊已有，我何意无？"不知分齐，率皆如此。——《颜氏家训·教子》

对于高俨的行为，《颜氏家训》的作者颜之推认为是咎由自取，因为他不知道世间尚有"本分"二字。当然这也与父母的错误溺爱有关，聪敏的孩子需要疼爱，顽皮迟钝的孩子也应该得到怜惜，过分溺爱孩子的父母，本来是想给孩子更多的好处，其实是害了他们。

父母疼爱孩子是人之天性，但是，对于孩子不可过于纵容，该守的规矩还是要守的，该管制的时候还是应该管制的。现代人没有了王位这一极大的诱惑，却有了其他更多的诱惑。如新闻中曾报道过一位"80后"青年，将自己的父亲活生生地砍死，母亲也被砍得气息奄奄，这样大逆不道的事情让世人大跌眼镜，人们在谴责、痛心之余，不禁探寻如此惨剧发生的缘由。原来此青年长期受父母娇纵，生活条件优越，在玩网络游戏欠债之后，向父母索要钱财不果，遂起杀人夺取财产的念头。轰动一时的药家鑫杀人案、机场刺母事件，都与家庭环境优越及父母过分溺爱密切相关。在如此触目惊心的事实面前，娇纵孩子的父母是否应该引以为戒呢？

战国时代的触龙曾经说过："父母之爱子，则为之计深远。"韩非亦云："严家无悍虏，而慈母有败子。"对于古人的警示，我们为什么总是不以为意呢？

> 有偏宠者，虽欲以厚之，更所以祸之。——《颜氏家训·教子》

2.冲动的惩罚

清初吴伟业的一首《圆圆曲》，给吴三桂身上抹上了一丝痴情的色彩，"冲冠一怒为红颜"也成为千古名句。之所以如此，其缘由绝不仅仅是吴三桂与陈圆圆的传奇情缘吸引人那般简单，还在于这句话似乎带有更多的普遍意义，从某种程度上诠释了众多男性的心声。男性面对钟意的"红颜"，极容易冲动，冲动之下，大脑便经常短路，或者想拥红颜入怀，或者容不得别人一丝觊觎。只不过，冲动之下的短路大脑做出的决定，有时会带来极大的惩罚，春秋时期就有这样几位代表。

春秋时期，国与国之间经常通过联姻的方式巩固自己的政治利益以加强彼此的联盟。当时有这样一对连襟，他们同是陈国的女婿，一位是蔡国的哀侯，一位是息国的国君。他们之间最初关系还不错，一直相处得很融洽，但是融洽的关系在息夫人一次回娘家的途中被打破了。息夫人回娘家要路经蔡国，这本来是一件极好的事情。要知道，在春秋时代，出嫁的女子回娘家是很不容易的，一年与自己父母见面的机会很少，有的甚至一生也见不到父母，更不用说是见嫁到别国的姊妹了。但是，息夫人到了蔡国之后，蔡哀侯可能是色令智昏了，一见自己的小姨子，竟然一下子"中招"了——中了情色的招，平日里只道自己的夫人漂亮，谁知与息夫人相比，竟然逊色很多。或许一开始蔡哀侯也想控制自己，但是控制来控制去，最终还是没控制住，他就真不拿自己当外人了，顾不得礼义廉耻，顾不得亲戚颜面，打起了息夫人的主意，对息夫人动手动脚。

　　息夫人在息侯那里可是心尖上的肉，息侯对其百般宠爱、万般呵护，她何曾受过这样的委屈与侮辱，回到息国之后自然免不了对自己的夫婿哭诉一番。俗语说"朋友妻，不可欺"，更何况欺负的是我息侯的心肝宝贝，怒火中烧的息侯发誓要报复以雪此耻。情急之下，他使出了"借力打力"之招，派人向楚文王请求援助，请求其出兵讨伐蔡国。要知道"世上没有免费的午餐"，楚文王不是傻子，也不是冤大头，如果没有大赚头，他怎会劳师动众出兵讨伐？此种道理息侯自然明白，所以他打出的牌是：您假装来讨伐息国，我向蔡国求援，因为是亲戚关系，蔡国必定会出兵相救，这时候您就可以以此为口实击败蔡国。当时，楚文王正琢磨北上扩张，只不过还没想出个好由头，听闻此言，正中下怀，马上依计而行。蔡哀侯果然上当，他兴冲冲地率兵前来支援，不料被楚军来了个守株待兔，成了楚军的俘虏，被押回楚国。

　　事情至此，息侯的心头之恨似乎可以消了。但是，会使用"借力打力"这一招式的，除了他息侯，还有蔡哀侯呀！蔡哀侯被押至楚国之后，明白了个中缘由，怒不可遏：我风风火火地来帮你，你竟然下绊子阴我，我不就是对你的息夫人有点儿想法嘛，我也没干成什么事呀，你息侯至于这么狠吗？既然你

哀侯十一年，初，哀侯娶陈，息侯亦娶陈。息夫人将归，过蔡，蔡侯不敬。
——《史记·管蔡世家》

息侯怒，请楚文王："来伐我，我求救于蔡，蔡必来，楚因击之，可以有功。"楚文王从之，虏蔡哀侯以归。
——《史记·管蔡世家》

不仁也别怪我不义。于是乎，蔡哀侯就在楚文王面前吹起了"美人香"，见了楚文王就夸赞息夫人的美貌，什么沉鱼落雁、闭月羞花般的美人，见到息夫人之后只能自行消失。楚文王本来就有攻打息国的想法，再加上这样一个大美人的诱惑，于是便打着友好访问的幌子，带兵入侵，轻而易举地将息国给灭了。

世间之事不到最后，永远不能预料它的结果。息国被灭，蔡哀侯爽朗地笑了。但是，在他笑过之后，等待他的就只有哭了。事情因息夫人而起，最后这件事情也是因息夫人而止。楚文王如愿以偿地将息夫人纳为己有，息夫人为楚文王生下了两个孩子，但是楚文王虽然得到了美人身却得不到美人心，不用说美人心，甚至连美人言都不曾听到，原来息夫人到了楚文王那里变成了"哑巴"。楚文王为讨息夫人欢心，虽然不至于"烽火戏诸侯"，但确实是费尽了脑筋。最后还是息夫人道出了心中所想："我一个妇道人家，却跟了两个丈夫，纵然是不能死，又有什么颜面来说话呢？"三年多的无言相对让楚文王郁闷至极，缘由既然找到了，接下来就是让悲剧的酿造者蔡哀侯来消解这一腔如滔滔江水般的愤懑了。于是楚文王再次兴兵伐蔡，蔡国终被攻占。

息侯、蔡哀侯、楚文王的"冲冠一怒"，皆因息夫人而起，为红颜而怒，于情于理似乎都说得过去；但

楚子如息，以食入享，遂灭息。以息妫归，生堵敖及成王焉。未言，楚子问之。对曰：『吾一妇人，而事二夫，纵弗能死，其又奚言？』楚子以蔡侯灭息，遂伐蔡。秋七月，楚入蔡。——《左传·庄公十四年》

是，怒火之中的人最易冲动，而冲动则是魔鬼，且不说楚国、息国、蔡国之间的三次战争中不知有多少无辜的士兵死在这"冲冠一怒"的怒火中，息国、蔡国两个国家的江山社稷也因此葬送了。所以，对于这个让三个男人癫狂、三个国家起乱的红颜，汉代刘向的《列女传》卷四《贞顺》给出了另外一个版本：

> 夫人者，息君之夫人也。楚伐息，破之，虏其君，使守门，将妻其夫人而纳之于宫。楚王出游，夫人遂出见息君，谓之曰："人生要一死而已，何至自苦！妾无须臾而忘君也，终不以身更贰醮。生离于地上，岂如死归于地下哉？"乃作诗曰："谷则异室，死则同穴。谓予不信，有如曒日。"息君止之，夫人不听，遂自杀。息君亦自杀，同日俱死。楚王贤其夫人守节有义，乃以诸侯之礼合而葬之。

刘晓东校点《列女传》，辽宁教育出版社1998年版，第39—40页（以下凡引《列女传》，皆为此版，不再一一标注）

《列女传》略去了三个男人之间的纠葛，只是将楚文王要纳息夫人为妾作为楚、息两国战争的一个附加结果；楚、息两国的战争也非息夫人引起；息夫人并没有在实际上成为楚王夫人，而是在正式嫁给楚文王之前就自杀而死，为爱而亡。实际上，息夫人不仅没有自杀，而且还为楚文王生育了后代，《列女传》为给息夫人一个贞贤的名头，改编了历史，也消除了"冲冠一怒为红颜"的破坏效应。

人在冲动的时候，大脑不是一根筋，就是两头堵，想要对棘手问题做出及时正确的反应几乎是不可能的，所以才有所谓的冲动打人、冲动杀人、冲动购物、冲动为政的事情发生。无法克制人生的冲动必定会导致失败，所以关键时刻，保持容忍与冷静，是解决冲动的有效良药。

3.这个打闹不一般

"夫妻吵架，床头吵床尾和"，这样的画面在日常生活中是经常出现的，没有不吵架的夫妻，但是，在古代的帝王那里，夫妻间的打闹嬉戏也容易引发大问题。

春秋五霸之一的齐桓公作为一代枭雄，不仅在国际舞台上很有话语权，也赢得了众多女性粉丝的心，为了能在齐桓公这棵大树底下乘乘凉，好多国家的国君纷纷将自己的姐妹、女儿送到齐桓公帐前。其中，有一位是蔡国的蔡缪侯的妹妹。

要说这个蔡国送来的蔡妹妹可是不一般呢，或许是齐桓公对她还算宠爱吧，使得蔡妹妹有点恃宠而骄了。有一次，齐桓公和蔡妹妹到水上游玩，本来两人在船上喝酒嬉戏，相谈甚欢，气氛很融洽，可蔡妹妹高兴劲儿一上来，就开始戏弄齐桓公了。原来这齐桓公有点怕水，蔡妹妹知道这点，就开始摇晃小船，船在水里左右晃荡起来，齐桓公有点儿不舒服，紧紧抓住船帮不放，并要求其罢手。一看齐桓公害怕了，蔡妹妹心里更乐了：哈哈！一个大男人，平时看着威风八面的，这点儿水就吓着了，我得再吓吓他，以后也好有嘲笑他的谈资了。想到就要做到，蔡妹妹又来了第二波的摇晃攻势。或许是平常齐桓公太娇纵蔡妹妹了，也许是她太没眼力见儿了，结果开玩笑没把握好尺度，作大发了。齐桓公吓得魂不附体，一怒之下将蔡妹妹遣送回娘家蔡国去了。

在现代，女人只要自己想家了，有事没事都可以随时回娘家，但是，在春秋时代，没有正当理由是不能随便回娘家的。蔡妹妹这次可是被遣送回去的，蔡缪侯问明情况之后，感觉齐桓公太过分，不看僧面看佛面，况且你们不过是夫妻间闹了点儿小矛盾，你把我妹妹送回来，这也太不给我面子了吧。于是蔡缪侯决定将蔡妹妹另嫁他人，可能蔡妹妹对齐桓公也有着同样的怨气，便听从哥哥的安排嫁给了别人 (《东周列国志》中说是嫁给了楚文王)。如此一来，相当于蔡妹妹把齐桓公给休了，而且还没有通知当事人。

蔡氏兄妹有着自己的打算，齐桓公其实也有着自己的打算，无非就是惩罚一下不听话的蔡妹妹，等她自己反思好了就接回来，也没有过多的用意。但是，人心两面皮，你不说别人也猜不透，本是要惩罚自己的女人，结果却是女人不接受惩罚飞走了。堂堂的一代霸主怎么可能忍得下这口气，你让我赔了夫人，我就得让你折兵。于是齐桓公发兵讨伐蔡国，亲

十八年，齐桓公与蔡女戏船中，夫人荡舟，桓公止之，不止，公怒，归蔡女而不绝也。——《史记·管蔡世家》

家成了仇家，大舅子与妹夫打了起来。最后蔡缪侯被俘虏，押至楚国，多亏有其他诸侯国的国君出面求情，才得以回国。

帝王君主家本就不是随心所欲之所，即使不牵扯到国与国之间的问题，打闹也得有分寸，宋代仁宗皇帝废后案就是一个典型案例。仁宗皇帝就是传说当中用狸猫换得的太子。宋仁宗到了适婚年龄，当时的太后刘娥为他挑选平卢军节度使郭崇的孙女为皇后，但是宋仁宗自己看上的是骁骑卫上将军张美的曾孙女张氏。在刘太后的管制之下，仁宗不敢违背其旨意，只得立郭氏为皇后，但是心里老大不情愿。

后来刘太后去世，宋仁宗又开始宠幸其他的妃嫔，对郭皇后更加疏远了，而其他妃嫔倚仗宋仁宗的宠爱，也无惧郭皇后，她们之间出现了多次争吵。郭皇后从小霸道惯了，行事骄纵泼辣，之前倚仗着刘太后的权威，大家是敢怒不敢言。等到刘太后这个靠山没了，郭皇后还是一如既往地任性使气，自然就有人不满意了，这人就是仁宗皇帝特别宠爱的尚美人。尚美人的父亲父凭女贵，得到了仁宗的无限恩宠，一时京城都大为倾动。郭皇后对此大发醋劲，甚为不满。郭皇后的不满没瞒过尚美人的眼睛，于是她经常在仁宗耳边吹枕头风，诉说郭皇后的种种不是。俗语说"无巧不成书"，有一次，尚美人在仁宗面前说郭皇后

齐桓公怒，伐蔡；蔡溃，遂虏缪侯；南至楚邵陵。已而诸侯为蔡谢齐，齐侯归蔡侯。——《史记·管蔡世家》

初，帝宠张美人，欲以为后，章献太后难之。后既立，而颇见疏。——《宋史·后妃传上》，中华书局1985年版（以下凡引此书，皆为此版，不再一一标注）

的坏话，结果被郭皇后当场逮住，郭皇后怒不可遏，扬手就要打。尚美人虽然说的话不中听，但总归是仁宗自己喜欢的人，皇后虽然不太讨仁宗喜欢，但这次她确实抓住理由了，师出有名，所以夹在两个女人中间的仁宗赶紧去劝说。不料想，郭皇后的巴掌在拉扯之间就落到了仁宗的脖子上，带着怒气的郭皇后出手狠辣，而且女人的指甲修长锐利，据说在仁宗的脖子上划出了两道清晰的血痕。

贵为九五之尊的天子哪受过这种待遇，但是仁宗皇帝生性文弱，当时虽然生气，也仅仅是埋怨了一通，并没有施以惩罚措施。不过后来因为某些大臣的撺掇，认为即使在民间老百姓家里，妻子尚且不能责骂丈夫，又何况是在九五之尊家，所以仁宗下诏废后，令郭皇后别居长乐宫，赐名清悟。母仪天下的皇后因为一个巴掌成了与孤灯黄卷做伴的道姑。

忽然又想起那句老话："修身齐家治国平天下。"这个排序是有讲究的，也没啥好说的了。

4.男人的背后

古代的史书是男人的天下，金戈铁马、仕途经济，皆非女人的职责范围，但是，夫妻本是同林鸟，

其后尚美人、杨美人俱幸，数与后忿争。一日，尚氏于上前有侵后语，后不胜忿，批其颊，上自起救之，误批上颈，上大怒。——《宋史·后妃传上》

入内都知阎文应因与上谋废后，且劝帝以爪痕示执政。上以示吕夷简，且告之故，夷简亦以前罢相怨后，乃曰："古亦有之。"后遂废。诏封为净妃、玉京冲妙仙师，赐名清悟，居长乐宫。——《宋史·后妃传上》

男人的成功又怎可少了女人的帮助呢？基于妻子与丈夫的关系、妻子对丈夫的作用，男人背后的女人可以分为如下几种类型：

第一种，默默付出型。

此种类型的妻子，对于丈夫一直支持、一直付出，而且这种付出不图回报，只希望丈夫好，而且是越来越好，此种类型以重耳之妻齐姜为代表。

重耳因骊⑴姬之乱被迫流亡，当流亡到齐国时，齐国的君主正是一代霸主齐桓公。齐桓公对重耳礼遇有加，并将同宗的女儿嫁给了重耳，结婚之时给了他八十匹马作为随礼。重耳在齐国的这个小家庭，其女主人便是齐姜。

一路上颠沛流离、躲避追杀的重耳在霸主齐桓公的礼遇与庇佑之下，获得了重视与安全，无论是生理上和心理上都处于一种极度满足的状态，原先习惯了的贵族公子哥的感觉似乎又回来了，因此，重耳不愿意再去流亡了，不愿意再去碰壁了。他宁愿躲在温柔乡里来度过他的余生，什么人生理想，什么国家社稷，太遥远太累的事情，还是忘却了吧。

主子不思进取，可急坏了这一批跟随他的大臣：我们跟着你颠沛流离、抛家舍业，冒着被砍头的危险，我们为的是什么呀？不就是盼望着有朝一日您老人家可以让我们荣归故里，再见亲人一面吗？躲

至齐，齐桓公厚礼，而以宗女妻之，有马二十乘，重耳安之。重耳至齐二岁而桓公卒，会竖刀等为内乱，齐孝公之立，诸侯兵数至。留齐凡五岁。重耳爱齐女，毋去心。
——《史记·晋世家》

在人家的庇佑之下，怎么能实现我们的宏图伟业，况且现在齐桓公已经死了，他的五个儿子为了老父那点家业正闹得不可开交，就是那个最后取胜登上君位的齐孝公也是处处树敌，齐国已经不是安乐窝了。不行，得让公子离开这里！这样的忧虑、这样的打算不能在屋子里面商量，因为隔墙有耳，于是他们就来到了空旷的室外，在一棵桑树底下商量何去何从。

不承想，世间不仅隔墙有耳，而且"树上有耳"，也是他们运气不佳，在树上有一位采桑女恰巧听到了他们所有的谋划，更巧的是，这个采桑女就是公子重耳在齐国的夫人齐姜的侍女。他们想让重耳走，那夫人岂不就成了被抛弃的孤家寡人了，不行，得赶紧告诉夫人去。侍女急匆匆地回到齐姜那里，将事情原委向齐姜做了汇报，以为夫人即使不赏赐她，最起码也会给她点口头表扬。殊不料，告密者必须看对告密对象，必须先考量好各方之间的关系，侍女空有一片忠心却没考虑到人家是夫妻同心，为了防止这个消息泄露，齐姜悄无声息地将侍女杀死了。

赵衰、咎犯乃于桑下谋行。齐女侍者在桑上闻之，以告其主。其主乃杀侍者，劝重耳趣行。——《史记·晋世家》

消息的传播源被堵塞住了，但是齐姜也意识到在齐国目前的状况之下，重耳不适宜久居下去，于是劝其赶紧离开，可是重耳决心已定，要和齐姜在齐国厮守终生。面对夫婿的一番表白，齐姜很舒心，齐女曰：『子一国公子，穷而来此，数士者以子为命。子不疾反国，报劳臣，而怀女德，窃为子羞之。且不求，何时得功？』——《史记·晋世家》

总算没有白爱他一场，但是儿女情长终会断送夫婿的一生，所以齐姜进一步从赵衰、咎犯等追随者的角度劝说重耳，希望重耳能够感念他们的恩情，成就一生功业。怎奈重耳留意坚决，说什么也不愿离开！思前想后，万般无奈与不舍的齐姜，最后与赵衰等人设计将重耳灌醉，放到车上飞驰而去。

望着远去的重耳，齐姜心里有说不出的不舍与纠结，此去一别，可能就是永别，为了丈夫的抱负和事业，她毅然决定孤老至死。

乃与赵衰等谋，醉重耳，载以行。——《史记·晋世家》

重耳酒醒之后大怒，自己就想安稳地过点儿小日子，不行吗？自己就想要个热炕头，不行吗？为什么总是逼自己呢？为什么总是让自己扛起那沉甸甸的担子呢？恼羞成怒的重耳拿起身边的戈矛就想杀了老谋深算的咎犯。但是恼怒归恼怒，生气归生气，事情既已如此，他也只能是擦擦眼泪继续前行。在历尽了人生的酸甜苦辣之后，重耳崛起了，他最终成为统领各国诸侯的霸主。在回味即位的艰难历程时，重耳的心里一定会久久地盘旋着那个为他默默付出的女人的名字——齐姜。

行远而觉，重耳大怒，引戈欲杀咎犯。——《史记·晋世家》

第二种，导师型。

此种类型的妻子，在男子的成功过程中起着

极为重要的引领作用，她们能在丈夫还没有发觉危机之时适时提醒，做出引导，避免灾祸；或者在丈夫行为不当之时及时做出劝诫，引导丈夫归于正道。此种类型以僖负羁之妻与晏子车夫之妻为代表。

先看僖负羁之妻，她也是在晋公子重耳流亡过程中出现的一位有见识的女子。重耳流亡到曹国之时，当时曹国的君主是曹共公，曹共公听闻重耳的肋骨并在一起，心中特别好奇，想看看传说中的"骈胁"是啥样。好奇心也是一个奇怪的东西，它能催动人干一些奇怪的事情，曹共公最初还想忍忍，但是实在是被好奇心折磨得不行，所以不管三七二十一，在重耳洗浴的时候，他偷偷地去看了。这件事情对于落难时节的重耳来说，无疑是一个很大的侮辱。对此，曹国大夫僖负羁之妻说："我观察晋公子的随从人员，都是能够成大事的人，公子重耳在他们的辅佐之下，必定会重返晋国；返回晋国之后，必定会称霸诸侯；称霸诸侯以后，必定要追究对他无礼之人，曹国必然是首当其冲。"因此，她建议僖负羁向重耳馈赠食物，并在食物中藏上玉璧，以示友好之情。僖负羁之妻的预言，果然在后来得到了验证，重耳回国后获取君位，对当初侮辱或者不礼遇自己的国家——"报答"，他的第一个攻击对象就是曹国。围攻曹国之后，重耳要曹共公认罪，但却下令手下不许闯进僖负

及曹，曹共公闻其骈胁，欲观其裸。浴，薄而观之。僖负羁之妻曰：『吾观晋公子之从者，皆足以相国。若以相，夫子必反其国。反其国，必得志于诸侯。得志于诸侯，而诛无礼，曹其首也。』——《左传·僖公二十三年》

羁家里，同时赦免其族人，以此报答当初僖负羁的恩惠。僖负羁之妻以其远见卓识保全了族人的性命，无疑是一家的有功之臣。

再看晏子车夫的妻子。晏子做齐国宰相的时候，有一次外出，车夫的妻子从门缝里偷偷地观察自己的丈夫，只见其夫坐在车盖下，挥动鞭儿驾驭着四匹马，神气十足、得意扬扬。等到车夫回家之后，车夫的妻子请求离去。车夫就问其中的缘由，妻子说："晏子身高虽然不够六尺，但是却能担任齐国的宰相，在诸侯中享有盛名。今天我观察他出行，志向抱负非常深远，却总是以为自己不如别人，一副谦谦君子的样子。你身高八尺，却不过是给人做车夫，做车夫为奴仆尚且罢了，可恼的是你自己对于这种现状却是自我满足、不求进取。因此，我还是离去算了。"

在妻子的这番教导之下，车夫改变了自以为是的状态，谦恭谨慎起来。或许是车夫的变化过于明显了，连晏子都感觉到了，他觉得很奇怪，询问过原委后，非常欣喜，认为有这样的妻子辅佐，车夫定然错不到哪里去，便推荐其做了大夫。

晏子车夫的妻子是用了威胁的手法来达到促夫进步的目的，车夫的升迁或许有一定的偶然性，但是有妻子这样的督促，相信他也不会一辈子只做个车夫。

晏子为齐相，出，其御之妻从门间而窥其夫。其夫为相御，拥大盖，策驷马，意气扬扬，甚自得也。
——《史记·管晏列传》

妻曰：『晏子长不满六尺，身相齐国，名显诸侯。今者妾观其出，志念深矣，常有以自下者。今子长八尺，乃为人仆御，然子之意自以为足，妾是以求去也。』
——《史记·管晏列传》

第三种，志同道合型。

此种类型的妻子，她们与丈夫在人生志趣、生活态度等方面基本趋于一致，能够志同道合地共同做出一些事情。此种类型以楚国狂人接舆之妻、楚於陵子终之妻为代表。

楚国狂人接舆在历史上很有名，他的有名一则来自他对孔子的劝说，这在《论语》《庄子》中都有明确记载，虽然劝说的内容不同，但是都是以一个世外高人的姿态出现的；二则来源于他拒绝楚王的为官邀请；三则来源于他与妻子的夫妻同心。刘向的《列女传》将后两者结合起来，成就了一则"夫负妻戴"的婚姻佳话。

接舆在山野之中以耕种为生，但是他的才学、盛名还是被楚王听说了。于是楚王便专门派了使臣带着重金、华车，诚心诚意地去拜访接舆，希望接舆能够同意帮他治理淮南一带。接舆志向本不在此，他人看得很重的金钱、官位，对他来说只是身外之物。因此，对于楚王的邀请，接舆以微笑回应，没有与使臣说一句话。楚王的使臣等了半天无果，无奈之下只好悻悻而归。

接舆躬耕以为食，楚王使使者持金百镒、车二驷往聘迎之，曰：『王愿请先生治淮南。』接舆笑而不应，使者遂不得与语而去。——《列女传·贤明传·楚接舆妻》

接舆以"笑而不应"回绝了楚王的邀请，在此过程中，接舆的妻子没有参与，她去集市买东西去了。等到接舆的妻子回家之后，发现自家门口的车迹很深，知道又有达官贵人来过了，接舆刚开始并没有和她说实话，骗她说自己接受了楚王的邀请，有享之不尽的荣华富贵等着她。接舆的妻子当了真，以为自己的丈夫因为诱惑改变了初衷，于是表明立场：粗茶淡饭的日子她过惯了，不愿意去做金钱、官职的奴隶，如果接舆要去，自己不会跟从。接舆一看妻子真生气了，赶紧告诉了她实情，淡泊明志的他怎么会为功名利禄所束缚呢？

共同生活的夫妻二人，本就来自不同的家庭，有着不同的品性特征，能够在价值观上达成一致，这是人生的幸事，也是婚姻成功的重要因素，接舆夫妻用他们的态度诠释了什么叫志同道合，什么叫琴瑟相应。

楚於陵子终之妻与接舆之妻都是淡泊明志之人，她们的故事近乎相同。楚王听闻於陵子终之贤德，便让使者带着重金去聘请其为相，於陵子终没有立即拒绝，而是到内室询问妻子的意见。其妻回答说："你编草鞋为生，也能自食其力，空闲时候弹弹琴、看看书，这样的生活也很快乐。再华丽的马车，你所坐的也不过是膝盖那么大的地方，再丰盛的佳肴，也不过是填饱肚皮而已，你又怎么会为了这容膝之地、一肉之味，去过那劳神伤身、朝不保夕的日子呢？"妻子的意见，正是於陵子终的心中所愿，于是他拒绝

楚王闻於陵子终贤，欲以为相，使使者持金百镒往聘迎之，於陵子终曰：『仆有箕帚之妾，请入与计之。』即入，谓其妻曰：『楚王欲以我为相，遣使者持金来。今日为相，明日结驷连骑，食方丈于前。可乎？』——《列女传·贤明传·楚於陵妻》

了楚王使者，与妻子一起离开了。

接舆之妻与於陵子终之妻惧世乱烦、安贫乐道，能与丈夫共同进退，谱写幸福的篇章，实为夫唱妇随的典范。她们与丈夫同声相应、同气相求，在丈夫后面的推力相比默默付出的女人要强大很多。

古人云"修身齐家治国平天下"，"齐家"是"治国平天下"的前提，所以，一个成功男人的背后，一定有个贤惠的女人。同理可得，一个落马官员的背后，也一定有一个或几个贪婪多事的女人。前者不一定是普遍现象，而后者似乎成了一种规律，至少目前如此。

5. 友谊与棉花糖

管仲与鲍叔牙年轻时就是要好的朋友，那时他俩一起做生意，管仲每次都是出资少而分利多，鲍叔牙并不认为管仲贪婪，而是觉得他家境贫困才这样。管仲也曾几次为鲍叔牙谋事，每次都成事不足、败事有余，弄得一塌糊涂，鲍叔牙没觉得管仲愚蠢，而认为他时运不济。管仲曾经多次被罢官，鲍叔牙不认为是管仲无才，却认为是他没遇到好机遇。两人曾一块儿上战场，管仲冲锋在后，逃跑在前，鲍叔牙不认为管仲贪生怕死，却认为他是牵念家中老母。管

妻曰：『夫子织屦以为食，非与物无治也。左琴右书，乐亦在其中矣。夫结驷连骑，所安不过容膝。食方丈于前，甘不过一肉。今以容膝之安、一肉之味，而怀楚国之忧，其可乎？乱世多害，妾恐先生之不保命也。』于是子终出，谢使者而不许也。遂相与逃而为人灌园。——《列女传·贤明传·楚於陵妻》

仲服侍齐国公子纠，箭射公子小白。后来公子纠败，管仲身陷囹圄，没有随主自杀，鲍叔牙认为管仲是"不羞小节而耻功名不显于天下也"。后来鲍叔牙极力推举管仲为相。管仲辅佐齐桓公九合诸侯、一匡天下，使之成为春秋五霸之首，最终立下了不世之功。管仲感叹"生我者父母，知我者鲍子也"，鲍叔牙能够对管仲"知"到如此程度，令人咂舌。

这就是历史上著名的管鲍之交的故事。

时人常言："人生得一知己足矣！"因此，钟子期死后，俞伯牙终生不复鼓琴。然时人所谓之友谊，多为利益之交，一旦发生冲突，则反目相残，倾轧之事瞬时而至，友谊最终成了经不住品尝的棉花糖，在利欲熏心面前刹那间融化。《史记》中记载的庞涓与孙膑、李斯与韩非的故事莫不如此，而张耳、陈馀之交就更令人叹惋。

陈馀早先事张耳如父，张耳也救过陈馀性命，二人是刎颈之交。当张耳被秦兵困于巨鹿之时，多次向陈馀求援。陈馀慑于秦兵虎狼之威与当时窘迫的形势，没有发兵。巨鹿之围解后，张耳指责陈馀违背誓言，陈馀怨恨张耳不理解自己当时的处境，抛印而去。张耳既无挽留之意，又相信小人的谗言，乘机接管了陈馀的军队，二人

管仲曰："吾始困时，尝与鲍叔贾，分财利多自与，鲍叔不以我为贪，知我贫也。吾尝为鲍叔谋事而更穷困，鲍叔不以我为愚，知时有利不利也。吾尝三仕三见逐于君，鲍叔不以我为不肖，知我不遭时也。吾尝三战三走，鲍叔不以我为怯，知我有老母也。公子纠败，召忽死之，吾幽囚受辱，鲍叔不以我为无耻，知我不羞小节而耻功名不显于天下也。生我者父母，知我者鲍子也。"——《史记·管晏列传》

馀年少，父事张耳，两人相与为刎颈交。——《史记·张耳陈馀列传》

遂彻底反目。后来，刘邦求助于陈馀，陈馀则以张耳的脑袋为出兵的唯一条件。在刘邦的帮助下，以假张耳人头骗过陈馀，张耳躲过了一劫。

后张耳随韩信攻赵，斩杀陈馀，张陈"同生死，共患难"的刎颈之交最终以陈馀的头颅落于张耳之手而谢幕。

司马迁感叹道：为什么以前他们是那样真诚地相互倾慕、彼此信任，而后来又那样决绝地相互背叛、无情倾轧？难道不是为了权势、利害相互交往的吗？死生契阔，谈何容易！

管鲍之交近乎圣，常人似难以企及；张陈之交则近于伪，关键时刻就成了棉花糖。

据《后汉书》记载，山阳金乡范式（字巨卿）与汝南张劭（字元伯）是同窗好友，二人同在京师游学，后来一起请假返乡。范式对张劭说："两年后重回太学，我会到你家拜见尊亲，见见稚子。"遂约定了日期。待约期临近，张劭把这件事告诉母亲，请母亲准备酒菜招待范式。母亲问："分别两年，相隔千里，他会来吗？"张劭回答："范式是一个讲信用的人，他一定不会违约的。"母亲说："那我就为你酿酒。"约定之日，范式果然来到，登堂饮酒，尽欢而别。

后来张劭病死。临死时，叹息道："遗憾的是

汉二年，东击楚，使使告赵，欲与俱。陈馀曰：『汉杀张耳乃从。』于是汉王求人类似张耳者斩之，持其头遗陈馀。陈馀乃遣兵助汉。——《史记·张耳陈馀列传》

太史公曰：张耳、陈馀，世传所称贤者；其宾客厮役，莫非天下俊杰，所居国无不取卿相者。然张耳、陈馀始居约时，相然信以死，岂顾问哉。及据国争权，卒相灭亡，何乡者相慕用之诚，后相倍之戾也！岂非以势利交哉？——《史记·张耳陈馀列传》

后期方至，元伯具以白母，请设馔以候之。母曰：『二年之别，千里结言，尔何相信之审邪？』对曰：『巨卿信士，必不乖违。』母曰：『若然，当为尔酝酒。』至其日，巨卿果到，升堂拜饮，尽欢而别。——《后汉书·独行列传》

还没能再见一下我那生死与共的朋友。"远在异地的范式忽然梦见张劭说："巨卿，我在某日死了，该在某日下葬，永归黄泉，您如果没有忘记我，还能再见一面吗？"范式醒来，放声大哭，身着丧服，快马前往奔丧。范式未到，而灵车已行。灵车到了墓穴，下葬之时，棺材突然不肯朝前了。他母亲抚摸着棺材说："元伯，你是否还有什么指望呢？"于是就把棺材停下。一会儿，便看见远处有人素车白马，痛哭而来。张劭的母亲说："这一定是范巨卿了。"范式赶到，磕头吊唁，说："行矣元伯！死生路异，永从此辞。"参加葬礼的上千人"咸为挥涕"。范式牵引棺材下葬，给张劭垒了坟、种了树，然后才离去。

这个故事非常感人。"范张鸡黍""素车白马"成为生死之交的象征，后代文人不断使用这一典故，元代的剧作家宫天挺还以此为题材写过一个剧本《死生交范张鸡黍》。

其实，真正的友情不是秀给人看的棉花糖，大多数时候它是默默无闻的，过于膨胀、过于声张、咋咋呼呼的表演，在甜蜜的诱惑面前，往往瞬间融化。当刎颈之交早已尘封，也就仅供回忆而已，一旦回归现实，窘态立刻暴露：生，还是死，这的确是个问题。因为"一死一生，乃知交情"。所以，一个人在患难时刻，看看谁还站在你身边，给你温暖、给你鼓舞、给你力量。记住他，然后，一辈子对他好。

6.说哭

在一般人的印象之中，项羽是个披坚执锐、瞋(chēn) 目而叱(chi)、斩将刈(yì)旗、东西驰骋、南北征战的一世英雄豪杰，但是，人们大多忽略了他也是一个性情中人。

项羽的重情，莫过于对虞姬了。"霸王别姬"的故事因此千古流传。根据《史记》的记载，项羽的军队在垓下被汉军及诸侯军队层层包围，兵少粮尽。夜深之时，项羽听到四面楚歌——汉王的军队在四周唱着楚地的歌——吃了一惊：难道是刘邦已经完全取得了楚地，怎么楚国人如此多呢？项羽哪还有心思睡觉，连夜起来，在帐中饮酒。有美人名虞，一直深得项羽宠幸，行军打仗都跟着。有骏马名骓(zhuī)，是项羽南征北战的得力坐骑。如今穷途末路，项羽慷慨悲歌："力拔山兮气盖世，时不利兮骓不逝。骓不逝兮可奈何，虞兮虞兮奈若何！"歌词大意是说：力量能够拔山啊气概无双，时运不济啊骓马不能往前。骓马不能往前怎么办？虞姬啊虞姬，怎么安排你啊才妥善？这些发自肺腑的至情表白，项羽唱了几遍，美人虞姬深受感染，在一旁应和。项王的眼泪一道道无声地流下来，左右侍者也都泪如雨下，没有一个人能抬头仰视项王。

司马迁记载，陈平投奔刘邦的时候，曾经向刘邦解释自己为什么会背叛项羽，原因在于项羽任用的不是自己的同族兄弟，就是他妻子的兄弟，从这里可以推测项羽是有妻子的，虞姬可能只是他的妾。但是，经常伴随在项羽身边的女人就是这位虞姬，可见

项王则夜起，饮帐中。有美人名虞，常幸从；骏马名骓，常骑之。于是项王乃悲歌慷慨，自为诗曰："力拔山兮气盖世，时不利兮骓不逝。骓不逝兮可奈何，虞兮虞兮奈若何！"歌数阕，美人和之。项王泣数行下，左右皆泣，莫能仰视。
——《史记·项羽本纪》

项王不能信人，其所任爱，非诸项即妻之昆弟，虽有奇士不能用，平乃去楚。
——《史记·陈丞相世家》

她在项羽心目中的位置。项羽既爱江山，也爱美人。因为爱江山，他才南征北战、纵横驰骋，陶醉于西楚霸王的霸业；因为爱美人，虞姬才于行军之中一直跟随，依依不离。

垓（gāi）下被围，四面楚歌。项羽夜起饮酒，慷慨悲歌，这首著名的《垓下歌》中充满了英雄末路的万绪悲凉，而"虞兮虞兮奈若何"更是透出了霸王项羽对美人的万般柔情。

《楚汉春秋》中记载，项羽悲唱《垓下歌》后，虞姬接着和唱一首，歌词是："汉兵已略地，四方楚歌声。大王意气尽，贱妾何聊生。"《楚汉春秋》是一部杂史，作者为西汉初年的陆贾，这本书已经亡佚，清人有辑佚的本子。研究者都认为虞姬这首和歌是后人的伪作，理由是西汉初年之前不可能出现如此成熟的五言诗。不论这首歌的真伪如何，项羽行军之中一直带着美人虞姬，宠幸虞姬，确是不争的事实。而且，除却历史的因素，我毋宁相信这是真实的。历史上的虞姬，只在这一晚露面，就像一颗流星，一道绚丽的光焰划过夜空，刹那间就陨落了。在她最鲜艳的年龄，为知己项王而死，为爱殉情。这是她的不幸，也是她的幸。后来的文人也无数次地咏叹这位历史上"昙花一现"的美人，词牌、曲牌中有《虞美人》，据说就是因虞姬而名(有学者考证此词牌名另有出处，但大部分人还是将其与虞姬联系起来)，而那首南唐后主李煜的《虞美人》写得最为凄婉动人，算是真正配得上"虞美人"的词牌：

春花秋月何时了，往事知多少。小楼昨夜又东风，故国不堪回首月明中。

雕栏玉砌依然在，只是朱颜改。问君都有几多愁：
恰似一江春水向东流。

王仲闻《南唐二主词校订》，中华书局2007年版，第11页

多愁善感的文人学士，大都对霸王、虞姬的凄艳
悲情心有戚戚，反复吟诵，有关此类的诗词曲完全可
以汇编为一部书。如宋代徐积的《项羽别虞姬》：

坝下将军夜枕戈，半夜忽然闻楚歌。
词酸调苦不可听，拔山力尽无如何。
将军夜起帐中舞，八百儿郎泪如雨。
此时上马复何言，虞兮虞兮奈何汝。

《全宋诗》第11册，北京大学出版社1995年版，第7570页

这是把霸王别姬那晚的事情，用诗歌的形式复
述了一遍，没有增加新的内容，而清代有个叫徐应
坤的女子写过一首《虞美人》，则着力凸显了虞姬的
忠贞：

君王意气尽江东，贱妾何堪入汉宫。
碧血化为江边草，花开更比杜鹃红。

嶙峋编《闺海吟：中国历代妇女文学作品精选》下册，时代文化出版社2011年版，第233页

在这首诗里，虞姬纯粹是一个为爱而生、为情而
死的坚贞烈女子的形象。不管后来的文艺作品如何
演绎，虞姬总是一个令人哀怜的美人。

高歌数遍后，项羽，这"力拔山兮气盖世"的英雄流泪了。他不仅是个英雄，而且是个性情中的英雄。数行眼泪中包含着对虞姬的悲怜、难舍和刻骨铭心的爱；包含着霸王护惜战马、体恤将士的柔情悲怀；包含着日暮途穷、英雄末路的无奈。众将士闻之也都感极而泣，潸然泪下。

后来的班固在《汉书》中把"泣数行下"改成了"泣下数行"，顺序一调整，神气大失。"泣下数行"只是静态的描述，"泣数行下"则是一个动态刻画，更传神地渲染出项羽英雄末路时无声的悲壮气氛。

古语常说："男儿有泪不轻弹，只因未到伤心处。"此语在明代传奇李开先的《宝剑记》中最早出现。《宝剑记》是水浒戏，取材于《水浒传》中林冲的故事。在《夜奔》这出戏中，林冲上场后有一段道白：

路工辑校《李开先集》，中华书局上海编辑所1959年版，第816页

> 欲送登高千里目，愁云低锁衡阳路。
> 鱼书不至雁无凭，几番欲作悲秋赋。
> 回首西山日已斜，天涯孤客真难度。
> 丈夫有泪不轻弹，只因未到伤心处。

这是林冲被逼上梁山过程中的一段道白，想想林冲的连番遭遇：妻子被抢、奸人诬陷、充军发配、

穷途末路，他发出"丈夫有泪不轻弹，只因未到伤心处"的慨叹完全可以理解。

文学作品中流泪者多矣。《诗经》中说："之子于归，远送于野。瞻望弗及，泣涕如雨。"杜甫说："吏呼一何怒！妇啼一何苦！""牵衣顿足拦道哭，哭声直上干云霄。"林黛玉更是"呜咽一声犹未了，落花满地鸟惊飞"，孟姜女竟然将那长城哭倒……这些中有呜呜咽咽、抽抽搭搭的，也有呼天喊地、天崩地裂的，但总觉得不及项羽无声地"泣数行下"那样动人心魄。

把项羽逼得日暮途穷的刘邦也能哭，也哭过，并且很会哭。

汉高祖二年（前205），刘邦一出关，就立刻为被项羽害死的义帝熊心举行隆重的葬礼，"袒（tǎn）而大哭"，连续三天。"袒"即"袒踊（yǒng）"，"袒左跳踊"的意思，通俗地讲，就是"光着左膀，蹦蹦跳跳"，这是古代丧礼的仪节，无非表达悲痛之深。刘邦这么做，具有强烈的表演意味，因为他需要一面正义的旗帜。果不其然，"哭"的程序完成之后，他立刻举起为义帝复仇的大旗，东伐项羽。

项羽乌江自刎以后，刘邦又立即以鲁公之礼安葬了项羽，在墓前又大哭一场。刘邦为什么会哭项羽呢？是英雄相惜，是内心有愧，还是大功告成、喜极而泣？没人能猜到刘邦内心想的是什么。然而，刘邦哭项羽，总给人这样一种印象：刘备摔孩子。要知道，刘邦哭项羽是有背景的。当初，楚怀王封项羽为鲁公，项羽死后，楚地全都投降了刘邦，唯有鲁地迟迟不降。清代的史学家王鸣盛对刘邦的做法也提出质疑，他说："为义帝发丧，尚可理解。逼死项羽，然后又用鲁公之礼发丧，痛哭而去，天底下岂有将其杀死又为之痛哭者，不知从哪里来的眼泪，千载之下读来令人发笑。"王鸣盛怀疑刘邦是假哭，装装样子骗人罢了。所以，他读到刘邦的哭，竟然能笑出声来。《礼记·檀弓》中说："哭有二道：有爱而哭之，有畏而哭之。"这两者皆合丧礼。至于刘邦的哭，既不属于"有爱"，也不属于"有畏"，显然是"有图""有利"，是别有所图了。

在古代汉语里，哭与泣的意义是有区别的。有泪有声叫哭，有泪无声叫泣。刘邦的哭，是必须带声的，是哭给人听的，是秀给人看的，所以要哭得响亮，要光着膀子、赤着脚，蹦来蹦去的；项羽的泣，是情伤，是无声的，是内发的，甚至是不愿被别人看到的，是内心悲凉与无奈的真实流露。同样是哭，这是作秀与真情的差别。

什么叫悲剧？鲁迅先生给出了一个定义，悲剧就是把美好的东西毁灭给人看。

今天安徽灵璧县城东、宿泗公路南侧，四季常青的一片树林里，沉睡着一座古墓——虞姬墓。墓碑横额刻有"巾帼千秋"四字，两旁对联是："虞兮奈何，自古红颜多薄命；姬耶安在，独留青冢向黄昏。"

千载之下，我们对红颜薄命、生死不离的虞姬唏嘘不已，对慷慨气多、儿女情长的本色英雄项羽感喟不已。

天下岂有我杀之即哭之者，不知何处办此一副急泪，千载下读之笑来。——王鸣盛《十七史商榷》卷二《为羽发哀》，上海古籍出版社2005年版，第17页

哭，哀声也。泣，无声出涕者。——段玉裁《说文解字注》，上海古籍出版社1998年版，第63页、565页

乌江的水啊，依旧湍急，它带走了楚汉的风云，目睹了一个英雄的末路，见证了一种凄美的情愫，咆哮着一首悲情的挽歌。

7.说笑

哭和笑，都是人类情感的宣泄与流露，比较而言，人们似乎更喜欢笑。

笑大多因欢喜之情而发。庄姜"巧笑倩兮，美目盼兮"，笑得可爱，笑得迷人；鲁仲连谈笑之间退却秦军，笑得有底气，笑得胸有成竹；李白高唱着"仰天大笑出门去，我辈岂是蓬蒿人"，豪气干云，响应唐玄宗的召唤，飞奔洛阳；杨玉环看着快马加鞭从岭南运来的新鲜荔枝，"一骑红尘妃子笑"；苏轼春游，"墙外行人，墙里佳人笑"，虽也有"笑渐不闻声渐消，多情却被无情恼"的丝丝烦恼，然而内心终究是快乐的。

不过，笑并不全是快乐的。正如有喜极而泣，亦有笑中含悲。《史记·项羽本纪》中记载的项羽唯一的一次笑就包含着浓烈的悲壮色彩。

突围至乌江，项羽拒绝亭长救助，面临着一生最痛苦的生死抉择。

乌江亭长檥船待，谓项王曰："江东虽小，地方千里，众数十万人，亦足王也。愿大王急渡。今独臣有船，汉军至，无以渡。"项王笑曰："天之亡我，我何渡为！且籍与江东子弟八千人渡江而西，今无一人还，纵江东父兄怜而王我，我何面目见之？纵彼不言，籍独不愧于心乎？"乃谓亭长曰："吾知公长者。吾骑此马五岁，所当无敌，尝一日行千里，不忍杀之，以赐公。"乃令骑皆下马步行，持短兵接战。独籍所杀汉军数百人。项王身亦被十余创。顾见汉骑司马吕马童，曰："若非吾故人乎？"马童面之，指王翳曰："此项王也。"项王乃曰："吾闻汉购我头千金，邑万户，吾为若德。"乃自刎而死。

前有大江，后有追兵，日暮途穷，"关山难越，谁悲失路之人"，纵有乌江亭长舣船以待，然无颜见江东父老。复杂纷繁的心态、百感交集的思绪，司马迁举重若轻地拈出了一个"笑"字，把这一场面乃至项羽一生的悲剧色彩渲染得无以复加。

唐代的杜牧有一首名为《题乌江亭》的诗歌：

吴在庆《杜牧集系年校注》，中华书局2008年版，第536页

胜败兵家事不期，包羞忍耻是男儿。
江东子弟多才俊，卷土重来未可知。

杜牧的这首诗歌，批评项羽不应自刎，失败乃兵家常事，要学会含羞忍辱，渡过乌江，重整人马，卷土重来，胜负或许是另外一番局面。杜牧善写咏史诗，成就也很高，但他的咏史，总是喜欢标新立异，

好"抬杠"，并不见得符合历史大势。这一点，古人早就有所批评。南宋时期的文学批评家胡仔如此说："杜牧写诗就喜欢标新立异，结果往往违背常理。项羽带领八千人渡江，没有一个回来，如此失去人心，谁还会追随他呢？绝不可能再卷土重来了。"其实，这样的看法，胡仔之前早就存在。北宋时期的王安石对杜牧的这首翻案诗重新翻案，写作了《乌江亭》诗：

项氏以八千人渡江，败亡之余，无一还者，其不能卷土重来决矣。谁肯复附之，其失人心为甚，——胡仔《苕溪渔隐丛话·后集》卷第十五，人民文学出版社1962年版，第108页

百战疲劳壮士哀，中原一败势难回。

江东子弟今虽在，肯与君王卷土来？

《临川先生文集》卷三十三，中华书局上海编辑所1959年版，第363页

王安石认为楚汉之争，大势已定，项羽失败已成定局，天时、地利、人和没有一样在项羽这边，即便江东子弟还在，也不会追随其卷土重来了。

这些是后人的争论，项羽是听不到了。其实，对于大势，项羽是相当清楚的。他的一句"天之亡我"，意思其实已经全部包含在内了。八千子弟血未凝，有何面目再见江东父老！他不得不拔剑自刎以谢天下。所以，他笑了。如果换作另外一个人，比如他的对手刘邦，一定不会这么做，肯定是抱着"卷土重来未可知"的侥幸，纵然真的无法卷土重来，那也一定要苟且偷生。

项羽自刎前的这一笑,可以说是单纯的笑、自发的笑;也可以说是复杂的笑——这一笑蕴含着太多的意味:悲凉、愤恨、无奈、无畏、蔑视、高傲、感激、愧疚、痛苦、留恋……从这一笑之中,我们能够感知到的是一个慷慨悲壮、"生当作人杰,死亦为鬼雄"的霸王项羽。

《诗经》中有"昔我往矣,杨柳依依。今我来思,雨雪霏霏"的名句,清代王夫之在《姜斋诗话》中评价这几句诗时说:"以乐景写哀,以哀景写乐,一倍增其哀乐。"司马迁写项羽一"笑"的点睛之笔,便是以笑写悲,愈加增其悲。

如果说霸王别姬因有虞姬的存在,尚给人凄美之感;那么项羽乌江拒渡,一笑之间,拔剑自刎,给人的感觉则是悲壮、崇高。项羽自刎之前的这一笑,让他那"长八尺余"的身躯显得更加伟岸高大,"须仰视才见"。

项羽虽然失败了,但他的笑给人崇高的审美情感;同样是笑,有些人的笑给人的却是滑稽与活该的快乐。北齐就有这样一个皇帝,他就是北齐后主高纬。

北齐武平七年(576)的十月,北周武帝亲率三路大军进攻北齐,围困晋州。此时,高纬正和他的妃子冯淑妃在邺城郊外打猎戏耍。对于晋州告急的文书,高纬若无其事,置之不理,结果,晋州很快陷落。这个时候高纬有点儿着急了,想马上回宫,但他的冯淑妃娇嗔地要求高纬再玩一圈,再玩一圈那就再玩一圈,高纬竟欣然应允,这哪里像个一国之君?北齐军要夺回晋州城,准备通过挖地道的方式进入城内,城内的地面有坍塌十余步的地方,本来北齐军队可以乘机进城，但高纬下诏禁止了，理由是冯淑妃要参观一下地道。参观就参观吧，冯淑妃还要化妆，这一化妆又浪费了不少时间，北周的军队趁这个时间用巨木将入口给堵上了，晋州城竟因此没有夺回。

周军移师攻邺，高纬在城内坐立不安。因接连丢城失地，士气低落，大臣斛律孝卿请高纬亲自去安抚士兵，并且为他撰写好了发言稿，告诉高纬发言时一定要慷慨悲壮，关键之处必须声泪俱下，这样才能激励士气。高纬从皇宫中走出，正要发言，脑子一下子记不清该讲什么了，准备好的演说词忘得一干二净，只是傻乎乎地笑，左右侍从也无奈地跟着笑。将士们见高纬如此昏庸、轻薄，如此拿不上台面，顿时士气全失，完全是一盘散沙了。结果，北齐毫不意外地亡国了，高纬理所当然地成了阶下囚。

颇有讽刺意味的是，北齐灭亡之后，作为亡国之君的高纬，还觍着脸向周武帝请求将冯淑妃还给他，周武帝说："朕对于天下，就像脱掉一双破鞋子一样，并没有看在眼里，怎么会和你争一个老太婆呢？给你就是！"

这位北齐的皇帝也有宠爱的女子，也曾经那么一笑，不过，无论如何，他的笑都让我们感到很

作地道攻之，城陷十余步，将士乘势欲入。帝敕且止，召淑妃共观之，不获时至。周人以木拒塞，城遂不下。——《北史·冯淑妃传》，中华书局1974年版（以下凡引此书，皆为此版，不再一一注明）

宜慷慨流涕，感激人心。——《北齐书·后主纪》，中华书局1972年版（以下凡引此书，皆为此版，不再一一注明）

帝既出临众，将令之，不复记所受言，遂大笑，左右亦群哈，将士莫不解体。——《北齐书·后主纪》

后主至长安，请周武帝乞淑妃，帝曰："朕视天下如脱屣，一老妪岂与公惜也！"仍以赐之。——《北史·冯淑妃传》

滑稽。冯淑妃笑、高纬笑、左右也笑，都是傻笑，都是不知好歹的笑，结果把国家笑没了。晚唐诗人李商隐有《北齐》诗两首，专门写这个事情，以此借古喻今：

刘学锴、余恕诚《李商隐诗歌集解》，中华书局2004年版，第593页

> 一笑相倾国便亡，何劳荆棘始堪伤。
> 小莲玉体横陈夜，已报周师入晋阳。
>
> 巧笑知堪敌万机，倾城最在著戎衣。
> 晋阳已陷休回顾，更请君王猎一围。

《三国演义》第五十回写"诸葛亮智算华容，关云长义释曹操"这一段故事时，罗贯中详细写了曹操的三次仰天大笑，读之令人喷饭。

第一次是曹操兵败逃到乌林之西、宜都之北的时候：

> 操见树木丛杂，山川险峻，乃于马上仰面大笑不止。诸将问曰："丞相何故大笑？"操曰："吾不笑别人，单笑周瑜无谋，诸葛亮少智。若是吾用兵之时，预先在这里伏下一军，如之奈何？"说犹未了，两边鼓声震响，火光竟天而起，惊得曹操几乎坠马。

曹操在马上仰天大笑，谁知一笑未了，引来了常

山赵子龙。

第二次是走到葫芦口的时候：

操坐于疏林之下，仰面大笑。众官问曰："适来丞相笑周瑜、诸葛亮，引惹出赵子龙来，又折了许多人马。如今为何又笑？"操曰："吾笑诸葛亮、周瑜毕竟智谋不足。若是我用兵时，就这个去处，也埋伏一彪军马，以逸待劳；我等纵然脱得性命，也不免重伤矣。彼见不到此，我是以笑之。"正说间，前军后军一齐发喊。操大惊，弃甲上马。众军多有不及收马者。早见四下火烟布合，山口一军摆开，为首乃燕人张翼德，横矛立马，大叫："操贼走那里去！"

曹操在树林里又一次仰天大笑，这一笑引出了张翼德。

第三次是走到华容道的时候：

又行不到数里，操在马上扬鞭大笑。众将问："丞相何又大笑？"操曰："人皆言周瑜、诸葛亮足智多谋，以吾观之，到底是无能之辈。若使此处伏一旅之师，吾等皆束手受缚矣。"

言未毕，一声炮响，两边五百校刀手摆开，为首大将关云长，提青龙刀，跨赤兔马，截住去路。操军见了，亡魂丧胆，面面相觑。操曰："既到此处，只得决一死战！"

曹操第三次仰天大笑，笑声未止，大将关云长便截住其去路。

典故中有"说曹操曹操就到"，如果根据这次经历来看，应该改成"曹操说什么什么就到"。当然这是文学的手法，逃亡途中曹操的三次"大笑"，本是自作聪明，嘲笑他人以显示自己的过人智慧，却更加衬托出诸葛亮的多智。

与"爱笑"的曹操相反，项羽特别爱发怒，司马迁在《项羽本纪》里至少写了项羽的十次大怒。面对乌江亭长，这次项羽却笑了。"宁为玉碎，不为瓦全"，这悲凉的一笑之后，项羽以死明志。

人在顺境时会情不自禁地笑，想遮都遮不住；但在遭遇挫折、身处逆境的时候，却很难笑得出来。其实，人最该笑的时候，正是身处逆境之时。项羽在"百战疲劳壮士哀，中原一败势难回"的情形之下，面对已经准备好的渡江的船，最后的一笑，刚毅地凝结在了他的脸上，悲壮而体面。

8.萧规曹随的人事纠葛

"萧规曹随"是历史上一大美谈，曹参以"不折腾"为由因袭萧何制定的规矩，表现出对萧何才能的认可，但是，故事中的两大主角在此之前却非和谐之友，而是心存芥蒂，互有不满。

曹参在秦朝时是沛县的"监狱管理员"，当时萧何则是沛县的"人事部长"，参与沛县的一切政务，两人是上下级关系。当曹参微贱之时，与萧何关系不错，也算是至交好友，后来曹参跟随刘邦征兵打仗，屡立战功，封侯拜相，与萧何之间便有了隔阂怨隙。

但是，作为大汉王朝的首位相国，萧何的胸襟并不狭隘。汉惠帝二年 (前193)，萧何病重之时，刚即位的年轻皇帝亲往相国府探望病情，探望病情是实，但是小皇帝也想从萧何处得到良策妙方，以防不测。在众多问题当中，首要的问题便是相国的继承人选，汉初对于相国一职甚为倚重。萧何深谋远虑，在汉代建国历程中功勋卓著，被称为"开国第一侯"。一旦萧何病故，谁能承续衣钵，保证汉初政局稳定、经济发展，这是年轻的惠帝最为关切的。病重的萧何没有糊涂，也没有限于个人恩怨，荐举的继任者竟然是曹参。

何素不与曹参相能，及何病，孝惠自临视相国病，因问曰：『君即百岁后，谁可代君者？』对曰：『知臣莫如主！』孝惠曰：『曹参何如？』何顿首曰：『帝得之矣！臣死不恨矣！』——《史记·萧相国世家》

这个时候，曹参还在齐国国相任上尽职尽责地履职。萧何去世的消息传到齐国，曹参就对身边的人说："抓紧给我收拾整理一下行装吧，我就要赴任帝国的相国了。"不久，朝廷果然下诏，命其进京任相。

惠帝二年，萧何卒。参闻之，告舍人趣治行，『吾将入相』。居无何，使者果召参。——《史记·曹相国世家》

萧何与曹参之间的怨隙，《史记》中没有明言，但是，通过太史公的相关记载，我们似乎可以推测出个中原因。《萧相国世家》记载汉初论功行封之事，高祖力举萧何为首功，在确立上朝位次时，群臣大多数都说，平阳侯曹参跟随高祖攻城略地，身体留有七十余处伤痕，功劳最多，应排第一。关内侯鄂君却从萧何在楚汉战争关键时刻发挥的关键作用方面指出，萧何所为是万世之功，曹参等人只是一时的战功。最后班次定为萧何排第一，

列侯毕已受封，及奏位次，皆曰：『平阳侯曹参身被七十创，攻城略地，功最多，宜第一』。——《史记·萧相国世家》

曹参排第二，并且恩准萧何可以带剑、穿鞋上殿，上朝时不必按照臣子之仪小步快走。自古"一山不容二虎"，绝大多数人都认为曹参功劳最大，这么强大的粉丝团说明曹参功劳确实不小，即使后来曹参认为自己才能不如萧何，但是按照人之常情推断，曹参当时心里虽不至于波涛汹涌，但也会暗潮涌动。梁子就在各自利益面前不知不觉间结下了。

事情的转折在萧何病重之时出现了。萧何推荐曹参做接班人是经过深思熟虑的，曹参曾经与萧何在位次问题上有抗衡之势，足以说明曹参的才能与影响。惠帝新立之际，吕后开始要话语权，在这样的状况下，需要开国功臣的"定海神针"，需要对汉王室忠心耿耿的人，由此曹参成了不二人选。

花开两朵，各表一枝，后来曹参做了齐国的国相，在天下初定谋求治理方法时，曹参延请胶西盖公，盖公为言治道贵清静而民自定，相齐九年，齐国安集，大称贤相。这一治国方法使得曹参找到了一条方便之路，这也是萧规曹随得以实现的思想先导。

萧何没有囿于个人恩怨嫉贤妒能，而是以相国的职责为要，以极大的胸襟与气魄推荐了曹参；曹参同样没有拘于个人恩怨仇恨满胸，而是以国家的利益为重，以同样的胸襟承续了萧何的治国理念，不曾改变。以国家、百姓利益为重，这才是成功政治家的

关内侯鄂君进曰："……奈何欲以一旦之功而加万世之功哉！萧何第一，曹参次之。"高祖曰："善。"于是乃令萧何，赐带剑履上殿，入朝不趋。

——《史记·萧相国世家》

参始微时，与萧何善；及为将相，有郤。至何且死，所推贤唯参。参代何为汉相国，举事无所变更，一遵萧何约束。

——《史记·曹相国世家》

本色。

历史就在特定的时刻水到渠成地成就了一段佳话，人生也是这样，或许萧何生前也没有想到两人的怨隙在他死后倏忽而逝。与其死后忘却恩怨，怎如生前把酒言欢！

9.生得传奇，死得离奇

作为大汉王朝少年有为的天子，汉武帝刘彻任用儒生、罢黜百家，建立了中国几千年的思想家园；他一生开疆拓宇、纵横驰骋，成就了泱泱帝国的不朽功业。职场得意的汉武帝，情场也不寂寞。

在登基之前，刘彻已经有了"金屋藏娇"的许诺，登基之后又喜欢上了能歌善舞的貌美女子卫子夫，后又爱上了"一顾倾人城，再顾倾人国"的李夫人。自古帝王多佳人，自古帝王多薄情，但从对李夫人的一往情深中我们似乎可以看出汉武帝也算是一个有情之人。李夫人是乐师李延年的妹妹，经由一曲《北方有佳人》的"炒作"，妙丽善舞的她进入汉武帝的感情世界中。在李夫人死后，汉武帝忧思难忘，据说先后作了《秋风辞》与"是邪非邪，立而望之，偏何姗姗其来迟"的诗来寄托思念。

这样的一个深情形象在钩弋夫人那里最终被颠覆，人夫刘彻让位于政治家的汉武帝。钩弋夫人也就是后来汉昭帝的生母，是一位颇带传奇色彩的女子。钩弋夫人自呱呱落地起，双手就握成拳状，不能伸展，待其十几岁时，恰逢汉武帝巡狩至河间地，听闻此奇女子，便传来一见，说也奇怪，十几年没有伸展开的双手，汉武帝轻轻地一掰就伸开了。汉武帝似乎也认为这是天意，是上天赐予他的礼物，是月老给他扯的红线，因此立时带着钩弋夫人打道回宫，号为拳夫人，后晋升为婕妤(jié yú)。汉武帝对于这个与自己年龄悬殊的"拳夫人"宠爱有加，好在钩弋夫人的肚子也很争气，在汉武帝七十岁的时候给他添了一个大胖小子。老来得子，龙颜大悦，钩弋夫人也日渐得宠，可谓"三千宠爱在一身"。

在戾太子的"巫蛊之祸"后，太子的位子一直悬置，汉武帝有意让他的老来子继承大统，便让画师画了一幅《周公负成王图》，意图告知诸大臣尽心辅佐少主。按说母凭子贵，儿子成为太子，钩弋夫人也应该补上卫子夫之后空缺的皇后位。殊不料，钩弋夫人未等来皇后的加冕礼，却等来了武帝的赐死令。哪怕是钩弋夫人摘下发簪、耳环，频频叩头谢罪，哪怕是钩弋夫人一直深情回望，汉武帝也没有丝毫动摇，直接让人将钩弋夫人送到掖(yè)庭狱中。昔日温情脉脉的郎君，翻脸便显得那样冷漠无情，一句"趣行，女不得活"，抹去了昔日所有的恩恩爱爱，抹去了痴情刘郎的浓情蜜意，最终钩弋夫人被赐死在云阳宫中。钩弋夫人死时，暴风刮起，尘土飞扬，似乎在为这一女子诉说着不平与哀怨。钩弋夫人被赐死之后，汉武

武帝巡狩过河间，望气者言此有奇女，天子亟使使召之。既至，女两手皆拳，上自披之，手即时伸。由是得幸，号曰拳夫人。
——《汉书·外戚传上》

钩弋夫人姓赵氏，河间人也。得幸武帝，生子一人，昭帝是也。武帝年七十，乃生昭帝。昭帝立时，年五岁耳。
——《史记·外戚世家》

后数日，帝谴责钩弋夫人。夫人脱簪珥叩头。帝曰：『引持去，送掖庭狱！』夫人还顾，帝曰：『趣行，女不得活！』夫人死云阳宫。
——《史记·外戚世家》

帝也没有给她一个体面的葬礼，只是派人连夜将其匆匆忙忙地埋葬了。

钩弋夫人是汉武帝巡游天下时得到的奇女子，也是民间百姓的代表，这一"灰姑娘"一直以来都是老百姓的代表与希冀。所以，钩弋夫人死后，时人不解，百姓感伤。汉武帝一番自我辩护，终于让人明白此案件背后隐藏的玄机："历史上国家的混乱，皆是因为主少母壮，女主独居骄纵，没有人能够禁止她们的放纵行为。汉已有吕后在先，我不能让钩弋夫人步其后尘，我得为我的儿子解决掉这种被母亲控制掣肘的隐患。"

为子处死钩弋夫人，作为政治家的汉武帝说起这话时振振有词，没有一丝一毫的愧疚与不安，反而是义正词严。此时，我们似乎应该庆幸李夫人早亡，因其早亡，汉武帝还令术士李少翁招魂以求再见芳影，倘若得以幸存，那么，钩弋夫人的命运或许就得让汉武帝"怀佳人兮不能忘"的李夫人来体验了。

汉武帝之所以会如此振振有词，或许与他自己的从政体会有关。汉武帝于十六岁登基，这个年龄不算大，但也可以自行处理政事了，可是当时朝政还掌握在太皇太后窦太后的手中。汉武帝与窦太后在治国理政的理念方面又有着一定的分歧，汉武帝想行儒家之道，窦太后却极力推崇黄老之学，汉武帝想重

时暴风扬尘，百姓感伤。使者夜持棺往葬之，封识其处。——《史记·外戚世家》

其后帝闲居，问左右曰："人言云何？"左右对曰："人言且立其子，何去其母乎？"帝曰："然。是非儿曹愚人所知也。往古国家所以乱也，由主少母壮也。女主独居骄蹇，淫乱自恣，莫能禁也。女不闻吕后邪？"——《史记·外戚世家》

用的儒生被窦太后逼迫，最后自杀，这是杀给汉武帝看的。汉武帝理政受到窦太后的诸多限制，处处被掣肘，这一段压抑、郁闷的经历，在其心中形成阴影，始终挥之不去。他痛过了，也郁闷过了，所以他不希望他的儿子也感受这种痛与郁闷。

主少母壮，是国家产生祸乱的一个因素，但并非所有的女人都是吕后，并非所有的女人都是窦太后，历史上主少母壮的例子很多，母亲安稳辅佐儿子的也有不少，并且钩弋夫人本身并没有任何过错，竟毫无预兆地就被杀死了，或许写作《汉书》的班固也感觉汉武帝做得有些过分，所以在《汉书》中以"钩弋倢伃从幸甘泉，有过见谴，以忧死，因葬云阳"，将钩弋夫人之死简单带过。没有汉武帝的赐死，没有汉武帝绝情的言辞，钩弋夫人被赐死变成了忧伤而死；钩弋夫人之所以忧伤，在于其有过错被汉武帝斥责。无过的钩弋夫人在《汉书》中成了有过之人，班固的这一处理，很显然，是为尊者讳。

爱情，在帝王家本就难有，女人在帝王家也只是一点点装饰而已，这点儿装饰是为了满足帝王的需求，在危机、祸患面前，即便是再华美的装饰也不过尔尔，他们不会为了装饰而与自身性命、家国命运为敌。北魏时将"立子杀母"制度化，唐玄宗马嵬坡杀杨玉环自保，皆是铁板钉钉的史实。

10.形貌本无事，世人自扰之

与人不能选择自己的父母一样，人也无法选择自己的形貌，而且它会如影随形，伴随一生，当然毫不怜惜自己而忍受刀割线缝的整容者除外。就是这一从娘胎里带出来的形貌，让几家欢乐几家愁！

自然的形貌因个人际遇、个人性格的不同，被打上了浓厚的情感色彩，细数历史上为形貌而扰的人，可以分为以下几种类型：

貌丑而愁型：建安时代的王粲，因文采过人而被称为"七子之冠冕"，是曹操文人集团的翘楚级人物，一曲《登楼赋》奏出不得志之士的忧思之情，一首《七哀诗》绘出乱世末代的颓败之景。王粲善于写文章，每每挥毫立就，无须改动，他人看了，经常以为是王粲早就构思好的，但是，别人即便是深思熟虑，也不能达到王粲的水平。除此之外，王粲博闻强识，有过目不忘之能。有一次，王粲与人同行，看到路边有一石碑，便诵读起来。同行之人问王粲能否背诵出碑文，王粲很肯定地说能，随即转过头去背诵起来，竟然与碑文一字不差。还有一次，王粲观看他人下棋，有人不小心把棋局弄乱了，王粲说他能将之前的棋局摆好，下棋的人不信，拿起一块手帕将棋局盖住，让其在另外一个棋盘上摆，结果一点儿误差也没有。王粲为曹氏集团出谋划策，制定礼仪典章，最终封侯。但是，被曹操相中的王粲最初却因为形貌丑

善属文，举笔便成，无所改定，时人常以为宿构；然正复精意覃思，亦不能加也。——《三国志》卷二十一《王粲传》，中华书局1982年版（以下凡引此书，皆为此版，不再一一标注）

初，粲与人共行，读道边碑，人问曰：'卿能暗诵乎？'曰：'能。'因使背而诵之，不失一字。观人围棋，局坏，粲为覆之。棋者不信，以帕盖局，使更以他局为之。用相比校，不误一道。其强记默识如此。——《三国志·王粲传》

陋、身材矮小、身体孱弱而不被刘表看重，没有受到重用。

貌美而喜型：美女对自己形貌的回头率特别关注，似乎这就代表了别人对自己的认可，帅哥也不例外。西汉哀帝时有一个叫董贤的男人，形貌柔媚，甚于六宫粉黛，得到了哀帝的宠爱。有一次董贤枕着哀帝的衣袖而眠，哀帝要起床但怕惊醒董贤，就让人将自己的衣袖割断，这就是"断袖之癖"的来历。哀帝与董贤同辇而坐，同车而乘，同榻而眠，甚至还想同穴而死，堪称国家最高级别待遇。

貌美而愁型：北朝兰陵王高长恭骁勇善战，是位常胜将军，但他的成功某种程度上与他的容貌有一定的关联，他不是靠美来上位，而是把美隐藏起来。兰陵王柔媚如女子，每次打仗时都将自己姣好的面容隐藏在狰狞恐怖的面具之下。也难为了这位将军，每次的战前准备估计和现在的女子化妆一样成为必做之事。因为貌美造成的这种困扰，虽然麻烦，但是还可以忍受，毕竟也不是每天都打仗。但是，如果因为貌美而死，这就有点儿让人害怕了。西晋有个"璧人"卫玠（jiè），皮肤如璧玉一般剔透白皙，美名远扬。所谓"人怕出名猪怕壮"，出了名的卫玠有一次出游，闻讯而来观赏他的人将其团团围住，那场面就像现在的招聘会现场一样热闹、拥挤，

表以粲貌寝而体弱通侻，不甚重也。——《三国志·王粲传》

常与上卧起。尝昼寝，偏藉上褏，上欲起，贤未觉，不欲动贤，乃断褏而起。——《汉书·佞幸传》

不承想，身体孱弱的卫玠为了躲避围观而身体疲劳不堪，最后竟然命归黄泉，汉语里也由此多了一个成语——"看杀卫玠"。如果上天再给卫玠一次机会，他一定会对世人说："这都是形貌惹的祸。"

貌丑而喜型：爱美之心，乃为人之常情。但是长相丑陋还感觉高兴，这就有点儿不同寻常了。充满想象力的《庄子》中记载了几个这样的奇人。有个叫支离疏的，他的脸弯到肚脐以下，肩高过头，发髻朝天，五脏在上，两个大腿骨在相当于正常人肋骨的位置上。就是这样一位看起来严重残疾的人，却生活得很舒适。他不必服兵役和劳役，还能得到国家的救济。这是因形貌丑陋而获福。还有一位更加神奇的哀骀它，他的身体严重扭曲变形，但是男子都愿意和他交往，女孩子不愿意做正常人的妻子，而是纷纷向父母宣告：要嫁就嫁哀骀它，不做正妻做妾室也行。即使是做妾室，大家还要排队呢，都已经排了十几个人了。这是情感世界的欢喜。

"不以形貌喜，不以形貌悲"型：刘向《列女传》中记载了齐宣王丑妻钟离春的故事。钟离春长相极丑，头型像舂米的臼子，双眼深陷，个子很高，身体强壮，骨节粗大，鼻孔朝天，脖子上有

京师人士闻其姿容，观者如堵。玠劳疾遂甚，永嘉六年卒，时年二十七，时人谓玠被看杀。——《晋书》卷三十六《卫玠传》，中华书局1974年版（以下凡引此书，皆为此版，不再一一标注）

卫有恶人焉，曰哀骀它。丈夫与之处者，思而不能去也。妇人见之，请于父母曰"与为人妻，宁为夫子妾"者，十数而未止也。——郭庆藩《庄子集释·内篇·德充符》，中华书局1961年版（以下凡引《庄子》，皆为此版，不再一一注明）

喉结，头发很少，皮肤黑得像漆。刘向用近似夸张的漫画笔法为她画了一幅人物素描，秀气、风韵、柔媚等与女子有关的特性在她身上找不到一点影子。虽然貌丑，虽然出门的时候经常是众人关注的焦点，但是活在众人惊讶的目光下的钟离春却极为自信，她饱读诗书、武艺高强、腹藏谋略、志向远大，而且她做了一件令众人大为惊叹的事情，从而也在历史上留下了自己的身影。钟离春只身从容不迫地来到王宫大门，要求守卫向齐宣王通报，她这个年已四十岁还没有嫁出去的女人要嫁给齐宣王。守卫虽然对这件滑天下之大稽的事情颇感好笑，但是看着钟离春严肃的表情，还是去向齐宣王做了报告。报告一打上去，围绕在齐宣王旁边的人笑得四仰八叉；长得丑不是你的错，出来吓人就是你的不对了。齐宣王虽也感觉好笑，但还是给了钟离春一个机会。钟离春进宫之后，就国内外形势、为君之道、选贤之法等问题慷慨陈词，一下子把齐宣王给镇住了——这个女人太强了，她怎么能如此了解我的问题所在呢？有了她做我的贤内助我还怕什么呢？于是，齐宣王选了一个良辰吉日将钟离春接进宫，做了王后。在外人看来，钟离春的形貌是她一生中的一个障碍，但对于钟离春来说，形貌只是形貌，无从选择的东西不应该影响自己的情绪，可以选择、可以改变的东西才是她要追

其为人极丑无双，臼头深目，长壮大节，印鼻结喉，肥项少发，折腰出胸，皮肤若漆。
——《列女传·辩通传·齐钟离春》

谒者曰：『姜，齐之不售女也。闻君王之圣德，愿备后宫之埽除。唯王幸许之。』谒者以闻，宣王方置酒于渐台，左右闻之，莫不掩口大笑曰：『此天下强颜女子也，岂不异哉！』——《列女传·辩通传·齐钟离春》

求并努力达成的。

　　与钟离春相似的还有宿瘤女。宿瘤女的真实名字已不可考，之所以称其为宿瘤女，是因为她脖子上长了一个巨大无比的瘤子，"宿"是"大"的意思。宿瘤女经常在齐国都城临淄城东郊采桑，有一次，齐闵王到东郊出游，城中百姓纷纷前往观看，人山人海，好不热闹。在这些人中自然有那些待字闺中的姑娘，希望能够借此机会飞上枝头做凤凰。齐闵王在百姓的观望中，享受着唯我独尊的感觉。忽然，齐闵王发现了一个不和谐的人物，那人似乎不知道一国之君在巡游，一直在低头采桑。看到这个情景，齐闵王心有不甘，当然他也很好奇，这人到底是谁呢？于是，宿瘤女便被带到齐闵王跟前，齐闵王大吃一惊，这一惊有大肉瘤的因素，也有宿瘤女不卑不亢的态度的因素。齐闵王问宿瘤女为何采桑如故，对自己不理不睬。宿瘤女说她受父母的教诲，知道如何采桑，却没有学过如何观看大王。齐闵王听了此话之后，深感此女之奇特，可惜脖子上的肉瘤大煞风景，不由得大发感慨："惜哉宿瘤！"没想到，宿瘤女言："我忠于自己的职责，安心采桑，有个肉瘤又有何干呢？"齐闵王对其深深佩服，认为这是贤德之女，便决定将其带到宫中。进宫对于一个貌丑的大龄女青年来说，实在是一件幸事，民间的男子都不愿意多看上她一眼，齐

初，闵王出游，至东郭，百姓尽观，宿瘤女采桑如故，王怪之，召问曰："寡人出游，车骑甚众，百姓无少长，皆弃事来观。汝采桑道旁，曾不一视，何也？"对曰："妾受父母教采桑，不受教观大王。"王曰："此奇女也，惜哉宿瘤！"女曰："婢妾之职，属之不二，予之不忘，中心谓何？宿瘤何伤？"王大悦之，曰："此贤女也。"

——《列女传·辩通传·齐宿瘤女》

闵王却要带她入宫，这是她烧高香了。岂料宿瘤女却不这样想，她说如果她就这样跟着齐闵王进宫，就是私奔，与礼法不符，齐闵王如果真的想让她入宫，就得明媒正娶，要向她父母下聘礼。齐闵王听闻之后，二话不说，派使者带着千两黄金到宿瘤女家提亲，正式迎娶她。

宿瘤女的父母为女儿高兴，也为女儿担心，担心齐闵王会嫌弃女儿，担心宫内的女人会排挤女儿，所以，他们赶紧给女儿准备衣服，沐浴更衣，希望女儿好好装扮一番。但是，不按常理出牌的宿瘤女又拒绝了父母的好意，她有自己的主意，她说她不会去刻意装扮容貌，要素颜出阁，她本身就是素颜与齐闵王认识，一旦过于修饰，会让齐闵王都不认识了。就这样，宿瘤女入宫了。

宫廷里美人很多，争奇斗艳，等到宿瘤女入宫后，齐闵王的女人们大为惊奇，又掩饰不住地笑，她们本以为齐闵王会带回来艳丽美貌的女人，结果却是这样的一个丑女，本来想来比美的她们笑得不能自制，白白地打扮了这么久！宫中女人的表现让齐闵王很没面子，便斥道："不要笑话没有装扮的人。人装扮与不装扮，差别有百倍！"宿瘤女淡淡接口道："岂止百倍，有千倍而不止。"齐闵王不解，宿瘤女解释道："尧舜治国饰以仁义，

诸夫人皆怪之，盛服而卫。迟其至也，宿瘤骇宫中。诸夫人皆掩口而笑，左右失貌，不能自止。王大惭，曰：『且无笑，不饰耳。夫饰与不饰，固相去十百也。』——《列女传·辩通传·齐宿瘤女》

夫饰与不饰，相去千万尚不足言，何独十百也！——《列女传·辩通传·齐宿瘤女》

至今留有美名；桀纣治国不饰以仁义，至今臭名昭彰。"宿瘤女说完这番话之后，宫中的女人不笑了，她们这才知道原来这个女人不简单，齐闵王却笑了，知道自己没有选错人，最后决定立宿瘤女为王后。

在宿瘤女的辅佐之下，一月之间，齐闵王的后宫及前朝教化井然，诸侯皆来朝拜，秦国、楚国为之一惧。当然《列女传》的这一记载有夸张的因素，但是足以看出刘向对女人容貌的态度，也足以烛照出宿瘤女的坚强心态。

中国人特别强调表里如一，也一直将其作为一项美德摆放到案头供大家欣赏，但是，表里如一很难做到，表里如一的教育也产生了一个丑陋的衍生物：以貌取人。

澹台（tán tái）灭明是孔子的弟子，长相非常丑陋，他想跟随孔子学习，孔子却认为他资质低劣。可是在跟随孔子学习之后，澹台灭明回到家中也修养德行，做事必依据正道而行，不阿谀逢迎，不遇公事不主动去拜见公卿大夫。这样的人格魅力在他到长江流域游历时得到了展现，投到门下跟随他学习的人达到三百人之多，在诸侯王那里也声名远扬。澹台灭明以实际表现给予孔老夫子重重一击，孔子不禁发出了"以貌取人，失之子羽"的感慨。

以貌取人以一种甚为顽强的生命力彰显着它的

期月之间，化行邻国，诸侯朝之。侵三晋，惧秦、楚，一立帝号。闵王至于此也，宿瘤女有力焉。——《列女传·辩通传·齐宿瘤女》

澹台灭明，武城人，字子羽。少孔子三十九岁。状貌甚恶。欲事孔子，孔子以为材薄。既已受业，退而修行，行不由径，非公事不见卿大夫。南游至江，从弟子三百人，设取予去就，名施乎诸侯。孔子闻之，曰："吾以言取人，失之宰予；以貌取人，失之子羽。"——《史记·仲尼弟子列传》

作用，传说中钟馗豹头环眼、铁面虬髯，相貌丑陋。他在同乡的资助下进京赶考，因为满腹经纶、才华横溢得到了主考官的赏识，但是在殿试时却因为长相问题没有高中，备感失落的钟馗一怒之下撞御阶而死。

形貌本属天生，但以貌取人的巨大效应却让无数人在它的面前黯然神伤，拼着命地找自尊。女生为找到更好的工作而不惜整容已经不是新闻了，可是那些因过分追求美貌而整容，最后却惨遭毁容，甚至付出生命的代价的人，的确给我们在美丑的判断上敲响了警钟。

庄子的以丑为美仅仅局限在想象世界，而且丑之所以为美，乃在于丑人有内在的道德感召力，而非仅仅是以外貌的丑陋为美，此丑非彼丑也。

1.为达富贵，不近人情

君臣遇合是古代士人的最高目标。在未得君主赏识沉沦下僚时，为了能得君主赏识，他们会通过各种方法接近君主以求显达和富贵。

伊尹为了拜谒成汤，甘愿成为有莘（shēn）氏的陪嫁人员，背负着锅碗瓢盆，向成汤陈说治国之道；姜太公屠牛于朝歌，垂钓于渭水之滨为文王所识，一跃而为天子师；宁戚为了接近齐桓公，受雇于商人，为其驾车，击牛角而歌，终为齐桓公所重用。这些人皆为才能超群之人，他们运用一定的策略得到与君主交谈的机遇，进而展示自己，实现了自己的理想，也成就了国家的伟业。

但是，一些以谋取富贵为目标的人，他们接近君主的策略与方法却不可恭维。

管仲病危之时，一向倚重管仲而称霸诸侯的齐桓公向其询问相国的接班人，管仲没有直接回答，而是将球又踢回给齐桓公，让他自己来定。齐桓公说了三个人，这三个人可谓大红大紫之人，深得齐桓公喜爱。那么，这三个人是谁？他们是怎么让齐桓公喜爱到欲托付相国高位的呢？

这三个人的名字都怪怪的。

其一是易牙。易牙为取悦齐桓公，将自己的儿子

管仲病，桓公问曰：『群臣谁可相考？』管仲曰：『知臣莫如君。』——《史记·齐太公世家》

杀了。

易牙是齐桓公的御用厨师，烹饪技术极为高超，日日把齐桓公侍奉得那叫一个舒坦。但是时间一长，美味的东西吃多了，就会感觉单调，有一次齐桓公无意中感叹说："山珍海味我品尝了不少了，就是没吃过人肉，不知人肉是什么味道。"不管齐桓公这话是有心还是无意，易牙反正是当了真，他竟把自己的儿子杀了给齐桓公做了盘下酒菜。齐桓公得知真相之后，被易牙的行为感动了：易牙对我真是好啊，爱我胜过自己的亲骨肉。

其二是开方。开方为取悦齐桓公，背离了自己的双亲。

开方本是卫国的太子，有一次，齐桓公率兵讨伐卫国，卫国大败。卫国国君无奈之下派自己的长子开方前去求和。和平盟约结成之际，开方提出要留在齐国，侍奉齐桓公。齐桓公对此很不解，不知道开方为何舍得储君之位而甘居齐国。开方拍了齐桓公一顿马屁，说在齐国侍奉齐桓公比他自己在卫国当国君要有价值。这马屁拍得有水平，拍得齐桓公云里雾里地转，便美滋滋、大大方方地给了开方一个官职。开方在齐国一待就是十五年，就连自己的父亲死了也没有回去奔丧。齐桓公认为开方对自己忠心耿耿，对他的孝心超过对自己的父母。

其三是竖刀（也作"竖刁"）。竖刀为取悦齐桓公，自宫为宦官。齐桓公认为竖刀为了能侍奉自己，不惜做了历史上第一个主动阉割自己的人，竖刀爱他胜过爱自己的身体。

这三人为了取悦齐桓公，不惜抛却人间至爱亲情，不惜毁坏受之于父母的血肉之躯，这样的破坏行为必然有着不同寻常的效果，齐桓公从他们这违背常人的行为中，得到的是唯我独尊的满足，因此对这三人很是看重。

那么，作为旁观者的管仲又是怎样回答齐桓公的呢？管仲认为，杀子、背亲、自宫都不是人之常情，不符合人的正常的感情付出原则，这种人是不可亲近的。试想，连对自己的孩子都不爱的人怎么会爱国君？连自己的父亲都不尽孝的人怎么会尽忠于国君？对自己的身体都很残忍的人怎么会对百姓仁慈？管仲冷眼旁观，对于易牙、开方、竖刀的行为都有"非人情"的评价，也就是说，凡事都有一个基本的、约定俗成的事理标准，"人情"也是人行事的心理基础，一旦违背，便不正常。管仲正是从易牙、开方、竖刀三人不太正常的行为中发现了他们的野心与图谋，而这样的野心与图谋一旦有机会，便会以更加野蛮、更加不近人情的方式肆虐，产生更大的破坏效应。

可惜的是，齐桓公虽然暂时听从管仲的建议，辞退了三人，但是长时间依赖易牙的美食、开方的美语、竖刀的美言的他，一旦缺失了这些东西，就开始不适应了。管仲在世之时，他还能忍忍，管仲一死，他便立即将三人召了回来。不仅如此，齐桓公还将管仲的建议抛之脑后，对易牙、开方、竖刀委以重任。这样不听"老人言"的齐桓公，最后自食恶

公曰：『易牙如何？』对曰：『杀子以适君，非人情，不可。』公曰：『开方如何？』对曰：『倍亲以适君，非人情，难近。』公曰：『竖刀如何？』对曰：『自宫以适君，非人情，难亲。』
——《史记·齐太公世家》

果，在专权的三人的势力争夺中，齐国出现了内乱，一代霸主齐桓公死后尸体在床上停置六十七日没有殓殡出丧，尸虫都爬出了门外。

与管仲的观点相似，南宋吕本中亦提出"为官处事，务合人情"，他认为凡事将心比心，就不会离正道太远。为此，吕本中举了一个例子：有一位郡守，曾经将一位术士作为自己的幕僚，与他朝夕相处于书房，关系很是密切。后来此术士便想干预政事，郡守对此极为生气，不仅严厉地训斥了术士，而且将其处以杖刑，发配到边远地区。吕本中认为此事的责任主要在郡守，作为郡守，招引术士，与之关系密切，这本身已经是违背义理之举，而术士因与郡守特别熟悉，深得郡守喜爱，进而干预公务，这也是人之常情。郡守不听从他的意见即可，对术士处理得如此严重，就是近乎灭绝人性的举动了。吕本中的观点与管仲的观点相互照应，求官之人不近人情不可用，拥有权力的人亦不可违背人情处事。

对于齐桓公，我们有悲叹，也有痛惜，但是，从管仲得到验证的言谈中，我们应该学到拨开乌云见真相的能力，糖衣炮弹虽好，但世上没有免费的午餐，切记不可踏进美丽的陷阱！

齐桓公带着他对管仲的羞愧之心离去了，但

管仲死，而桓公不用管仲言，卒近用三子，三子专权。——《史记·齐太公世家》

尝有人作郡守，延一术士同处书室。后术士以公事干之，大怒叱下，竟致之理，杖背编置。招延此人已是犯义，既与之稔熟而加以公事，不从之足矣，而治之如此之峻，殆似绝灭人理。——吕本中《官箴》，《官箴书集成》第一册，黄山书社1997年版是翻开史书，我们会发现易牙、开方、竖刀的子子孙孙们仍然连绵不断地活跃在历史舞台上。《古今谭概》记载了这样一个故事：明朝嘉靖年间，通州受到蒙古俺答部的侵扰，敌情甚为严重，兵部尚书丁汝夔遵循严嵩之意，不敢主战，因为守备不利而被处以死刑。当时有官员看到此情况感叹说："仕途如此险恶，还有什么做官的情绪呢？"但其中有一个人却笑道："如果一日杀一个兵部尚书，这官只得丢掉不做；但如果一月杀一个，这官还是值得做的。"对于中国人来说，官位具有极大的诱惑力，所以即使是面对死亡、面对屠杀，也还是要拼命博一下的。

可见，在中国，对于官的痴迷，是有悠久的传统的。

2.祸福无常的弥子瑕

弥子瑕是春秋时代卫灵公的嬖（bì）臣，卫灵公对弥子瑕的宠溺达到了无视法规、不分君臣的程度。对此，有两个典型事例可以说明。

第一，弥子瑕窃驾君车。

有一次，弥子瑕的母亲生病了，弥子瑕在夜里得知这个消息后，心急之下假传君令，驾驶着

世庙时，通州虏急，怒大司马丁汝夔，置之辟。缙绅见而叹曰："仕途之险如此，有何宦情？"中一人笑曰："若使兵部尚书一日杀一个，只索抛却。若使一月杀一个，还要做他。"——《冯梦龙全集》第六册《古今谭概·痴绝部》，凤凰出版社2007年版

卫灵公的专用车回家了。按照卫国当时的法律，偷用君主车者应该被判以刖（yuè）刑，但是卫灵公听说这件事情之后，不但没有责罚弥子瑕，反而对其大加称赞：弥子瑕为了探望母亲不惜冒着被判以刖刑的危险，真是有孝行啊！

第二，弥子瑕食桃不尽而奉君。

弥子瑕与卫灵公一起到果园中游玩，弥子瑕吃了一个极为甘甜的桃子，可能是他习惯了有好东西要和卫灵公分享，就把这个自己吃了一半的桃子给了卫灵公。看着这个沾满了弥子瑕口水的半个桃子，卫灵公非但没有责怪他，反而感叹其对自己的关心：弥子瑕想着我而不忍独自享用美食，实在是爱我的表现呀！

根据《韩非子》与《史记》的记载，卫灵公宠幸弥子瑕是因为其貌美无比，据说可列入中国十大美男子之榜。"士为知己者死，女为悦己者容"，可见，男子与女子从其性别来说，有着不同的角色设定，也有着不同的身份要求。借助容貌打动别人，为喜欢自己的人修饰容貌，是古代对女子的要求；对于男子来说，要的是驰骋疆场的勇气，或是运筹帷幄的谋略，而非容貌。然而，弥子瑕备受卫灵公的宠爱，却恰恰是因为其美貌，这对于一个男人来说，既是一件幸运之事，也是一件

昔者弥子瑕见爱于卫君。卫国之法，窃驾君车者罪刖。既而弥子之母病，人闻，往夜告之，弥子矫驾君车而出。君闻之而贤之曰："孝哉，为母之故而犯刖罪！"——《史记·老子韩非列传》

与君游果园，弥子食桃而甘，不尽而奉君。君曰："爱我哉，忘其口而念我！"——《史记·老子韩非列传》

不幸之事。幸运的是可以不费吹灰之力获得荣华富贵；不幸的是这种荣华富贵得来容易，失去也容易。

好色的卫灵公对弥子瑕这样的男宠朝秦暮楚，待其年老色衰之际，卫灵公的宠爱也慢慢淡去。之前弥子瑕备受卫灵公赞赏的两种行为，后来却成了得罪卫灵公的口实：这个人之前曾经假传军令私自驾驶我的车，而且还给我他吃剩下的桃子，真是可恶至极。

及弥子色衰而爱弛，得罪于君。君曰：「是尝矫驾吾车，又尝食我以其余桃。」——《史记·老子韩非列传》

在《郁离子·弥子瑕》中，弥子瑕的遭遇更惨。卫灵公对弥子瑕发怒，还用鞭子抽打他，打得他三日不敢上朝。朝中的子鱼这样评价道："弥子瑕就是卫灵公的狗。狗是倚仗主人吃饭的，主人用鞭子抽打他，他汪汪叫着就跑了，等到他想吃饭的时候，还会畏畏缩缩地回到主人身边，早忘了当初挨打之事。弥子瑕是倚仗卫灵公吃饭的，一天得不到卫灵公的喜爱，便会一天没有饭吃，所以不会也不敢对卫灵公有怨恨。"

子鱼曰：「君不观夫狗乎？夫狗依人以食者也，主人怒而抶之，嗥而逝；及其欲食也，葸葸然复来，忘其抶矣。今瑕君狗也，仰于君以食者也，一朝不得于君，则一日之食旷焉，其何敢怼乎？」——《郁离子》

备受宠爱之时，弥子瑕在卫灵公那里是"捧在手里怕摔了，含在口里怕化了"，弥子瑕所做的任何事情都是完美无瑕的，色衰而爱弛后，弥子瑕再小心翼翼也能被卫灵公找到毛病。弥子瑕人还是那个人，事还是那件事，但是卫灵公的情感发生了变化。有爱之时，哪怕是有很大缺点的行为也会被看作聪明能干的表现，从而进一步亲近；见憎之时，一点点有瑕疵的行为也会被看作有莫大罪过而加以责罚，关系愈加疏远。人的爱憎之情本就不是经久不变的，更何况是卫灵公这样喜怒无常的君主，弥子瑕作为一个侍从之臣又有什么办法呢？

故弥子之行未变于初也，前见贤而后获罪者，爱憎之至变也。故有爱于主，则知当而加亲；见憎于主，则罪当而加疏。——《史记·老子韩非列传》

这或许就是弥子瑕一类的佞幸之臣共有的命运吧，司马迁曾经大发感慨，认为弥子瑕的遭遇，就是佞幸之人的典型写照，此种情形，即便是经历一百代也不会改变！

实际上，历史上的佞幸之人，他们的命运浮沉靠的是机缘，靠的是飘忽不定的"虎威"，与投机者类似。投机者借市场暴涨暴跌之势，通过炒作谋求利益，市场就是他们的"君主"，他们或许会一夜暴富，也或许会倾家荡产。可见，如果不能把握飘忽不定的东西，如果没有承受爱憎祸福变化的心态，最好还是不要做"佞幸"之事。

太史公曰：甚哉爱憎之时！弥子瑕之行，足以观后人佞幸矣。虽百世可知也。——《史记·佞幸列传》

弥子瑕的经历还给我们一点小小的启示：有时候，别人对你的看法可能只是来自他的爱憎之心，这种看法随时会改变。所以，我们不要太在意他人的评价，谁也不可能做到让所有人拍手叫好！

3.旷达哥范蠡

越王勾践卧薪尝胆复兴国家的励志故事是历代传诵的美谈。在这一复兴大业中，有一位起到重要作用但却功成身退的人，他就是范蠡(lí)。范蠡是一位传奇人物，他的传奇不仅在于他的成功，更重要的在于他的旷达洒脱与人情练达。

范蠡帮助勾践称霸之后，做了上将军，他认为盛名之下，难以久居，况且勾践为人，可与之同患难，难与之共甘乐，于是，范蠡见好就收，乘船离去。范蠡在勾践复国称霸的过程中起到了极为重要的作用，按照常理来说，功成之后，勾践会赠予他一定的钱财与官职，但是能够忍辱负重、卧薪尝胆的勾践本身就不是常人，自然不会按常理出牌。范蠡能够看到勾践的阴狠，这是他的智慧，在看出勾践的阴狠之后能够绝然离去，这是他的旷达。同为勾践辅佐之臣的文种就不能做到这些，他寄希望于万一，虽然后来在范蠡的书信劝说之下，称病不朝，最后还是被勾践寻得了一个借口，被迫自杀。

范蠡乘船出海到达齐国，更换姓名，自称为"鸱(chī)夷子皮"，在海边开始了耕作生活。当初范蠡辅佐勾践之时，曾经与计然探讨治国之道，其中提到商品买卖的问题：买卖货物，凡容易腐烂和腐蚀的物

范蠡遂去，自齐遗大夫种书曰："蜚鸟尽，良弓藏；狡兔死，走狗烹。越王为人长颈鸟喙，可与共患难，不可与共乐。子何不去？"——《史记·越王句践世家》

范蠡浮海出齐，变姓名，自谓鸱夷子皮，耕于海畔。——《史记·越王句践世家》

品都不能久藏，切忌囤积居奇，以求高价；要懂得物价涨跌的道理，物价贵到极点，就会返归于贱；物价贱到极点，就要返归于贵。当货物贵到极点时，要及时卖出，视同粪土；当货物贱到极点时，要及时购进，视同珠宝。这样的治国之道同样适用于理家生财，于是范蠡开始了他的经商生涯。

范蠡在齐国吃苦耐劳，父子并力，经营有术，没过多久就积聚了数十万的财产。齐国人听闻他的贤能，想请他为相。范蠡喟然长叹说：居家能积聚千金财产，做官能达到卿相的高位，这应该是一介布衣的极致状态了。长久享受尊贵的名号，是为不祥。于是送还了相印，将自己的财产分给知己好友和邻里乡亲，秘密离去，在陶地长期居住下来，又经过多年的努力，成为巨贾名商。如果说范蠡离开勾践是看到了勾践的阴险，为了保全性命，不得不离开，那么，到了齐国之后的他，白手起家，赢得了众人的尊重，齐国人慕贤而聘其为相，这应该是一个士人的梦中理想，借助齐国的平台，范蠡完全可以做出更大的成就。但是，范蠡懂得知足不辱的道理，不贪恋权位，主动疏离政治中心，这在中国的士人、商人那里是何等罕见，要知道有多少人挤破了脑袋要往官场里钻呢！

范蠡既雪会稽之耻，乃喟然而叹曰：『计然之策七，越用其五而得意。既已施于国，吾欲用之家。』——《史记·货殖列传》

范蠡苦身戮力，父子治产。居无几何，致产数十万。——《史记·越王句践世家》

范蠡喟然叹曰：『居家则致千金，居官则至卿相，此布衣之极也。久受尊名，不祥。』乃归相印，尽散其财，以分与知友乡党，而怀其重宝，间行以去，止于陶，以为此天下之中，交易有无之路通，为生可以致富矣。于是自谓陶朱公。——《史记·越王句践世家》

范蠡在陶地生下了小儿子。小儿子长大后，范蠡的二儿子因杀人而被囚禁在楚地，范蠡说：杀人偿命，这是常理。但是我听说，富贵人家的孩子不应该死在市场里。于是派小儿子带着一牛车的黄金前去探看。小儿子正要启程之时，大儿子坚决要求前去，范蠡刚开始不答应，但在其苦苦哀求之下，虽然心中不是很情愿，但还是改了主意，更换了人选，让大儿子出行楚国。临行前范蠡千叮咛万嘱咐，送千金至庄生家，一切但凭庄生做主和安排。

大儿子按照父亲的嘱托赶往楚国，并将千金交付庄生。庄生将钱收下，催促其赶紧回去，等以后放了人也不要声张。但大儿子不放心，还是决定继续待在楚国都城等待消息，并另外拓展门路，用自己私带的钱财贿赂楚国主事的达官贵人。

庄生在楚王面前一向说话很有分量，有一次他选择了一个合适的机会来施展营救行动。庄生对楚王说：天上将出现扫帚星，会对楚国不利。当时大家都很迷信天象，认为扫帚星降临必有灾祸，于是楚王赶紧向庄生求问解决办法。庄生便借机劝说楚王施恩德行大赦，将关在牢里的犯人包括死刑犯都放了，说只有行此德政方能化解危机。

楚国实行大赦，范蠡二儿子的性命可以说已经保住了。但是，不了解内情的大儿子在楚国听闻此消息之后，认为弟弟性命可以保住是恰逢楚王降恩，与庄生没有任何关系。拿人钱财不为人办事，这怎么可以呢？于是大儿子又回到庄生家索要之前交给庄生的千金。

庄生本没想收范蠡的钱，有朝一日还要将其归还，但范蠡大儿子的做法无疑是对他的怀疑与否定，他非常气恼，于是又到楚王面前说了另一番话：现在国内有很多人在议论君王您实行大赦乃是因为受到了陶朱公的贿赂，是为了释放陶朱公的杀人犯儿子而做的幌子。楚王听罢勃然大怒，下令先杀掉陶朱公的二儿子再下达大赦令。范蠡的大儿子一番好心与努力，不仅没有救得弟弟，反而因为自己的吝惜钱财让弟弟丢了命，他心中极为愧疚，但事已至此，只能带着弟弟的尸体返回家中。

这样的结果让范蠡的妻子和乡邻甚感哀伤，但是范蠡表现得非常坦然。他说："我早就知道大儿子一定救不了弟弟。这不是说他不爱弟弟，而是他不舍得花费钱财。他自幼和我一起，历经各种磨难，知道金钱来之不易，故而对金钱看得很重。至于他的小弟弟，一生下来就很富有，乘坚车，骑良马，整天打猎，根本不知道钱财是怎样来的，又怎么会吝惜钱财呢？之前我想让小儿子去也正是因为他能舍弃钱财，而大儿子做不到，所以最后弟弟被杀而亡。这是必然

庄生虽居穷阎，然以廉直闻于国，自楚王以下皆师尊之。及朱公进金，非有意受也，欲以成事后复归之以为信耳。——《史记·越王句践世家》

之事理，没有什么好悲痛的，我这些天本来就盼着二儿子的尸体回来。"自己的亲生儿子被杀，作为父亲，范蠡不可能不悲伤，但是他懂得，世间之事皆有其道，非人力所能强行改变，当灾难来临之时，悲伤起不到任何作用，人们能做的只有顺应世间之道。

范蠡弃上将军、相国之位，散尽钱财，是其淡泊名利的体现，对于二儿子生死的预测，则表明了其料事如神的练达。无论是淡泊名利，还是料事如神，都在于他懂得人生取舍，不做"只进不出"的貔貅（pí xiū）。也许正是这种旷达，才让范蠡能弃功名利禄而不取，或许正是因为取舍有度，才让范蠡成为商界巨贾、仁德之士陶朱公。

4.淡定哥的舌头

战国是一个士人大显身手的时代，众多士人被推到历史舞台的前面，扮演着举足轻重的角色，"一怒而诸侯惧，安居而天下熄"。在这些时代的弄潮儿里面，有两个人足以称得上是"战国双璧"，他们卓尔不群，是连横合纵政策的关键执行者，在当时可谓风云一时，炙手可热。他们便是佩带六国相印的苏秦和坐拥五座富饶城池的张仪。

乱世出英雄，乱世可以为英雄提供施展才华的

朱公长男竟持其弟丧归。至，其母及邑人尽哀之，唯朱公独笑，曰：『吾固知必杀其弟也！彼非不爱其弟，顾有所不能忍者也。是少与我俱，见苦，为生难，故重弃财。至如少弟者，生而见我富，乘坚驱良逐狡兔，岂知财所从来，故轻弃之，非所惜吝。前日吾所为欲遣少子，固为其能弃财故也。而长者不能，故卒以杀其弟，事之理也，无足悲者。吾日夜固以望其丧之来也。』——《史记·越王句践世家》

舞台，但是英雄的出现也不是一帆风顺的，英雄不是凭空形成的。张仪能够成为一代人杰，在于他对自己有着清楚的定位，对未来有着清晰的规划。

张仪是魏国人，曾经跟随鬼谷子学习谋略之术，和苏秦是同门师兄弟。两人颇得鬼谷先生真传，只是苏秦比较谦虚，自认为技不如张仪。

学而优则仕，张仪学成之后到诸侯国去游说。就在他到楚国游说时，发生了一件令他非常郁闷而又痛心的事情。有一次，张仪和楚国的国相饮酒，楚相发现自己的玉璧丢了，找来找去都没有找到，于是楚相手下的门人不约而同地将张仪设定为犯罪嫌疑人。他们之所以将目标锁定张仪，理由有两点：一是张仪家境贫寒，为了摆脱贫困，他或许会铤而走险；二是张仪平时行事不拘小节，可能是品行不端之人。既然所有的门客都怀疑张仪，楚相便将张仪抓起来进行审问。张仪没有偷玉璧，自然不肯承认，楚相便命人对其施以刑罚，但没有想到的是，张仪一介文弱书生，被鞭笞数百下之后，浑身鲜血淋漓，仍然不认罪。楚相被张仪的坚毅震撼了，当然他也不想落一个苛待门人的恶名，所以最后只能将张仪放了。张仪被抬回家之后，妻子看了异常心疼，心情异常沉痛，就是因为他们贫寒而被人家瞧不起，所以便略带责备地劝说张仪道："唉，你如果不是非得要读书游说诸

张仪者，魏人也。始尝与苏秦俱事鬼谷先生，学术，苏秦自以为不及张仪。
——《史记·张仪列传》

张仪已学而游说诸侯。尝从楚相饮，已而楚相亡璧，门下意张仪，曰："仪贫无行，必此盗相君之璧。"共执张仪，掠笞数百，不服，醳之。
——《史记·张仪列传》

侯，怎么会遭受这样的侮辱呢？你还是不要继续游说了吧？"没想到张仪倒是很淡定，问妻子说："你看看我的舌头还在不在。"妻子不禁被他的言语逗笑了，心想这人是被打糊涂了，舌头不在怎么能说话呢，便说："舌头还好好地长在嘴里呢。"张仪便给了妻子一剂定心丸："足矣。"

一声"足矣"，简单而直接地道出了张仪的心思所在。在那样一个竞相争夺富贵名利的时代，作为一个士人，一个游说诸侯的说客，他一生所依赖的不是健壮的体魄，也不是姣好的形貌，而是劝说别人的才能，劝说别人的才能首先要有一个生理前提，就是人的发音器官之一——舌头。《文心雕龙·论说》就曾经以毛遂为例，言说游说之士的论辩功效，"一人之辩，重于九鼎之宝；三寸之舌，强于百万之师"。只要舌头还在，哪怕是身体被打残了，游说之士依然能够立身扬名，后来，张仪的三寸之舌确实为他赚来了功名，赢来了富贵。

张仪在楚国、赵国连续受挫之后，西入秦国，靠着他的"舌头功"，将秦惠文王说得服服帖帖。次年，张仪被任命为秦国的第一任相国，位居百官之首。

张仪舌头的威力，在与楚国的斡旋中很快显示出来。战国时代最有可能统一全国的是秦国与楚国，当时有"横成则秦帝，纵成则楚王"的说法。秦国要

其妻曰："嘻！子毋读书游说，安得此辱乎？"张仪谓其妻曰："视吾舌尚在不？"其妻笑曰："舌在也。"仪曰："足矣。"——《史记·张仪列传》

想实现一统大业，必须灭掉的障碍是楚国。但是楚国并不弱，而且还有其他诸侯国的支持，他们组成了强大的联盟。张仪一番筹划之后，决定将弱楚的首步棋锁定在瓦解统一战线上。在这个决定秦、楚两国生死命运的关键性环节，还是张仪的舌头发挥了威力。他凭着一张嘴，利诱楚怀王："如果与齐国断交，秦国将把商於之地六百里奉送给楚国，将秦国的女子献给楚王作为侍妾，秦、楚两国长久地结为兄弟之国。这是楚、秦二国共赢的最好决策，向北可以削弱齐国的力量，利于楚国的发展，向西可以有益于秦国的发展。"张仪一番游说后，楚怀王动心了，毅然与齐国断交。但是当楚怀王让张仪兑现六百里土地时，张仪则换了一种说法："根本没有六百里一说，当初与您约定的是方圆六里而不是六百里的土地，如果您愿意，我将如数交付。"至此，楚怀王才知道上了张仪这小子的当，恼羞成怒，出兵征讨秦国，以解心头之恨。但是，不管怎样，齐国是被楚怀王彻底得罪了，楚、齐之间的联盟也被打破，秦国东进的最大威胁——六国统一战线彻底撕裂，这为秦国蚕食六国打下了坚实基础。凭着一场外交斡旋，秦国不费一军一卒而得到了最大的利益，张仪也因此进一步名扬四海，被封为武信君。

　　对于张仪的人品，我们抛开不谈，他的坚定和

仪说楚王曰："大王诚能听臣，闭关绝约于齐，臣请献商於之地六百里，使秦女得为大王箕帚之妾，秦楚娶妇嫁女，长为兄弟之国。此北弱齐而西益秦也，计无便此者。"——《史记·张仪列传》

秦齐之交合，张仪乃朝，谓楚使者曰："臣有奉邑六里，愿以献大王左右。"——《史记·张仪列传》

自我定位意识，还是值得我们学习的。张仪对于自己的境遇很了解，这样一个有着绝对自信的人，虽然尚处于穷困状态，没人真正赏识，但是懂得重视自己安身立命的武器，明白自己是一个什么样的人，适合什么样的工作，正是这种坚定与自信让他在后来青云直上。

在中国历史上有一个自身定位不准最后因此命丧黄泉的人，这人是赵括。赵括是成语"纸上谈兵"的主角，他饱读兵书，连他的父亲都说不过他，可是他对自己的才能认识不足，一味自视甚高，反而是他的父母对他的缺点颇为了解。赵括就是因为没有准确定位自己，未能看到自己的才能与所要从事的工作之间的差距，最后受到了惩罚，而且他所受的惩罚至为惨重——失去生命和沦为笑柄。

现在也是一个人才济济的时代，怎样在这样的一个时代脱颖而出是大家广为关注的问题。但是，不少人因为不了解自己的能力，不清楚自己适合做什么、能做什么，盲目地在时代大潮中跟风跑，最后是"全面撒网捞不到鱼"。所以，我们不妨沉静下来，淡定淡定，找一下自己身上那关键的"舌头"，或许找到了之后，属于自己的春天就要来了。

5.慧心者多结巴

司马迁描写人物有合传，即将几个命运遭际相似，或者身份相同，或者性格接近的人放在同一个传记中来写，以此使主题更加集中。太史公的每一个合传都有其既定原因，我们不妨也学习一下此种写法，来个古学今用：将韩非与司马相如放在一起，名字就叫"韩非司马相如列传"。那么，此番合写的依据何在呢？皆因为两人文章美妙绝伦，受世人推崇，却都有着口吃的生理缺陷。

韩非，战国时代韩国的王室公子，是著名思想家荀子的学生，与李斯同门。李斯自认为所学不如韩非。韩非以法家刑名之术多次上书韩王，希望改变韩国的落后局面，但"廉直不容于邪枉之臣"，终未被采纳，故愤而作《孤愤》《五蠹 (dù)》《内外储说》《说林》《说难》等文章，洋洋洒洒，流传千古。韩非有口吃的生理缺陷，不能很流畅地表达自己的观点，但是写起文章来，酣畅淋漓，让人读了备感痛快。秦王政看了韩非的文章之后就不禁感叹：若能与此人见面，死而无憾！后来，秦王政从李斯处得知韩非的情况，不惜以攻打韩国为代价得到韩非其人。攻打一国，只为一人，从这一情节可以看出韩非文章的感染力。太史公在《史记》中全文照录《说难》一文，《索隐》言"其书词甚高，故特载之"，由此也可看出太史公对韩非文章的青睐。

司马相如，汉代最著名的辞赋大家，他的辞赋铺采摛文，典正文雅，成为时人及后学的写作范式。不与其人交谈，只看文章，根本不会想到如此善于著文的汉赋大家竟然说话不利索。汉武帝读了司马相如在梁孝王处所作《子虚赋》之后，非常喜爱，叹息不

韩非者，韩之诸公子也。喜刑名法术之学，而其归本于黄老。非为人口吃，不能道说，而善著书。与李斯俱事荀卿，斯自以为不如非。

——《史记·老子韩非列传》

秦王见《孤愤》《五蠹》之书，曰："嗟乎，寡人得见此人与之游，死不恨矣！"李斯曰："此韩非之所著书也。"秦因急攻韩。

——《史记·老子韩非列传》

能与此人同时而居，后经相如同乡杨得意奏明而召见相如，相如另作《上林赋》以言天子之事，汉武帝大为喜欢。太史公在《司马相如列传》中，收录其辞赋共计有《子虚赋》《上林赋》《喻巴蜀檄》《难蜀父老》《上书谏猎》《哀二世赋》《大人赋》《封禅文》八篇，大部分篇幅被相如的文章占用，太史公的描述则如同沧海一粟。无论情节叙述还是篇幅处理，都与对韩非的记载惊人地相似。

唯一与对韩非的记载不同的是，司马相如多了一番人间奇遇、情场美谈。司马相如在梁孝王死后，至临邛 (qióng) 探望自己的朋友——临邛县令王吉。相如雍容闲雅，风采斐然，为临邛首富卓王孙女卓文君所喜爱。后至卓府赴宴，相如于席间弹奏一曲，挑动了刚刚寡居在家、于门后偷偷窥探的文君的芳心，后文君夜奔相如，成就一场佳缘良姻。

历史不能假设，假设之后很有可能会是另外一番场景。但是，也正是这种场景方可看出历史的戏剧性。若时光倒流至西汉武帝之时：

司马相如至卓府赴宴，与他人觥筹寒暄之际，期期艾艾不能成章。卓文君躲在门后，观此场景，不由得感叹：世人皆道此人好，我笑世人太盲从。之前风度翩翩、文采卓绝的假想夫君至此绝对被否决掉了，带出门丢人啊！

上读《子虚赋》而善之，曰：『朕独不得与此人同时哉！』得意曰：『臣邑人司马相如自言为此赋。』上惊，乃召问相如。相如曰：『有是。然此乃诸侯之事，未足观也。请为天子游猎赋，赋成奏之。』……奏之天子，天子大说。

——《史记·司马相如列传》

　　无论是韩非的文章，还是司马相如的姻缘，无论是君主青睐，还是美人倾慕，皆因此二人在关键时刻回避了自己的生理缺陷，将自己最光彩亮丽的一面展现了出来。如果让司马相如的"琴挑"与"言挑"对决的话，"言挑"毋庸置疑是手下败将，而"琴挑"似乎可以不战而胜。

　　为什么韩非、司马相如虽口吃却能写出或峭拔挺峻，或铺张扬厉的文章？其原因从《史记》中我们无从得知，但是似乎可以从其他人的经历中探寻一二。

　　《汉书·扬雄传上》载："口吃不能剧谈，默而好深湛之思，清静亡为。"《晋书·左思传》载："左思，字太冲，齐国临淄人也。……父雍，起小吏，以能擢授殿中侍御史。思小学钟、胡书及鼓琴，并不成。雍谓友人曰：'思所晓解，不及我少时。'思遂感激勤学，兼善阴阳之术。貌寝，口讷，而辞藻壮丽。"扬雄、左思也是口吃，但是他们或是默默思索高深道理，或是勤学不怠，方成就了一代盛名。

　　慧心者多口吃，历史中记载不少。近代以来，国学大师王国维、南社创始人柳亚子、哲学家冯友兰皆口吃。冯友兰任教清华时，始听课者四五百人，几周后仅余四五人，以其口才不堪卒听也。其上课念"顾颉刚"名，必"咕唧咕唧"许久才出"刚"字，念"墨索里尼"，亦必"摸索摸索摸索"许久。然而，这不妨碍其思想和学术。

　　现实中的人没有十全十美的，所以不必为某种缺陷而妄自菲薄，口吃总比巧言令色、巧舌如簧好多了。我们可能会庆幸没有口吃这一类的生理缺陷，但是只要是人，总会有薄弱之处，所以我们懂得扬长避短，就会"霞光万丈平地起"，这在心理学上称为"补偿反应"。

6.他是一个人在战斗

楚怀王二十一年 (前308) 仲春二月，秦将白起率领秦国"虎狼之师"，以破竹之势攻破楚国都城郢 (今湖北江陵)，楚国被迫迁都。

郢都千里之外，"风飒飒兮木萧萧"。汨罗江畔，屈原峨冠博带，形容枯槁，被发行吟。绝望悲愤之下，他怀抱大石，自投汨罗。这纵身一跃，永远地定格为他生命最后的惊艳之举。悲情的汨罗江，终于接纳了这颗游荡无依的痛苦魂灵。

屈原是楚国同姓贵族，少年得志，官为左徒，"入则与王图议国事，以出号令；出则接遇宾客，应对诸侯"，是楚国内政外交的核心人物。在屈原的努力下，楚国蒸蒸日上，形成了当时"横则秦帝，纵则楚王"的天下大势。屈原性格耿介，加之谗佞小人不断地在怀王耳边谣诼鼓噪，三人成虎，楚怀王逐渐疏远了屈原。楚怀王二十四年 (前305)，屈原被逐出郢都，流落汉北。此后，楚国的形势岌岌可危。屈原曾一度被召返。六年后，不听屈原劝阻的楚怀王执意入秦，终被扣留，最后客死他乡。楚顷襄王即位后愈加昏聩，听信令尹子兰的谗言，将屈原放逐到沅湘之间。

楚廷朝政腐败，君王身边总聚集着谗佞小人。情感激烈、正直袒露、自信能把楚国带上康庄大道的

时秦昭王与楚婚，欲与怀王会。怀王欲行，屈平曰：『秦虎狼之国，不可信，不如毋行。』怀王稚子子兰劝王行：『奈何绝秦欢！』怀王卒行。入武关，秦伏兵绝其后，因留怀王，以求割地。怀王怒，不听。亡走赵，赵不内。复之秦，竟死于秦而归葬。——《史记·屈原贾生列传》

屈原，固守理想，秉持己见，自觉地将自己置于与他原先所属的楚国贵族集团完全对立的一面。"举世混浊而我独清，众人皆醉而我独醒"，他是一个人在战斗，一颗崇高而痛苦的魂灵，与昏庸的楚王、贪鄙的楚臣决斗。

先秦时期，士人为实现自己的政治理想，往往周游列国，"此地不用爷，自有用爷处"，孔子、孟子莫不如此。屈原的时代，纵横之士如张仪、苏秦，朝秦暮楚，毫不足怪。王室贵族如魏公子无忌、韩公子韩非亦曾效力他国。"屈原以彼其材，游诸侯，何国不容？"一个人何苦一往情深地爱着并不爱他的楚国呢？他为此迷惘，为此痛苦，为此犹豫，但最终根本无法离开故土。无法改变楚国，不能离开伤心之地，拒绝放弃理想，不能像渔父那样"与世推移"，那么，他别无选择，只有以身殉道了。

我们不能指责屈原好高骛远，不能批评屈原不合时宜。对于屈原而言，他上下求索，思考人生，他相信自己的追求是真实的，他认定他的"美政"理想是能够实现的，他认定生命的意义远远胜过生命本身。

什么是理想？理想是人类得以摆脱苟生的伟大精神。

马克思说，当初古猿很爱劳动，所以站了起来。但直立行走的还不一定是人，它们中间肯定有不满足于摘野果、喝鲜血、捉虱子、晒太阳、得过且过的家伙，不满足的家伙不断地告诉它的同类，这个世界上绝对有更美好的活法，我们得有追求，得去寻找。就这样，找着找着，它们变成了人。

屈原也是如此，他正是在不断地追求理想的道路上完善了自我的人格，丰富了自我的价值，成就了完整而更有意义的自己。

"屈平词赋悬日月，楚王台榭空山丘。"楚国的亭台楼榭早已成为断壁残垣，化为沧海桑田，但屈原的人格理想如昭昭日月，千古垂照。

7.上蔡之犬，华亭之鹤

李斯是楚国上蔡(今河南上蔡)人，年轻时曾经在郡里做小吏。

有一次，李斯上厕所，看见厕所里的老鼠吃得很差，而且一见人和狗就吓得狼狈逃窜。后来，李斯到官府的粮仓里去，看见仓里的老鼠住大房子，没有惊扰，吃得好，随便吃。于是，李斯大生感慨：一个人一生能不能成就一番事业，就像老鼠一样，关键看他在什么平台上。

这是李斯非常有名的"老鼠哲学"。仓中鼠的理想，显露了李斯不甘贫贱、一心向上爬的愿望。不少学者指出，李斯的"老鼠哲学"是自私哲学，这很正确，但是，它并非全无道理。平台对于实现一个人的人生价值确实非常重要。这是李斯对人生的有效领悟。

"仓中鼠"的理想使李斯不再甘当一个小吏，想

李斯者，楚上蔡人也。年少时，为郡小吏，见吏舍厕中鼠食不洁，近人犬，数惊恐之。斯入仓，观仓中鼠，食积粟，居大庑之下，不见人犬之忧。于是李斯乃叹曰：『人之贤不肖譬如鼠矣，在所自处耳！』——《史记·李斯列传》

干出一番事业来。因此，他辞去小吏之职，到齐国求学，拜荀卿为师。荀卿是当时著名的儒学大师，宣讲孔子的学说，但是，他从当时的政治形势出发，对孔子的儒学进行了改造。荀子的思想中有比较接近法家的主张，主要研究如何治理国家，即所谓的"帝王之术"。李斯学习的就是这些东西。

人生在世，卑贱是最大的耻辱，穷困是莫大的悲哀。一个人总处于卑贱穷困的地位会令人讥笑。这是李斯对人生意义及荣辱问题的总的看法，是他日后一切活动的出发点与归宿，是他积极进取、乘时建功的动力，也是他日后陷入罪恶渊薮的根本原因。他认为不爱名利、无所作为不是读书人的想法，所以告别了老师，到秦国实现自己的理想去了。

乃从荀卿学帝王之术。——《史记·李斯列传》

平心而论，李斯的哲学有其粗俗的一面，亦有其积极的一面。一个人生活在世上，必须树立自己的目标，寻找合适的发展平台，并且要抓住机会，把这种目标转换成为实际的行动，从而有效地实现自己的人生价值。

树立正确的目标是人生追求与发展的动力与源泉，但同时要善于满足，对欲望无止境地追求往往会适得其反。李斯死前对他儿子说："我多想和你再牵着黄狗，从上蔡东门出发，去野外追赶兔子，但这是不可能的了。"确实，如此简单的事情对于一个即将

故诟莫大于卑贱，而悲莫甚于穷困。久处卑贱之位，困苦之地，非世而恶利，自托于无为，此非士之情也。故斯将西说秦王矣。——《史记·李斯列传》

死去的人，也终是不可企及的愿望了，最终，李斯被杀，并被灭族。

西晋时期的陆机，临终之时也发出了类似的感叹。

陆机本是三国东吴人，家族显赫，祖父陆逊是东吴宰相，父亲陆抗是东吴大司马。陆机本身亦是一表人才，玉树临风。他年少即归心儒学，文章冠绝一时，父亲死后，曾为牙门将。身出名门、博学多识的陆机一心要扬名后世，创立不朽功业，所以在东吴灭亡之后，即便是隐居故乡十年之后，他仍然在寻求实现抱负的机会。

后来，陆机与弟弟陆云前往洛阳发展，拜访了当时的名士张华，张华对兄弟二人倍加赞赏，声称讨伐东吴，最大的胜利就是获得了陆氏二兄弟。借由张华大佬级的地位，陆氏兄弟一时声名鹊起，成功进入司马氏政治集团，谋得了官职。

司马氏政权亦是一地鸡毛。八王之乱，政局动荡，搞得人心惶惶，一些有识之士选择了急流勇退，留下"莼羹鲈脍 (kuài)"典故的张翰就是其中一位。张翰本是齐王司马冏属下官员，身处乱纷纷的世道，朝不保夕，张翰对同乡顾荣说自己本是山林之人，应该提前考虑一下，以防大祸来临。此时他即已萌生了避祸隐居的想法。后来秋风起了，张翰的思乡之情油然

二世二年七月，具斯五刑，论腰斩咸阳市。斯出狱，与其中子俱执，顾谓其中子曰：『吾欲与若复牵黄犬俱出上蔡东门逐狡兔，岂可得乎？』遂父子相哭，而夷三族。——《史记·李斯列传》

至太康末，与弟云俱入洛，造太常张华。华素重其名，如旧相识，曰：『伐吴之役，利获二俊。』——《晋书·陆机传》

而生，不由得想起了家乡的菰菜、莼羹、鲈鱼脍，一时无法排遣，人生在世贵在过得舒心惬意，何必为了功名利禄跑到千里之外做官呢？于是，张翰便毫不犹豫地回家乡了。张翰回家不久，齐王司马冏便因谋反被杀。后人便用"莼羹鲈脍"来形容人不追求名利，也用来形容思乡之情。

张翰急流勇退，保全了生命，但是陆机不是张翰，他不仅没有急流勇退，而且还想在乱纷纷的政局中急流勇进，指点江山。当司马伦篡位之时，逼迫晋惠帝退位，禅位诏书据说就是陆机写的。陆机在功名利禄与生命之间毫不犹豫地选择了前者。

在陆机生命的危急时刻，成都王司马颖出面说情，司马颖礼贤下士，不居功自傲，所以陆机认定能够拯救晋王朝的一定是司马颖，于是便跟随其做了平原内史，"陆平原"的称呼即由此而来。太安二年(303)，司马颖率兵讨伐长沙王司马乂时，任命陆机为都督，当时军中关系复杂，陆机请辞，司马颖没有同意。就是在这次征讨司马乂的战斗中，陆机的末路到了。

陆机书生气十足，部下不服指挥，陆机又缺乏作战经验，结果自然可知，损兵折将，大败而归。其中，宦官孟玖的弟弟孟超在作战中死了，这让本就对陆机有怨言的孟玖大为恼怒，认为是陆机故意陷

翰因见秋风起，乃思吴中菰菜、莼羹、鲈鱼脍，曰："人生贵得适志，何能羁宦数千里以要名爵乎！"遂命驾而归。——《晋书·文苑传》

时成都王颖推功不居，劳谦下士。屡有变难，谓颖必能康隆晋室，遂委身焉。颖以机参大将军军事，表为平原内史。——《晋书·陆机传》

及战，超不受机节度，轻兵独进而没。玖疑机杀之，遂潜机于颖，言其有异志。——《晋书·陆机传》

害才致弟弟丢掉了性命。于是，孟玖便借陆机战败一事大做文章，诬陷陆机与长沙王司马乂有勾结，司马颖调查一番之后，派人抓捕陆机，处以死刑。行刑之前，陆机叹道："华亭鹤唳，岂可复闻乎！"华亭在今上海市松江区，二陆入洛之前，经常流连于此。华亭鹤唳在陆机心中是平淡、悠闲生活的象征。为了功名富贵，陆机离开了家乡，离开了最无拘无束、简单随性的生活，然而一旦离开，便再也无法回到从前，尤其是即将丢掉脑袋的时候，想再听听华亭野鹤的叫声，恐怕是不可能了，想再去过过那简单自然的生活，也悔之不及了。

唐朝的宰相房玄龄编纂《晋书》时，把这句后悔的话同李斯的那句临终感叹相提并论："上蔡之犬，不诫于前，华亭之鹤，方悔于后。卒令覆宗绝祀，良可悲夫！"

世上没有后悔药。李斯的临终之言、陆机的临刑之叹，对后人都会有所启发。

8.识大势者受益

刘邦起兵反秦时，曾经被沛县县令召来又拒绝其入城（县令怕刘邦顶了他的位置），刘邦写了一封信射到城上，鼓动沛县父老说："天下苦秦久矣。"

在西入秦关的途中，郦食其被刘邦召见之时，看见刘邦一边让两个女子为他洗臭脚丫子，一边接见自己，便有意用语言刺激刘邦："你是为天下人攻秦呢，还是替秦消灭天下反秦武装呢？"刘邦气得大骂郦食其："臭文人，天下百姓同受秦朝的苦难已经够久了，所以诸侯才联合起来攻打暴秦，你怎么能说我帮助秦国攻打诸侯呢？"情急骂人的刘邦又说"天下同苦秦久矣"。

刘邦两次指明"天下苦秦久矣"，这是刘邦对秦末大起义时天下形势的一个基本判断，也是刘邦对天下大势的一个正确认知。正是由于刘邦把握了这个当时天下发展的大趋势，所以他从不担心秦不能灭，即使在最困难的情况下，在现存文献中我们也看不到刘邦的任何畏惧。

据《史记》的记载，当时能说出这句话的仅有四个人：

第一个人是陈胜。陈胜在鼓动九百戍卒首举义旗之时也对部下说："天下苦秦久矣。"由于形势所逼，加之陈胜所讲天下大势得到九百戍卒的认同，九百戍卒同心造反，形成了震惊世人的陈胜大起义。

第二个人是武臣。陈胜起兵之后，采取分头动员的方法，派武臣北略赵地。武臣到赵地之后对当地的豪杰们说："夫天下同心而苦秦久矣。"赵地

竖儒！夫天下同苦秦久矣，故诸侯相率而攻秦，何谓助秦攻诸侯乎？
——《史记·郦生陆贾列传》

的豪杰非常认同武臣的说法，举兵反秦，赵地燃起了反秦的熊熊烈火。

第三个人是刘邦。

第四个人是武涉。汉高祖四年（前203），武涉受项羽指派游说韩信时说："天下共苦秦久矣，相与戮力击秦。"

"天下苦秦久矣"是秦末大起义时诸多先知先觉者对天下大势的共同认知。基于这一认知，人们才会义无反顾地高高举起反秦的义旗，投身于浩浩荡荡的大起义之中。

我们前面讲到的四个人，陈胜是第一个，所以，陈胜对历史的贡献将永载史册。武臣是第二个人。由于武臣是陈胜集团的人，陈胜和武臣两人应当比较容易统一认识。刘邦是第三个人，但却是独立获得这一认知的第二个人。武涉是第四个人，但是，武涉说这句话时秦帝国已被推翻，楚汉战争也已经进入尾声，所以，武涉的认知不能代表先知先觉者。纵观秦汉之际巨大的社会变革，就会对刘邦其人有更清醒的认识。

秦帝国的暴政苛法已经逼得老百姓无法活下去，反秦是大势所趋、人心所向。刘邦虽然读书不多，但是他长期生活在社会底层，对秦帝国的外强中干看得很清很透，所以，他的认知完全符合当时现实社会的情况。

自古至今，能够最先把握到天下大势的人都是少数，他们必然是社会大变革中的最大受益者。因为每一次社会变革都是整个社会利益关系的调整，所以把握好社会变革的节奏，跟上社会变革的步伐，就会成为社会变革的受益者。

认清了大势，才能把握时代脉搏，抓住机遇，顺势而为；认清了大势，才能信心满满，不会被暂时的挫折折服，勇往直前。当别人不明白的时候，他明白自己在做什么；当别人不理解的时候，他理解自己在做什么；当别人明白了的时候，理解了的时候，他已经成功了。

9.圈子

每个人来到这个世界，都生活在一个与生俱来的圈子里，这个与生俱来的圈子是由每个人的父母、家族决定的。一个人面对这个圈子有三种态度：一是保持这个圈子；二是不断打破这个圈子；三是既保持又不断打破这个圈子。

刘邦的父亲太公是第一种人的代表。汉高祖六年（前201），刘邦称帝后，在太公家臣的启发下封太公为太上皇，太上皇自然住进了皇宫。

据《西京杂记》记载，太上皇移居到长安后，住在深宫里，天天闷闷不乐，特别郁闷。刘邦很奇怪，通过左右一打听，原来太上皇自幼所喜欢的是和一些屠户，商贩，斗鸡、踢球（蹴踘）的人一起耍，一生以此为乐，现在搬到这儿，所有的爱好都消失了，所以很不开心。刘邦一听，好办，那就把老家搬过来！于

太上皇徙长安，居深宫，凄怆不乐。高祖窃因左右问其故，以平生所好，皆屠贩少年，酤酒卖饼，斗鸡蹴踘，以此为欢，今皆无此，故以不乐。——《西京杂记》卷二，上海古籍出版社2012年版（以下凡引此书，皆为此版，不再一一注明）

是，为满足父亲的要求，高祖刘邦一任性，仿照沛县丰邑造了一座新城，并将老家丰邑太公的故交全部迁到新城来。太上皇一看，乐了！这座新城后来改名新丰。新丰城修建时，完全按照原沛县丰邑的老样子，街道、房屋一切如旧。男妇老幼齐聚新丰，每个人一看就知道自己的房子在哪儿，街上到处跑的狗、羊、鸡、鸭也都能认出自己的家。

《西京杂记》不是信史，所记仅可作参考。唐人张守节的《史记正义》征引了《括地志》的一段记载，并补充道：

> 新丰故城在雍州新丰县西南四里，汉新丰官也。太上皇时悽怆不乐，高祖窃因左右问故，答以平生所好皆屠贩少年，酤酒卖饼，斗鸡蹴鞠（cù jū），以此为欢，今皆无此，故不乐。高祖乃作新丰，徙诸故人实之。太上皇乃悦。按前于郦邑筑城寺，徙其民实之，未改其名，太上皇崩后，命曰新丰。

《括地志》的记载应当可信。参照《西京杂记》，可知《西京杂记》所说大体不差。

太公当了太上皇，自然可以拥有一个新的生活圈子，这个圈子是由王公贵族、皇亲国戚、忠臣良将组成的。当时愿意结交太上皇的大有人在，但是，汉高祖

高帝既作新丰，并移旧社，衢巷栋宇，物色惟旧。士女老幼，相携路首，各知其室。放犬羊鸡鸭于通涂，亦竞识其家。——《西京杂记》卷二

的这位老爸却拒绝了这个新圈子，恋恋不舍原来的圈子。身为皇帝的刘邦权力无边，竟然想出了这样一个办法，将沛县丰邑搬到京城都市圈！皇帝一声令下，新丰城应声而起。

汉高祖刘邦是第三种人的代表。

刘邦原来的生活圈子是他当亭长时的圈子，这个圈子里多是下层吏员、编户平民，也有不法之徒。但是，刘邦并不甘心处于这个圈子。他起兵反秦，投靠项梁。于是，他有了一个以项梁为首的义军圈子，项羽也是这个新圈子里的重要人物。

项梁战死后，义帝成为楚地义军的最高统帅，刘邦成为以义帝为首的楚地义军圈子的重要成员之一。

秦帝国灭亡后，刘邦成为项羽分封的十八诸侯之一。刘邦又有了一个新圈子：诸侯圈。

圈子有大有小，圈子之中往往又有圈子。

刘邦作为天下诸侯圈的成员之一，还拥有自己的圈子。这个圈子是以丰沛故人为主的功臣集团。他接纳天下贤士，张良、陈平、郦食其、陆贾等一大批忠臣，韩信、彭越、黥布等一大批可用之人都进了他的圈子。最终他利用了天下人才这个新圈子，打下了刘姓江山，当上了西汉王朝的开国皇帝。

刘邦一生都在不断地拓展他的圈子。秦国旧臣叔孙通、汉军戍卒娄敬都通过各自的渠道，成为刘邦新圈子里的重要成员。

走太公之路，还是走刘邦之路，其实是一个人的选择。没有任何人可以强迫一个人接受某种选择。但是，圈子的扩大、更新，是一个人不断尝试一种新生活的必然结果。有了新圈子不一定要抛弃旧圈子，但是没有新圈子，可能就不会有更丰富多彩的人生。换言之，追求事业的成功大多要不断更换圈子，追求做人的成功就不一定了。

圈子有大小之分，有雅俗之别。但是，不论大小、雅俗，是圈子，都有门槛。准入证的一半在自己手中，另一半在圈子里的人手中；只有这两个"半证"完美契合，你才能进入。因此，进入一个新的圈子在很大程度上并不只看你个人的意愿如何，更重要的还看你要进入的这个圈子是否接受你、承认你。接受与承认的标准千差万别，但有两点可以确定：一是事功——你的成就；二是为人——你的为人是否得到这个圈子中多数人的认可。陈平刚刚从项羽集团"转会"到刘邦集团时，刘邦十分欣赏陈平，任命他为都尉。但是，刘邦集团中以绛侯周勃、颍阴侯灌婴为首的功臣派不接受陈平，他们在刘邦面前诋毁陈平"盗嫂受金"，刘邦差一点儿因此而抛弃陈平。但是，陈平靠自己的辩解与智谋，赢得了刘邦的信任，度过了他一生中最为艰难的一段日子，最终为功臣派所接受，成为功臣派的重要成员。

对自己向往的圈子，不要急于往里进，因为你还未达到进入这个新圈子的门槛。水到渠成，瓜熟蒂落，功到自然成，春来花自开。当你具备了一切条件之时，这个圈子会自动接纳你、欢迎你。

圈子是群体公认的，得不到群体的公认而刻意追求进入某个圈子，不但会遭遇失败而且也是毫无意义的。所以，顺其自然是对待圈子最好的办法。

进入一个自己满意的圈子也不一定能一辈子待在这个圈子里。

这个圈子里的人会永远承认你吗？一旦你触犯了某些规则，比如为人上的亏欠，做事上的低劣，圈子里的人就会将你踢出去。即使名义上还保留位置，也是名存实亡。所以，世界上只要有人入圈，就一定有人出圈。出圈可以自己决定，有时自己也做不了主。

圈子的划分非常复杂。

有的圈子以职业划分，比如娱乐圈、学术圈、书法圈、绘画圈等。只有从事这个职业，并且有了同行的认可，才可能入圈。

有的圈子以财富划分，比如富人圈。只有财富达到一定的数额，才可以进入这个圈子。

有的圈子以个人的成就划分，比如名人圈。这也是一个不以个人意志为转移的圈子。名人圈非常庞杂，它包括政界、商界、娱乐界、体育界、文化界、科技界等。

有的圈子以官位的高低划分，不到某个级别进不了某个圈子，这是普通百姓难以认知的。在这个圈子里，"非我同类"的意识特别强烈。到了一定的级别，就自动加入了这一圈子。

有的圈子以工作划分。在任何一个单位工作，都有一个以工作伙伴为主的圈子。如果不辞职、不被开除，这个圈子可以伴随一生。

有的圈子以专业划分，如IT圈、商圈。

有的圈子以共同经历划分，如同学圈、战友圈、病友圈、牌友圈。

有的圈子以志趣划分，比如对不同人的崇拜，形成一个个偶像圈。这样的圈子很松散，甚至它只存在于某种思想的认同上，而并无实体。

还有其他各种各样的圈子，数不胜数。

圈子的交叉很难，但并非不可能。吕不韦是商界精英，但最终却以政界精英著称；范蠡是政界精英，但最终成为商界精英。各行各业的精英都可以进入政界。只有政界是各类精英的荟萃之地。学界、商界、军界、企业界，只要具备政治家的潜质，得到一定的机遇，都可以进入政界。世界上没有一所大学设置主席（总统）、总理专业。因为主席（总统）、总理不是任何一所世界级的名校培养出来的，而是在现实的政治斗争中锤炼、选拔出来的。

圈内有圈。或者因为与一个圈子核心人物的亲疏远近不同，或者因为观点、爱好、流派的不同，或者因为入圈的原因不同，极易形成圈内有圈的现象。圈内不同派系的相处极为复杂。刘邦当皇帝后，西汉政权形成了功臣派、皇权派、外戚派三个不同派系。维持不同派系的某种平衡，圈子才能稳定。

圈子能否做大要看气度。大气方有容人雅量，容人方能成就大业。因为竞争刻意打压，只能使自己的圈子越来越小。

圈子与圈子可以结盟，共同对付另一个圈子。比如吕后下世，功臣与皇族两个圈子联手灭了吕氏外戚派。圈子与圈子的联手，目的皆为获取权益。

进入一个正常的圈子，可以有更多向他人学习的机会；进入一个非正常的圈子，可能给自己带来灭顶之灾，因为当一个圈子的核心垮台之时，入圈者大都难脱干系。"圈"还有一个读音"juàn"，有"豢（huàn）养家畜的地方"的意思，一旦进入非正常的圈子，就与这样的意义不远了。

10.高阳酒徒郦食其

刘邦创建大汉王朝，最为关键的是他获得了诸多贤士谋臣的辅佐，有"运筹策帷帐之中，决胜于千里之外"的"谋圣"张良，有"镇国家，抚百姓，给馈饷，不绝粮道"的萧何，又有六出奇计的陈平，这些谋士贡献的计谋为刘邦夺取天下奠定了坚实的基础。谋士们随着大汉王朝的建立，有的封侯拜相，功成名就，而有的则永远看不到大汉王朝的赫赫声威，但人们却永远记得他们为大汉王朝建立所贡献的力量与鲜血，狂士郦食其就是其中一位。

郦食其是陈留高阳（今河南杞县）人。他喜欢读书，但家境贫穷，又没有维持生计的职业，只好在乡里做了门卫（里监门）。门卫的地位很低，但是奇怪的是，就是这样一个小小的门卫，县里的贤才豪门都不敢指使他。因为郦食其是一个狂放之人，对于世俗根本不屑于心，所以大家都称他为狂生。"狂生"这一称呼，是别人对郦食其的印象，他自己并不认可，他有着自己的事功追求，亦有着自己的人生选择。

郦食其命运的转折，出现在他与刘邦的第一次相遇之后。在刘邦之前，经过高阳的有数十位将领，如陈胜、项梁等，作为门卫的郦食其自然有足够的机会观察他们。郦食其还打听到这些将领刚愎自用，没有容人之量，于是便继续做着他的门卫，没有拜谒他们，他在等待那个足以让自己发挥才能的人。后来，刘邦率军路过陈留，时时询问有无贤能之人，郦食其知道自己等待的那个人来了。恰好郦食其有一个邻居，他家的孩子是刘邦手下的一个骑兵，郦食其便让此人向刘邦推荐自己，说自己可以帮助刘邦成就大业。这一骑兵找了个机会向刘邦介绍，刘邦就让郦食其到驿舍里去见面。

郦食其前去拜见刘邦的时候，刘邦正坐在床边让两个女人洗臭脚丫子。郦食其进来，见此场景，没有下拜，就拱了拱手说："足下是想帮助秦国攻打诸侯呢，还是联合诸侯破秦呢？"刘邦骂道："书呆子，天下人苦秦已久，所以才相继发难，为什么说我帮秦国呢？"郦食其说："如果真是想聚集群众会合义兵去攻打残暴无道的秦国，就不应该这么傲慢无礼地接见长辈。"刘邦一听，脚丫子也不洗了，赶紧整理衣服，请郦食其上座。

《史记》中记载的郦食其的事迹有五件。一是上文说的他毛遂自荐，初事刘邦。二是向刘邦献计，利用自己与陈留县令的友好关系而夜杀县令，攻下陈留，解除了刘邦西征的后顾之忧。三

后闻沛公将兵略地陈留郊，沛公麾下骑士适郦生里中子也，沛公时时问邑中贤士豪俊。——《史记·郦生陆贾列传》

沛公至高阳传舍，使人召郦生。郦生至，入谒，沛公方倨床使两女子洗足，而见郦生。——《史记·郦生陆贾列传》

郦生入，则长揖不拜，曰："足下欲助秦攻诸侯乎？且欲率诸侯破秦也？"沛公骂曰："竖儒！夫天下同苦秦久矣，故诸侯相率而攻秦，何谓助秦攻诸侯乎？"郦生曰："必聚徒合义兵诛无道秦，不宜倨见长者。"于是沛公辍洗，起摄衣，延郦生上坐，谢之。——《史记·郦生陆贾列传》

是在刘邦进入函谷关之前，携带金银珠宝贿赂秦将，秦将叛变。四是郦食其为刘邦出计，欲立六国之后为党羽，张良发八难驳之。五是他凭借三寸不烂之舌劝降齐地七十余城。如此看来，郦食其既是狂徒，又是儒生，还是纵横驰骋的游说之士。作为狂徒，郦食其深得刘邦欢心；作为儒生，郦食其有点儿迂腐，被刘邦斥为"竖儒"；作为说客，郦食其不完全是摇唇鼓舌，更具备非凡的政治远见和卓越的军事谋略。

郦食其单骑使齐，游说齐王田广，齐地不战而下。韩信听说之后，仍带兵越过平原偷袭齐国。田广听说汉兵已到，认为是郦食其出卖了自己，便对郦食其说："如果你能阻止汉军进攻的话，我让你活着；若不然的话，我就要烹杀了你！"郦食其说："干大事业的人不拘小节，有大德的人也不在意别人的责备。老子决不会替你再去游说韩信！"于是，齐王下令将郦食其烹杀，然后带兵向东逃跑了。齐国被韩信轻松拿下。

当初，韩信听到齐国已降的消息时本来决定放弃军事行动的，但后来改变了主意，让韩信改变主意的人是蒯通。

蒯通说："汉王令将军攻打齐国，他另派密使进行劝降活动与你何干？没让你不打啊？郦食其这人，

淮阴侯闻郦生伏轼下齐七十余城，乃夜度兵平原袭齐。齐王田广闻汉兵至，以为郦生卖己，乃曰："汝能止汉军，我活汝；不然，我将亨汝！"郦生曰："举大事不细谨，盛德不辞让。而公不为若更言！"齐王遂亨郦生，引兵东走。——《史记·郦生陆贾列传》

就凭一张嘴，便降服了齐国。将军统兵数万，历时年余才攻下赵国五十多座城池。你做了几年大将军，难道不如他！"这番话很具蛊惑力，韩信听进去了，他攻下了齐国，也把郦食其送进了油锅。

蒯通是舌辩之士，群雄起事之初，他曾不动一兵一卒拿下燕赵城池三十余座，其后几年便默默无闻。他极力游说韩信出兵，很可能出于一种嫉妒心理。司马迁说："甚矣蒯通之谋，乱齐骄淮阴，其卒亡此两人！"在这件事情上，蒯通很是卑鄙，韩信也着实不够厚道。

一直觉得郦食其之死太冤，蒯通一个馊主意就断送了他的性命。但郦食其绝不仅仅是迂腐的儒生，他活得疏狂，才会说出那样的豪言壮语；他选择了明主而事，并非只为了功名利禄，所以他才会悲壮地接受被烹杀的厄运。

他的选择果然没错。

大汉立国后，刘邦大封功臣，其间想起了郦食其，郦食其已死，无法享受到大汉天子的封赏，但是他的后代享受到了。郦食其的儿子多次率兵出征，按其功劳还未到封侯的程度，刘邦因为郦食其的缘故，将其儿子封为高梁侯，后改封为武遂侯，子孙三代可以承续侯位。这也算是对烈属有所交代了吧。

唐代的大诗人李白有首诗《梁甫吟》，其中有几

高祖举列侯功臣，思郦食其。郦食其子疥数将兵，功未当侯，上以其父故，封疥为高梁侯。后更食武遂，嗣三世。——《史记·郦生陆贾列传》

句写道："君不见高阳酒徒起草中，长揖山东隆准公。入门不拜骋雄辩，两女辍洗来趋风。东下齐城七十二，指挥楚汉如旋蓬。"高阳酒徒说的就是郦食其，后来常用这个词语指嗜酒而放荡不羁的人。

11.与时俱进的叔孙通

秦汉两朝博士叔孙通，在后世的名声不大好，大都说他曲学阿世，丧失了知识分子的独立品格。这样的认识是不是符合历史实情呢？

陈胜揭竿，消息传到咸阳，秦二世召开博士会议研讨局势。不识时务者都言，这是造反，需要抓紧派兵剿灭。此时的秦二世对关东之乱以鸵鸟心态漠然置之，听后变色。叔孙通一看，赶紧进言说：这些人都是胡扯，当今社会，上有圣明君主，下有完备法令，人人听话，四方归附，哪还有造反的？陈胜之流就是几个小混混，不值一提，没啥好担忧的。二世听完大喜，对他大加赏赐，将言说造反的那些人移交执法部门治罪。有人鄙视叔孙通，说他就会拍马屁。叔孙博士说："你们知道个啥？我差点儿逃不出虎口。"可能对刚刚过去的事情心有余悸，叔孙通即刻逃离都城，回到山东老家薛地。此时薛地已归降楚军，叔孙博士开始追随项梁，项梁兵败，他追随怀王，又事

叔孙通已出宫，反舍，诸生曰："先生何言之谀也？"通曰："公不知也！我几不脱于虎口！"乃亡去。——《史记·刘敬叔孙通列传》

项羽，刘邦入彭城，他又追随汉王。他不断地换着主子，后世文人也因此鄙视他。

刘邦是楚人，看不惯叔孙通那副书生的臭酸模样，叔孙博士立刻脱掉标志身份的工作服，换上楚地的短衣，刘邦于是眉开眼笑。

叔孙通儒服，汉王憎之；乃变其服，服短衣，楚制，汉王喜。——《史记·刘敬叔孙通列传》

叔孙博士不向汉王荐举他随行的一百余弟子，却积极推荐一些强盗、壮士。跟随他的那些手下很有怨言。叔孙博士说："汉王是提着脑袋打天下，你们能打仗吗？我先推荐那些能斩将夺旗的人，用你们的日子还在后头呢，你们姑且靠边站，我心里有数。"

叔孙通闻之，乃谓曰：『汉王方蒙矢石争天下，诸生宁能斗乎？故先言斩将搴旗之士。诸生且待我，我不忘矣。』——《史记·刘敬叔孙通列传》

刘邦从布衣打拼成汉高祖，追随他打天下的军功集团傲慢得很，屡次在朝堂上酗酒大醉，拔剑击柱，大呼小叫。刘邦对此无可奈何。叔孙通从鲁地招了一批儒者，对大臣进行礼仪培训。后来朝堂之上井然有序，鸦雀无声。高祖感慨："我今天才知道做皇帝的尊贵啊！"叔孙通与时俱进对儒学进行了改造，使曾摘下儒生帽子往里撒尿的刘邦从此对读书人肃然起敬。当然，追随他的那些弟子也顺理成章地做了官。

于是高帝曰：『吾乃今日知为皇帝之贵也。』乃拜叔孙通为太常，赐金五百斤。——《史记·刘敬叔孙通列传》

秦汉易代之际，叔孙通以一介儒生，游刃于秦二世的残暴昏庸、项羽的喜怒无常、刘邦的粗鲁无赖之间，他因此被授予"诙儒"的荣誉称号。诙儒就是拍马屁的儒生，这委实有点儿冤枉了叔孙博士。

汉高祖刘邦因为喜欢戚夫人，准备废掉太子，立他和戚夫人的儿子赵王如意。叔孙通劝谏说："从前晋献公因为宠爱骊姬废了太子，改立骊姬的儿子，晋国因此内乱了几十年，被天下人耻笑。秦始皇因为没有早立长子扶苏为太子，使赵高有机可乘，假传诏命，立胡亥为帝，以致宗庙祭祀断绝，这是陛下您亲眼看到的。现在的太子仁孝，天下人都知道；吕后和陛下同甘共苦，难道就背弃不顾？陛下一定要废嫡立少的话，请您先杀了我吧。"高祖无奈，只得说："别说了，我只是开玩笑而已。"叔孙通又说："太子是天下的根本，根本一晃天下震动，怎么能拿天下开玩笑呢？"

此时的叔孙通浩然正气，引经据典，证明刘邦废太子于情于理皆不相合。在刘邦已经作出让步后，叔孙通依然不依不饶，质问刘邦。这全然不见丝毫的媚态，由此可以想见，叔孙博士以前的作为是在为儒家走入正统而"曲线救国"。

叔孙博士的经历告诉我们，在社会的生存法则中，首先要适应别人，要适应环境，要与时俱进，而不是相反。他还告诉我们，无论是在何人面前、在何时何地，知识都是不可或缺的好东西。

汉十二年，高祖欲以赵王如意易太子，叔孙通谏上曰："昔者晋献公以骊姬之故废太子，立奚齐，晋国乱者数十年，为天下笑。秦以不蚤定扶苏，令赵高得以诈立胡亥，自使灭祀，此陛下所亲见。今太子仁孝，天下皆闻之；吕后与陛下攻苦食啖，其可背哉！陛下必欲废适而立少，臣愿先伏诛，以颈血污地。"

——《史记·刘敬叔孙通列传》

叔孙通曰："太子天下本，本一摇天下振动，奈何以天下为戏！"

——《史记·刘敬叔孙通列传》

知识之好，不光在于你知道多少，关键在于你如何运用。如何运用知识，那可是一门更加高深的学问了。

忽然发现，叔孙通的姓好，名也好。要想做爷爷（叔），就先得装孙子；既要当爷爷，也不忘装孙子；该当爷爷时当爷爷，该装孙子时装孙子，是谓通。

12.郁闷死的丞相

丞相，在一个国家的政治系统中是极为重要的一员，他是协助皇帝处理政事的关键人物，"相国、丞相，皆秦官，金印紫绶，掌丞天子助理万机"。西汉初年的丞相，多能尽职尽责，其中，汉文帝、景帝年间的申屠嘉就是一位坚守操行之人。

申屠嘉本是一介勇士，能拉强弓硬弩，在楚汉战争与平定黥布叛乱时，因战功而得以升迁。在文帝时，申屠嘉升任为御史大夫，后来丞相张苍卸任，汉文帝本想让皇后的弟弟窦广国继任。在汉文帝看来，窦广国德才兼备，是丞相的极佳人选，但他又怕别人说他以权谋私，因此没有立即任命。后来经过一番考察，汉文帝发觉窦广国并不是很合适。当时汉高祖时候的旧臣大多已经死去，汉文帝从活着的几位中间加以选拔，最终选择了申屠嘉，任命他为丞相。

张苍免相，孝文帝欲用皇后弟窦广国为丞相，曰："恐天下以吾私广国。"广国贤有行，故欲相之，念久之不可，而高帝时大臣又皆多死，余见无可者，乃以御史大夫嘉为丞相。——《史记·张丞相列传》

申屠嘉从御史大夫变为丞相，职位有所变化，但是他的赤胆忠心没有变，他的行事风格也没有变。申屠嘉为人廉洁正直，从不接受私人拜谒，处理事情都是在办公室解决，公事公办，因而在当时颇有好评。

申屠嘉为丞相之时，正是邓通风头尽出之时。邓通深得汉文帝宠爱，君臣之间有时甚至不顾及礼法大义。有一次，申屠嘉入朝奏事，邓通依傍在汉文帝旁边，对申屠嘉颇有怠慢之举。申屠嘉奏事完毕，对汉文帝说："陛下您宠幸臣子，可以给予他大富大贵，但是朝廷之礼不能不整肃。"汉文帝对此不以为然，回答说："丞相无须多言，这是我宠爱之人。"退朝之后，申屠嘉在其丞相府下文书召邓通前来，不来就要将邓通斩首。邓通极为害怕，赶紧告诉汉文帝。汉文帝说："你只管去，到时我派使者到丞相府召你回来。"汉文帝都这样说话了，邓通便有了定海神针，如约去了丞相府。到了丞相府之后，邓通去除帽冠，光着脚丫，叩头请罪。这时的申屠嘉对邓通也没有施以朝廷之礼，坐姿如家居时，责问道："朝廷是高皇帝的朝廷，邓通你一个地位低下之人在朝堂之上嬉戏，是极为不敬的行为。按照法令，应该斩首，今天就施行斩首令吧。"邓通听闻此言，吓破了胆，没有皇帝撑腰，只能磕头求饶，血流不止。此时，汉文

嘉为人廉直，门不受私谒。——《史记·张丞相列传》

是时丞相入朝，而通居上傍，有怠慢之礼。丞相奏事毕，因言曰："陛下爱幸臣，则富贵之；至于朝廷之礼，不可以不肃！"上曰："君勿言，吾私之。"——《史记·张丞相列传》

嘉坐自如，故不为礼，责曰：『夫朝廷者，高皇帝之朝廷也。通小臣，戏殿上，大不敬，当斩。吏今行斩之！』通顿首，首尽出血，不解。文帝度丞相已困通，使使者持节召通，而谢丞相曰：『此吾弄臣，君释之。』邓通既至，为文帝泣曰：『丞相几杀臣。』」——《史记·张丞相列传》

帝度量申屠嘉已经责难了邓通，所以派使者前去向申屠嘉要人，说："这是我的弄臣，丞相还是放了他吧。"获释的邓通惊魂未定，至汉文帝处不禁悲从中来，泪流不止地说："丞相几乎杀了我。"

申屠嘉对于皇帝的宠臣进行责罚，实际上反映了对皇帝行事的不满，是无视皇帝颜面的事情，是需要有极大的勇气的。后来的哀帝宠幸董贤，欲封董贤为侯，丞相王嘉极力反对，认为自古以来未尝有此事，最后王嘉获罪入狱，身死牢中。而汉文帝之所以对申屠嘉容忍，在于申屠嘉为汉高祖时代的功臣，随从高祖攻打项羽，作为四朝元老，又继任丞相，威望很高。加之汉承秦制，丞相一职无所不管，掌握着重大权力，所以，即使汉文帝贵为皇帝，也对其敬让几分。这是申屠嘉之所以直言敢谏的客观原因。

申屠嘉将大汉江山与自己的命运联系在一起，以大汉王朝的兴旺发展为己任，凡是他认为不利于大汉王朝的人，必定要加以问责。这一点，自始至终都没有改变，只不过，申屠嘉最终也因此命丧黄泉。

汉景帝即位后，内史晁（cháo）错多次单独向景帝汇报事情，结果原来君臣商量好的事被他这么一捣鼓，说变就变。身为丞相的申屠嘉因为自己的意见不被采纳心情郁闷，遂心生怨恨，就想办一下晁错。机会说来就来。内史衙门的门朝东，出入很不方便，晁错就想开个南门，而南面开门之处，正是高祖庙堂的墙垣。申屠嘉准备以"擅穿宗庙垣罪"诛杀晁错，没承想晁错知道了这个消息，连夜进宫晋见。第二天申屠嘉上朝，当面汇报这事，要杀晁错。景帝说："这不是真庙垣，是宗庙外的围墙，而且是我同意让他这么做的，所以晁错无罪。"散朝后，申屠嘉对他的长史说："我真后悔没有把晁错先杀了再汇报，竟然被这小子耍了。"结果，申屠嘉被气得吐血而死。

申屠嘉之死，与他的性格有关系。司马迁说："申屠嘉可谓刚毅守节矣。"但他不会迂曲，不会权变。刚正廉洁，就会依法办事；不知权变，就会循规蹈矩。法令执行不通，就会心生郁闷；不知权变，就无法解脱。申屠嘉只能郁闷而死了。再仔细想想，申屠嘉郁闷的原因何在呢？权力大于法，这才是关键所在。规则本来就是统治者定的，遵守规则是为了维护他们的统治。这件事情的受益者晁错一定没有想到，在汉景帝破坏规则中受益的他，最终在汉景帝再次破坏规则时被斩杀。申屠嘉如果当时没有死，在这时大概也难逃郁郁而终的命运。

嘉闻之，欲因此以法错擅穿宗庙垣为门，奏请诛错。错客有语错，错恐，夜入宫上谒，自归景帝。
——《史记·张丞相列传》

至朝，丞相奏请诛内史错。景帝曰："错所穿非真庙垣，乃外堧垣，故他官居其中，且又我使为之，错无罪。"
——《史记·张丞相列传》

罢朝，嘉谓长史曰："吾悔不先斩错，乃先请之，为错所卖。"至舍，因欧血而死。
——《史记·张丞相列传》

13.知恩图报反而"被谋反"

中国人主张知恩图报，经久不衰的圣人之言、历久弥新的故事演绎等为感恩营造出了一个大展身手的舞台，按照这样的模式推导，似乎感恩的人也应该会为大家所认可，也应该会有好的结局。但是，历史是残酷的，也是复杂的，在这一舞台上，有一位恪守此道的人却因此而付出了生命的代价。此人就是大汉王朝开国功臣之一韩信。

韩信年轻尚为平民百姓之时，家道贫穷，因为没有特别突出的品行，不能被推选去做官，而且又不懂经商之道，经常寄居在别人家蹭饭度日，由此招致了好多人的厌恶。如韩信曾在南昌亭长家里蹭饭数月，亭长的妻子为将韩信赶走费尽脑筋：将饭点提前，地点转移，在床上就把早饭解决掉。韩信按照以往的饭点再去蹭饭时，已经没有他的份儿了。韩信不傻，自然明白其中的用意。一怒之下，愤然离去。

世上还是有好心人的，韩信为填饱肚子经常到城下钓鱼，当时在河边的还有几位漂洗的大妈，其中有一位大妈看见韩信实在饿得可怜，就把自己带的饭菜给韩信吃，一连几十天都是如此。韩信很感激，很欣慰，便对那位大妈说："我一定会重重报答您老人家的。"大妈非常严肃地说："你是男子汉大丈夫，

淮阴侯韩信者，淮阴人也。始为布衣时，贫无行，不得推择为吏，又不能治生商贾，常从人寄食饮，人多厌之者。常数从其下乡南昌亭长寄食，数月，亭长妻患之，乃晨炊蓐食。食时信往，不为具食。信亦知其意，怒，竟绝去。——《史记·淮阴侯列传》

却不能养活自己，我只是可怜你才给你饭吃，难道是希望你报答吗？"

或许是大妈施恩不求报的表现影响了韩信，或许是大妈恨铁不成钢的话语刺激了韩信，落魄不堪的韩信在历史的风云际会中开始了他不平凡的人生旅途。

韩信最初投靠的是项梁，项梁死后就追随项羽。虽然韩信也曾多次进言献策，但都没有得到项羽的采纳，郁闷至极的韩信深感英雄无用武之地，便抽身离去，投靠了汉王刘邦。

初到汉王军营，韩信一无名小卒也未能得到刘邦的重用，但是，在慧眼识人的夏侯婴、萧何的提携下，在与刘邦一番颇中肯綮的谈话之后，韩信率兵东出陈仓，收复三秦，打了漂亮的第一仗。随后，韩信擒魏、破代、灭赵、降燕、伐齐，直至在垓下之战中全歼楚军，无一败绩，创造了一个又一个战争神话。

但是屡建奇功的韩信却犯了历史上许多功臣良将都犯的错误——功高震主。刘邦虽然依靠韩信一步步地积聚了强大的军事力量、占据了重要地区，但是同时也开始对韩信起了防范之心，动了杀念，深夜夺取韩信兵符就是一证。

所以，刘邦与韩信的关系非常微妙，只不过其中

信钓于城下，诸母漂，有一母见信饥，饭信，竟漂数十日。信喜，谓漂母曰："吾必有以重报母。"母怒曰："大丈夫不能自食，吾哀王孙而进食，岂望报乎！"
——《史记·淮阴侯列传》

的当事人之一韩信没有那么敏锐的嗅觉。韩信之所以不敏锐，不是因为他没有政治素养，而是他太天真，太坚守"知恩图报"的信条了，而也正是这一信条让他在险恶的环境中走向了绝路。

韩信的知恩图报在他衣锦还乡之时已经有所体现，他对当初接济他的大妈、亭长都给予了不同的赏赐，甚至还给了当初让自己饱尝胯下之辱的人一个官做，这种表现在"以德报德"基础上又提升了一个层次——以德报怨。所以，当有人进言刘邦有加害他的意思时，韩信本能地排斥，认为子虚乌有。

当时给韩信提醒的有两个人，一个是项羽手下的说客武涉，一个是齐国人蒯通。武涉在当时楚汉战争的大势之下，指出韩信的实力可决定楚汉战争的结局：韩信辅助刘邦，刘邦便能取得天下；韩信辅佐项羽，项羽便能取得天下。同时，武涉还指出，如果韩信不协助项羽，一旦项羽灭亡，刘邦下一个要对付的便是韩信，项羽今日的遭遇便是韩信明日的下场。武涉作为项羽的说客，为韩信出招，希望韩信能够三分天下，与项羽、刘邦鼎足而立。对于武涉的建议，韩信直接否决，他说自己当初侍奉项羽，职位不过是个持戟的卫士，而且项羽对自己言不听、计不用，所以他背楚归汉。跟随刘邦之后，得授上将军的官职，统率数万兵马。刘邦脱下自己的

信至国，召所从食漂母，赐千金。及下乡南昌亭长，赐百钱，曰："公，小人也，为德不卒。"召辱己之少年令出胯下者以为楚中尉。告诸将相曰："此壮士也。方辱我时，我宁不能杀之邪？杀之无名，故忍而就于此。"——《史记·淮阴侯列传》

当今二王之事，权在足下。足下右投则汉王胜，左投则项王胜。项王今日亡，则次取足下。——《史记·淮阴侯列传》

衣服给他穿，把好食物给他吃，对自己言听计从。韩信认为自己之所以能决定楚汉战争的走势，正得益于刘邦对他的亲近和信赖。如再背叛刘邦，很不吉祥，他至死都不会改变自己对刘邦的忠贞之心。

在武涉之后，齐国人蒯通又对韩信进行了两次劝说。第一次，蒯通是以相者的身份出现的。蒯通说：人的高贵、卑贱在于骨骼，忧愁、喜悦在于面色，成功、失败则在于决断，用这三项来给人看相，从来没有失败过。对应到您，从您面相来看，只不过能够封侯，而且还不是很安全，但是从背部的骨骼来看，则贵不可言，所以其中的关键，便是您自己的决断。这一决断便是让韩信占有齐国，以此为据，与项羽、刘邦三足鼎立。在中国，相术在人们心目中一直有一定的分量，韩信对此也不是完全否定，但他心中想的是刘邦对自己的好——刘邦的车子给他坐，刘邦的衣服给他穿，刘邦的食物给他吃。所以，信奉感恩之道的韩信笃信坐人家车子，就得为人家分担祸患；穿人家衣服，就得想着人家的忧患；吃人家食物，就得为人家效力，自己不能为了私利而背信弃义。

对于韩信的这一观点，蒯通以历史上的两个事例加以反驳，第一个事例是张耳与陈馀反目成

韩信谢曰：「臣事项王，官不过郎中，位不过执戟，言不听，画不用，故倍楚而归汉。汉王授我上将军印，予我数万众，解衣衣我，推食食我，言听计用，故吾得以至于此。夫人深亲信我，我倍之不祥，虽死不易。幸为信谢项王！」——《史记·淮阴侯列传》

相君之面，不过封侯，又危不安。相君之背，贵乃不可言。——《史记·淮阴侯列传》

汉王遇我甚厚，载我以其车，衣我以其衣，食我以其食。吾闻之，乘人之车者载人之患，衣人之衣者怀人之忧，食人之食者死人之事，吾岂可以向利倍义乎！——《史记·淮阴侯列传》

仇，第二个事例是勾践逼杀文种。蒯通说：以交情来说，韩信与刘邦比不上张耳与陈馀，但就是张耳和陈馀这样的两个同舟共济之人最后也不免于反目；以忠信来说，韩信与刘邦也比不上大夫文种、范蠡与越王勾践，但就是这样的君臣组合最后也不免于分崩离散。其间的原因，无过于功高震主，这样的人不仅得不到赏赐，反而会惹来灾难，而在蒯通看来，韩信以当时的功劳、名望恰恰就是功高震主之人，所以蒯通直言韩信想为刘邦建功立业的想法要不得，以为刘邦不会害他，更是大错特错。蒯通的言说与武涉相比，更有说服力，有相术的因素，更有历史的依据，所以，韩信没有断然回绝，而是说自己会考虑考虑。只不过，韩信虽然说考虑考虑，但一连数日，仍然没有回应，蒯通等不了了，便第二次劝谏韩信。蒯通的第二次劝说，援引多个俗语，说明干大事需要抓住时机，切记不能犹豫不决；时机一旦失去，就难以再回来。但是，韩信不忍心背叛刘邦，又暗自以为自己为刘邦出力颇多，刘邦终究不会夺去自己的齐国封地，所以便谢绝了蒯通。至此，蒯通知道韩信是不会自立为王的，为了保全自身，蒯通假装疯癫做了巫师。

无论是武涉还是蒯通，他们的言说均切中要

夫以交友言之，则不如张耳之与成安君者也；以忠信言之，则不过大夫种、范蠡之于句践也。
——《史记·淮阴侯列传》

夫功者难成而易败，时者难得而易失也。『时乎时，不再来。』愿足下详察之。
——《史记·淮阴侯列传》

韩信犹豫不忍倍汉，又自以为功多，汉终不夺我齐，遂谢蒯通。蒯通说不听，已详狂为巫。
——《史记·淮阴侯列传》

害，而且蒯通还是两次劝说，虽说韩信也有过动摇，但是到最后长期形成的道德导向还是占了上风，韩信固执地认为刘邦不会加害于他。在韩信的反驳之词中，有一个共同的话题被韩信反复念叨，那就是刘邦对他有知遇之恩。

但是，武涉与蒯通的预言最终还是应验了。卸磨杀驴的刘邦在项羽自刎乌江之后，做的第一件事情就是立即夺了韩信三十万精兵的兵权，后又改封其为楚王。一年后，借口有人告韩信"谋反"，将其诱至京师逮捕，降封淮阴侯。最终吕后逮了个机会、找了个理由将其杀害。吕后杀了韩信，刘邦"且喜且怜之"，其中固然不乏对韩信的惋惜，但韩信之死的确让刘邦感到心"喜"。毕竟除去了一块心病！

韩信死掉了，刘邦心安了。不知一心要除之而后快的刘邦听到蒯通痛骂韩信愚忠时作何感想，不知高唱"安得猛士兮守四方"的刘邦有没有再想起曾经为他出生入死的韩信？

那么，问题来了，因谋反罪而被抓的韩信究竟冤不冤呢？他到底是真谋反，还是"被谋反"？

这在历史上是一个话题。《史记·淮阴侯列传》对此言之凿凿，说韩信劝说陈豨 (xī) 叛乱，他自己趁着刘邦亲自出征围剿的机会袭击在京城的吕后与太子，陈豨听从韩信，发动叛乱，韩信自己也部署了力量。一切准备就绪，消息却泄露了，于是吕后便杀了韩信。

但是，仍有不少研究者不相信韩信谋反。不相信韩信谋反的一个重要依据是：如果韩信有反叛之心，为什么不选择楚汉胜负未卜、可以坐收渔人之利的时机？那时，韩信拥有全齐，兵锋正盛。刘邦、项羽两方在荥阳、成皋相持二十八个月之久，兵疲力尽。武涉、蒯通对形势的分析相当中肯。韩信此时反叛当是最佳时机！但是韩信并没被武涉、蒯通两个人的话所打动，不愿意"向利倍义"，反而感谢刘邦的知遇之恩。等到天下完全成为刘氏的一统江山时，称病闲居、手无兵权的韩信怎么会忽然要谋反呢？

持此看法者绝非一人，唐代诗人许浑《韩信庙》诗说的也是这个问题：

许浑著，罗时进注《丁卯集笺证》，江西人民出版社1998年版，第330页

> 朝言云梦暮南巡，已为功名少退身。
> 尽握兵权犹不得，更将心计托何人。

许浑此诗前两句说，高皇帝早上说要游云梦，晚上已经出发了。这是极言刘邦铲除韩信的行动迅速。第二句慨叹韩信为盛名所累，不知功成身退。最后两句为韩信鸣冤，当年"尽握兵权"时尚不谋反，怎么可能在被削王夺爵后再谋反呢？

但是，支持韩信谋反观点者则说：韩信任齐王时不反与韩信后来和陈豨联手谋反二者之间没有必然性因果关系，而只是或然性因果关系。我们不能用韩信任齐王时不反否定他备受凌辱之后的谋反。韩信谋反是一个由量变到质变的过程，由不反到想反，由想反再到真反。

因此，韩信当年不反并不能证明韩信后来不反！

这种驳论完全用了逻辑推理！

逻辑推理是史学研究中一个重要的方法，但是，运用同样一种逻辑推理，有时却会产生完全不同的效果。

其实，这并非逻辑的无奈，而是权力大于逻辑！

在古代中国，不管它是什么逻辑，在掌控权力或者自以为掌控权力的人那里，不讲逻辑的事情是屡见不鲜的。想要逻辑的时候，它就是逻辑；想要什么样的逻辑，就讲什么样的逻辑；不想要逻辑的时候，逻辑什么都不是。

14.让人理解何其难

陈平一生三易其主。

陈平的第一任老板是魏咎。

秦二世二年（前208）十二月，魏咎到达魏地任魏王。此月，秦将章邯在陈郡城西大败陈胜，陈胜被杀。第二年一月，章邯率兵在临济（今河南开封东北）包围魏咎。陈平在魏咎被围之前已经离家，带领一帮年轻人投奔魏咎。魏咎待陈平不薄，任命陈平为太仆，但是，陈平提的建议魏咎听不进去，还有人在魏咎面前说陈平的坏话，陈平只好逃离。

陈平的第二任老板是项羽。

陈涉起而王陈，使周市略定魏地，立魏咎为魏王，与秦军相攻于临济。陈平固已前谢其兄伯，从少年往事魏王咎于临济。魏王以为太仆。说魏王不听，人或谗之，陈平亡去。

——《史记·陈丞相世家》

逃离魏咎后，停了近两年，陈平一直在选择可以辅佐的明主。项羽结束巨鹿之战到达黄河边时，陈平加入项羽的队伍，并随同项羽一道入关，受封"爵卿"。"爵卿"的礼秩是卿，但无实职。汉元年(前206)八月，刘邦用韩信之谋，还定三秦。汉二年十月，刘邦兵出函谷关，夺取今河南西部一带。殷王司马卬始见汉王刘邦的势力强大，遂叛楚归汉。项羽听说殷王反楚，便任命陈平为信武君，率领魏咎的部下平叛，使殷王重新归楚。项羽因为陈平有功让他担任都尉，并赐其"金二十溢"。"溢"通"镒(yì)"，当时一镒相当于二十四两，或说二十两。不久，刘邦率兵渡过黄河，攻下河内，俘获了殷王，将其地设为河南郡。项羽听说后大怒，非要杀了原来去平定殷王的将领及其部下。陈平担心自己性命不保，将项羽赏给他的金子、都尉印全部封存，派人送归项王，只身一人抄小路逃了。

陈平的第三位老板是刘邦。

此时，刘邦在黄河以北，陈平渡河投奔刘邦。

陈平赶到修武(今河南修武县)并通过刘邦的谋士魏无知见到汉王刘邦。刘邦这次一共召见了陈平等七位进见，并请这七人共同进餐。吃完饭刘邦说："好了，大家下去休息吧。"陈平不走，他对刘

久之，项羽略地至河上，陈平往归之，从入破秦，赐平爵卿。——《史记·陈丞相世家》

项羽之东王彭城也，汉王还定三秦而东，殷王反楚。项羽乃以平为信武君，将魏王咎客在楚者以往，击降殷王而还。项羽使项悍拜平为都尉，赐金二十溢。——《史记·陈丞相世家》

居无何，汉王攻下殷。项王怒，将诛定殷者将吏。陈平惧诛，乃封其金与印，使使归项王，而平身间行杖剑亡。——《史记·陈丞相世家》

邦说:"我是为事业来的,我要讲的话不能超过今天。"刘邦只好留下陈平谈话,听完陈平的一番高论,刘邦非常高兴,立即问陈平:"你在楚军是什么职务?"陈平回答:"都尉。"

刘邦当天便任命陈平为都尉,并把其作为自己的陪乘人员上了汉王的专车,负责监护军队。命令一宣布,军中哗然,大家都喊:这个楚军降卒才来一天,还不知道他有多大本事,怎能让他陪乘,还让他监督我们呢?刘邦听说后,更加信任陈平,和陈平一块儿东伐项羽。到了彭城,刘邦被项羽打败,退兵到荥阳,任命陈平当副将,隶属韩王信的部队,驻扎在广武。

周勃、灌婴等老将直接找到刘邦,诋毁陈平:听说陈平和他嫂子有一腿,而且陈平反复无常,不值得信赖,在魏王那儿干得不好,跑到楚军;在楚军中没干好,又跑到我们汉军。陈平平时还收受贿赂。我们听说陈平接受将领的贿赂,送钱多的得到好待遇,送钱少的得到差的待遇。总之,陈平是个小人,希望大王明察。

陈平三易其主,饱受争议,"反复无常"成了他永远摘不掉的帽子。

刘邦手下还有一位叔孙通。叔孙通更出格,一生六易其主。第一任老板是秦始皇。在秦始皇

平遂至修武降汉,因魏无知求见汉王,汉王召入。是时万石君奋为汉王中涓,受平谒,入见平。平等七人俱进,赐食。王曰:『罢,就舍矣。』平曰:『臣为事来,所言不可以过今日。』——《史记·陈丞相世家》

绛侯、灌婴等咸谗陈平曰:『平虽美丈夫,如冠玉耳,其中未必有也。臣闻平居家时,盗其嫂;事魏不容,亡归楚;归楚不中,又亡归汉。今日大王尊官之,令护军。臣闻平受诸将金,金多者得善处,金少者得恶处。平,反覆乱臣也,愿王察之。』——《史记·陈丞相世家》

手下不久，这位皇帝仙逝了。这样，叔孙通就有了第二位老板秦二世，秦二世不许将陈胜、吴广的起义说成造反，叔孙通逃之夭夭。回到陈地，叔孙通参加了项梁的义军，项梁战死，叔孙通投奔了楚怀王熊心。随着巨鹿之战的胜利，项羽蒸蒸日上，楚怀王熊心的地位江河日下，叔孙通改投项羽。最后，叔孙通选择了刘邦。此后，无论刘邦经历多少挫折，叔孙通始终不改初衷，一直追随刘邦，并为其建汉立制作出了贡献。但是，叔孙通六易其主的经历成为他两千多年来一直受人诟病的主要原因。

陈平和叔孙通都没有张良幸运！张良一出道就遇到了刘邦，并且深受刘邦欣赏，成为"汉初三杰"之中最受刘邦尊重的人。

刘邦选择性地使用他手下的臣子，常常被人称作明主择士。但陈平、叔孙通搞"明士择主"却饱受争议。人们太习惯于明主择士，而对明士择主则齐声抨击。

其实，陈平三易其主自有其苦衷；但是，谁愿意听你的解释呢？谁能理解你呢？你向谁倾诉个人心中的委屈呢？如果见人就诉说，逢人便解释，岂不成了令人讨厌的祥林嫂？

其实，人生一世，关心你的人并不多，屈指可数。即使最欣赏你的人，即使最关心你的人，也往往会出于各种原因忽视你、忽略你。所以，不必强求他人的理解。每个人关注的重点往往都是结果，没有几个人会关心细节与过程。人们只说你三易其主、六易其主，谁会愿意了解你数易其主背后的委曲与苦衷呢？

证明自己是人生中最困难的事！世界上多少有才之士，终其一生都无法证明自己的才华。多少世界顶级画家，一生穷愁潦倒，死后其画作才为后人所认知。这些顶级人才都无法证明自己，何况平凡如我们呢？

15.虎落平阳遭犬欺

年轻时以编织蚕箔和殡葬吹鼓为业的周勃，跟随汉高祖刘邦闯天下，凭借一身勇力，攻丰县、砀郡，袭章邯，定魏地，破王离、赵贲军，战功卓著。刘邦起兵反秦时，周勃是跟随他南征北战的左膀右臂，建立大汉王朝后，周勃又是平定诸侯王叛乱的一员猛将。加之周勃为人刚强坚韧、敦厚质朴，汉高祖认为他可以委以重任。刘邦临死之前，吕后向他询问丞相人选，刘邦就预言道：安定汉家天下的必然是周勃！临终时还不断嘱咐太子刘盈：有大事，找周勃。

周勃果然不负汉高祖厚望，成功地维护了大汉王朝的稳定。刘邦死后，周勃在惠帝朝任太尉，当时吕后的势力颇盛，吕氏家族权力日渐扩张，在吕后死后，诸吕专权，已经严重危及刘邦辛苦打下来的江山。为了避免江山易姓，周勃挺身而出，与丞相陈平合谋，联络刘姓宗室重臣，振臂一呼，一举铲除了诸吕势力，平定了诸吕之乱，有力地控制了当时的政治局势，最后拥立汉文帝继位。因此太史公极为肯定周勃的功劳，将他与商代的贤臣伊尹、周代的辅政大臣

绛侯周勃者，沛人也。其先卷人，徙沛。勃以织薄曲为生，常为人吹箫给丧事，材官引强。——《史记·绛侯周勃世家》

勃为人木强敦厚，高帝以为可属大事。——《史记·绛侯周勃世家》

十岁，高后崩。吕禄以赵王为汉上将军，吕产以吕王为汉相国，秉汉权，欲危刘氏。勃为太尉，不得入军门。陈平为丞相，不得任事。于是勃与平谋，卒诛诸吕而立孝文皇帝。——《史记·绛侯周勃世家》

周公相提并论。

因有定乱立主之大功，周勃被汉文帝任命为右丞相，位在左丞相陈平之上，当时是一人之下万人之上的地位，赐金五千斤，食邑万户，可谓声威震天下。但是，右丞相这个位子虽然风光，坐起来却不是那么舒服，因为有个人心里不舒服了。这人是谁呢？就是唯一一个位子比周勃高的人——汉文帝。汉文帝虽然在继位之初对周勃礼遇有加，但是心里对这位手握兵权、位高权重的开国功臣总是存着戒备。

汉文帝前元三年 _(前177)，一条消息震惊了整个京城：身在绛县 _(今山西侯马) 的绛侯周勃被人告发谋反，廷尉将周勃关入京城大牢！这条消息恍如一声惊雷，整个京城都炸了窝，人们议论纷纷。周勃是大功臣，代王刘恒能够即位称帝，周勃是重要推手，谋反罪可是要杀头的大罪啊！为汉文帝当皇帝出力最大的周勃怎么会谋反呢？

周勃这次入狱有直接和间接两大原因。

间接原因是"列侯之国"。周勃担任右丞相，一时风光无两。有人劝说周勃：你现在受厚赏、处尊位，似乎有点儿功高震主的意味。于是为避免祸乱加身，周勃请求免去丞相之职，由陈平独自为相。汉文帝前元二年十月，丞相陈平病故 _(死得是时候)。十一月，汉文帝起用了已经辞去相位的周勃重新担任丞相。

居月余，人或说勃曰：『君既诛诸吕，立代王，威震天下，而君受厚赏，处尊位，以宠，久之即祸及身矣。』勃惧，亦自危，乃谢请归相印。——《史记·绛侯周勃世家》

这是周勃二次出任丞相。周勃这一次只干了一年零一个月就丢了相位。原因很简单：汉文帝前元三年（前177），汉文帝要求当时担任丞相的周勃带头执行"列侯之国"的诏令，回到自己的封地绛县，周勃只好顶个侯帽回乡了。

什么叫"列侯之国"呢？简单来说就是每位列侯都要回自己封地去。

"列侯之国"就"之国"呗，干周勃何事？

这事还真和周勃粘上了！

汉初功臣封侯多为县侯，周勃功封绛侯，是以绛县而名。封了侯的功臣几乎没有谁到所封的县里去当个列侯。原因很简单：一是远离政治中心，二是生存环境差。能够被封侯的功臣都希望能继续进步，政治上更上一层楼，离开了京城，离开了政治中心，重新被起用的概率就会大大降低，等于一个人政治生命的终结。再者，汉代的县，生存环境比京城差得太远了，在县里当个侯，生活质量也远不如在京城。所以，列侯都不愿回到封地去。

不去就不去了，汉文帝为什么非要让列侯回自己封地去呢？说白了就是一句话：维持政治稳定。

那么多侯爷住在京城相互来往非常容易。长期、频繁的交往容易结成政治上的同盟，这种政治同盟往往可以搞出大的动静来。铲除诸吕的宫廷政变就是绛侯周勃、曲逆侯陈平、颍阴侯灌婴、朱虚侯刘章等人在京城相互串通折腾起来的。当时，周勃任太尉，陈平任右丞相，灌婴、刘章也都在宫廷任职。可见，在京列侯很容易相互沟通、结盟，产生肘腋之祸。如果将所封列侯都赶到自己的封地去，列侯虽多，但分散在各地，相互间难以结盟，政治能量将大打折扣。所以，汉文帝即位的第二年曾经专门下诏要求列侯离京返回封地。当然，"维持政治稳定"这层意思不能实话实说，得绕着圈子说，比如列侯在京所需的生活用品要从各地运到京城，加重了运输压力啊，再比如列侯就国可以教育子民啊，等等，反正理由能找出很多。

甭管汉文帝说得多么动听，这项诏令逼着列侯到自己的封地去还是触动了所有列侯的实际利益，因此执行得很不理想。常言道法不治众。大家都不去，"列侯之国"就是一纸空文啊！

而且，汉初封侯是凭借功劳，"非有功者不得侯"是汉高祖刘邦的明令。所以，这些列侯都是和刘邦一块儿打天下的功臣。要这些功臣头上顶个侯帽回到一个县里当老大，谁都不愿意呗！

汉文帝看着自己的诏令执行不下去，着急啊，得想法子强行执行。想来想去，真让他想到一个好办法：树立榜样！榜样的力量是无穷的嘛！树谁当榜样呢？大功臣周勃！所以，汉文帝决定拿丞相周勃开刀，要求当时复任丞相刚刚一年零一个月的周勃带头回其封地绛县。

丞相带头回封地的前提是辞相位，这就明正言顺地拿掉了周勃的丞相之位。周勃这下没招了，想找人商量都找不到，足智多谋的陈平已经故去一年了，找谁商量？万般无奈，周勃只好辞位离京。周勃回到绛县就发生了有人告发他谋反的事。

直接原因是有人诬告。周勃免相返回绛县之后，心里一直很紧张。绛县隶属河东郡，河东郡的郡守、郡尉每次巡视各县来到绛县，周勃都以为是来抓他的，所以每次都披甲相迎，并让家里人也都"持兵以见"。其实，周勃一辈子都没做过亏心事，不是说不做亏心事不怕鬼叫门吗？但是，功劳远在周勃之上的韩信不是被刘邦一个下乡视察给抓了吗？后来的彭越、黥布，个个都是在封国被抓、被杀，没一个有好下场！这可都是周勃亲眼看到的啊！想想这几位大功臣，周勃能不害怕吗？其实，周勃披甲见郡守、郡尉的做法并不高明，一来真抓捕你的时候披甲也不管用，二来你这样做也让河东郡的郡守、郡尉极不舒服。太反常嘛！

后来还真有人认为他举止反常，告他"谋反"。

汉文帝对这样的事情本来心里就有疙瘩，马上下令让廷尉来处理。廷尉又将此事下放给长安令，长安令以迅雷不及掩耳之势将周勃逮捕回京。本来就如同惊弓之鸟的周勃在此情况下完全失去了主张，因为之前他就很明显地感觉到了汉文帝对他的猜忌，这次又被无端扣上了谋反的帽子，必定是凶多吉少。本来就木讷少言的他这时更不知该如何为自己辩解了。

周勃虽然是前丞相，但是现在是皇帝钦点的重犯，狱吏对锒铛入狱的周勃自然没有好脸色。时间一长，狱吏竟开始凌辱他了。正所谓"虎落平阳遭犬欺"，之前叱咤风云的虎将无奈之下也要低头讨好这

岁余，每河东守尉行县至绛，绛侯勃自畏恐诛，常被甲、令家人持兵以见之。其后人有上书告勃欲反，下廷尉。——《史记·绛侯周勃世家》

些他之前都不怎么正眼相看的人。行有行规，既然来到了人家的一亩三分地，就要遵循人家的行业规范，身陷大狱的周勃不知道怎么想起来"有钱能使鬼推磨"这句名言，拿出千金贿赂了一名狱吏。这名狱吏还算有良心，拿了人家的钱得为人家办事啊！于是，他在当时的公文木牍背面写了"以公主为证"五个字。这个"公主"指的就是汉文帝的女儿，嫁给了周勃的长子周胜之为妻。这位狱吏暗示周勃请公主证明自己没有谋反之意。但是，狱吏并不知道，汉文帝的女儿和周勃的儿子周胜之感情不和。所以，周勃花钱买的这一招不灵。

天无绝人之路。汉文帝的舅舅薄昭此时出手相救。原来，周勃平时受了赏，总把好多钱财送给薄昭，两人关系挺铁(武夫也有心机啊)。薄昭听说周勃下了大狱，赶快入宫找到他的姐姐薄太后说：周勃是大功臣，绝对不会谋反。薄太后一听，也觉得自己的儿子这事办得太糊涂。第二天汉文帝来朝见的时候，薄太后看见儿子，气呼呼地摘下自己的头巾砸向汉文帝，怒斥道："你也不想想，周勃当年拿着皇帝的符节到北军大营去夺吕禄的兵权，他当时权力多大啊！那时候他不造反，现在住到一个小县里，反倒要造反了？天下哪有这样的理？"汉文帝这时已经看过提审周勃的记录，又看见母后十分生气，慌忙对母后解

廷尉下其事长安，逮捕勃治之。勃恐，不知置辞。吏稍侵辱之。勃以千金与狱吏，狱吏乃书牍背示之，曰『以公主为证』。——《史记·绛侯周勃世家》

释说："我刚刚看了审讯记录，知道他无罪，正打算释放他。"于是，汉文帝赶快派人到狱中放了周勃，恢复了周勃的爵位、封邑。

周勃被放出来之后，感慨万分，喟然而叹："吾尝将百万军，然安知狱吏之贵乎！"烜赫一时的开国功臣，曾经统领百万雄师的大将军，到头来却要看小小的狱吏的脸色，可谓世事无常。这场牢狱之灾对于周勃来说是一劫，但未尝不是一种解脱，功名利禄、权力争夺不过是身外之物，君主"飞鸟尽，良弓藏；狡兔死，走狗烹"的清算行径也离他远去了，留下的或许只有那无尽的回忆，在回忆里，他依然是挥斥方遒、指点江山的激扬之士！

16.被扭曲的心灵

汉武帝时期，齐国临淄有个叫主父偃的书生，学的东西很杂，先是学游说人君的纵横家那一套，后来汉武帝罢黜百家、独尊儒术，他又学习《周易》《春秋》这些儒家典籍，同时，对诸子的学说也很感兴趣。如此博学的一个人，在家乡齐地游学之时，当地的读书人都排挤他，因家境贫寒，他向人借钱也借不到，万般无奈之下只得到燕、赵、中山之地寻求发展的空间。不幸的是，到哪儿人都烦他，没人待见他，

文帝朝，太后以冒絮提文帝，曰："绛侯绾皇帝玺，将兵于北军，不以此时反，今居一小县，顾欲反邪！"文帝既见绛侯狱辞，乃谢曰："吏方验而出之。"于是使使持节赦绛侯，复爵邑。——《史记·绛侯周勃世家》

他一人客居他乡，处境窘迫。汉武帝元光元年 (前134)，他认为不值得再到哪个诸侯国去，于是便西向入关，投奔外戚卫将军。卫青多次向汉武帝举荐，没有任何结果。羁留京城的主父偃身上又没几文钱，时间一久，难免讨人烦。在走投无路之际，他给汉武帝上了一道奏章。这道奏章大谈当时社会热点问题，击中了汉武帝的内心，"朝奏，暮召"，汉武帝大有相见恨晚之意。就这样，他又连续几次上书，颇中武帝心意。一年之内，升迁了四次，逐渐成为皇帝身边的红人。飞黄腾达后，他多年被压抑、遭屈辱、受歧视的怨恨开始释放了。

既然曾经在燕国不受待见，没有得到礼遇，那就想办法报复。恰好燕国国王刘定国劣迹斑斑，臭名昭著。他先是霸占了父亲的小妾，生下一个儿子，接着又把弟弟的媳妇强行抢来据为己有。于是有人向朝廷告发了燕王的丑行，主父偃觉得时机来了，主动请缨并获准受理此案。他假公济私，不仅向汉武帝诉说此中实情，还添油加醋地编派了大量燕王其他"罪行"，要知道，主父偃最早是纵横家出身，巧舌如簧，最终燕王身死国除。

如此一来，诸侯、大臣都惧怕他，怕他那张利嘴，毕竟这些人屁股底下几乎没一个是干净的，要故意寻他们的一点问题应该是很容易的，于是他们纷纷贿赂主父偃，希望他"嘴下留情"，主父偃很快就家累千金。有人劝他说：您这样做是不是太专横跋扈了？主父偃却说："我从结发游学以来，四十多年不得志，四十多年啊！爹娘不认我这个儿子，兄弟不把我当成同胞，宾客都弃我而去，我受屈辱的日子太长了，大丈夫活着不能像重臣一样在皇帝大宴群臣的鼎中吃肉，死也要死在用来煮肉的大鼎中。我年龄大了，离家尚远，因此要倒行暴施。"被压抑了四十多年的主父偃，开始不择手段地敛财，疯狂地报复。

主父偃曾想把女儿嫁给齐王，遭到拒绝，因此怀恨在心。他怂恿汉武帝说：齐国物产丰饶，人口众多，商业兴旺，民多富有，这样的大国如此重要，陛下应该交由爱子掌管，才可免除后患。而当时的齐王是汉武帝的远房侄子。主父偃一席话，刺激了汉武帝的敏感神经，于是任命主父偃为齐国相国，以此监视齐王的一举一动。这样机会来了，主父偃乘机向汉武帝告发齐王"淫佚行僻"。汉武帝令他审理此案，结果齐王畏罪自杀。曾经得罪过主父偃的赵王见形势如此，害怕了，于是先下手为强，伺机向汉武帝告发主父偃受贿，加之齐王自杀的消息传到京师也令汉武帝不快，汉武帝便下令将主父偃下狱治罪。丞相公孙弘又落井下石，最终主父偃被族诛。

飞黄腾达时的主父偃回到齐国的时候，曾把亲戚朋友召集到一块儿，排出五百两黄金，叱责说："当年我贫困的时候，兄弟不周济我衣食，宾朋不让我进门，现在我身为齐相，你们中有人就不远千里来迎接我，我和你们的交情到头了，今天就跟你们绝交，以后请不要再踏进我的大门！"很不幸的是，这些"被绝交"了的家人，最终也没能逃脱由主父偃带来的被族诛的命运。

大臣皆畏其口，赂遗累千金。人或说偃曰："太横矣。"主父曰："臣结发游学四十余年，身不得遂，亲不以为子，昆弟不收，宾客弃我，我厄日久矣。且丈夫生不五鼎食，死即五鼎烹耳。吾日暮途远，故倒行暴施之。"——《史记·平津侯主父列传》

主父偃之死，后人多以为其咎由自取。司马迁却说："主父偃当路，诸公皆誉之，及名败身诛，士争言其恶。"主父偃富贵受宠之时，他手下的门客数以千计，后来灭族身死，却没有一个人收葬他，只有一个叫孔车的人给他料理了后事。这就是社会，是世态炎凉的社会造就了主父偃，扭曲了主父偃的心灵。

俗语言，咸鱼亦有翻身时，是告诫我们不可随意看轻他人。对主父偃而言，咸鱼是翻身了，但还是咸鱼。他身居高位，心中不是快意，不是责任，而是怨恨、报复。他沉湎于自己屈辱的一生之中无法自拔。他羞辱曾经羞辱过他的人来宣泄，他告发曾经轻视他的人来泄愤，他用倒行暴施的行为来掩盖内心扭曲的痛苦，他终于将自己的一生定格为屈辱的一生。

17.示弱

吕后八年（前180）七月，权倾一时的吕太后一命归西。九月，周勃、陈平等功臣派联手皇族派刘襄、刘章等发动政变，族诛诸吕。吕后苦心经营了十五年的权柄一朝坍塌。

此时，功臣派最现实的选择是立即找一位合适的继承人称帝。

选谁呢？

可选的只有刘姓诸侯王。

刘姓诸侯王分为三类：高祖刘邦的兄弟，高祖刘邦的儿子，高祖刘邦的孙子。

高祖刘邦的兄弟此时唯存楚元王刘交，但他年事已高，汉文帝即位当年他就病逝了；而且，汉家天下是父子相传，轮不到他。

高祖刘邦的儿子此时唯存两位：皇四子代王刘恒，皇七子淮南王刘长。高祖八男，其余的六个儿子呢？对不起，全完了。

怎么死这么多呢？

刘邦下世后，皇太子刘盈即位，吕后掌握实权。汉惠帝元年（前194），吕后毒死赵王刘如意，皇三子完了。

庶长子刘肥因在惠帝二年的一次宫中家宴中得罪吕后，差点儿丢掉性命，割了齐国一个郡献给吕后的独女鲁元公主，并尊鲁元公主为"王太后"才得以回国。刘肥因此郁闷至极，惠帝六年下世。皇长子完了。

惠帝看到貌美如花的戚夫人被自己母亲残害为人彘，身受刺激，从此不理朝政，沉湎声色，即位七年病故。嫡长子、皇次子完了。

惠帝元年十二月赵王刘如意被杀后，吕后选定刘邦第六子淮阳王刘友继任赵王。刘友的王后是吕后的娘家人，但刘友偏偏不喜欢吕后给她指定的这位王后，而喜欢其他女人。嫁给刘姓皇族的吕姓诸女大都依仗吕后的势力，专横跋扈。刘友的这位王后更是厉害，她见刘友喜爱其他女人，于是跑到吕后那儿告黑状，诬陷刘友曾经说过"姓吕的怎么能称王？太后百年之后，我一定要灭了这些姓吕的"这样的话。

七年正月，太后召赵王友。友以诸吕女为后，弗爱，爱他姬，诸吕女妒，怒去，谗之于太后，诬以罪过，曰『吕氏安得王！太后百岁后，吾必击之』。——《史记·吕太后本纪》

此话刘友肯定没讲，但是，赵王王后的告状吕后肯定相信。因为吕后认为：自己对诸吕宠爱，刘姓诸王一定会对此不满，所以刘友说这种话一点儿也不奇怪。果然，吕后听到这个消息，立即下令召赵王刘友进京。赵王刘友进京后，吕后并不见他，而是将他安置在赵王的"驻京办"，派士兵包围，不给赵王食物。随同刘友进京的官员偷偷地给他送点吃的，吕后便将送东西的臣子都抓起来处死。

几天之后，赵王刘友最终饿死。皇六子完了。

吕后七年 (前181) 二月，在刘友死后十几天，吕后又把刘友的哥哥梁王刘恢改封为赵王。已经有两任赵王死了，新封的赵王刘恢能否避免重蹈覆辙呢？刘恢的妻子也是吕后指派的，而且这位吕氏王后地位更高，她是吕产的女儿。吕产是吕后的侄子，也是吕后在朝中最主要的依靠力量，官拜相国。吕产的女儿仗着吕氏的权势，在刘恢的宫中到处安排吕氏宗族，掌握了宫中的大权，而且还监视赵王刘恢，使刘恢没有一点点行动自由。

刘恢宠幸一位宫女，王后派人把她毒死。刘恢非常痴情，对这位宫女非常喜爱。自己最宠爱的宫女被杀，刘恢悲愤欲绝。但是，他对专横跋扈的妻子什么都不能做。吕后七年 (前181) 六月，第三任赵王刘恢自杀。皇五子完了。

太后怒，以故召赵王。赵王至，置邸不见，令卫围守之，弗与食。——《史记·吕太后本纪》

其群臣或窃馈，辄捕论之。——《史记·吕太后本纪》

梁王恢之徙王赵，心怀不乐。太后以吕产女为赵王后，王后从官皆诸吕，擅权，微伺赵王，赵王不得自恣。——《史记·吕太后本纪》

王有所爱姬，王后使人酖杀之。王乃为歌诗四章，令乐人歌之。王悲，六月即自杀。——《史记·吕太后本纪》

至此，吕后罢手了吗？

《史记·吕太后本纪》中说："秋，太后使使告代王，欲徙王赵。"赵王刘恢死后的当年秋天，吕后就派人告诉远在代地的代王刘恒，让他继任赵王。吕后的这个主意是对代王刘恒示好吗？

这个时候，大限将至的吕后正处在最后的疯狂期。吕后七年一月至六月这半年之中她连续迫害致死了两位刘姓皇子。代王刘恒是吕后拟议的第四任赵王。代王刘恒怎么回答呢？"愿守代边。"

刘恒是在高祖十一年（前196）八岁时被立为代王的。代地非常偏远，都城虽在平城（今山西大同），但地域北至大漠，是汉帝国最北的诸侯国，力量非常弱小。此时，刘恒已在代王的位置上干了十五年了。刘恒表示自己愿意为嫡母守护边陲。吕后同意了，皇四子刘恒得以幸免。

代王刘恒因此躲过了一劫，活到了吕氏族诛。

刘恒为什么不愿就任赵王呢？史书无载。原因只能有一个：远祸。三任刘姓赵王死在任上。刘恒目睹了自己的一位兄长、两位弟弟的惨死，自己不愿横死。守边，不去中原赵地，显然是上上策。

吕后呢？她为什么会放过皇四子刘恒呢？估计是看不上。其母薄姬是一个不受宠的女人，刘恒当了十五年代王，无声无息，毫无建树。这样的窝囊废，守边就守边吧。不过，这一次，吕后显然是看走了眼。

皇七子淮南王刘长为吕后养大，自然有感情，不会加害。

吕后七年（前181）九月，皇八子燕王刘建病卒，吕后派人杀了其子。皇八子一系完了。

到吕后下世时，高祖八男只剩下皇四子代王刘恒和皇七子淮南王刘长。刘长未被杀，缘于感情。刘恒未被杀，缘于智慧。

刘恒在代王任上十五年，装傻，装呆，装弱，蒙住了精明的吕后。吕后根本未想到刘邦的这个儿子才是真正能继承大统的人！

人的智力是有区别的，即使是同一个父亲的儿子，甚至一母同胞亦不相同，这是先天遗传决定的。刘邦八子中皇四子能活到吕氏族诛，靠的是智慧。他并没有当皇帝的雄心、野心，在恶劣的政治环境中，他只想守着代国一隅生存下来，只有在那样艰难的环境中活下来，才有希望。活着，是第一位的。

刘邦早在汉二年 (前205) 就立嫡长子刘盈为太子，称帝后又改立为皇太子，这是刘盈的身份决定的。皇三子赵王刘如意之母戚夫人深受刘邦宠爱，刘邦时时将刘如意抱在膝上，并称其"类我"，要立为太子，最终被吕后联手诸大臣阻止。由于刘如意过早被吕后杀害，我们无法知道刘如意是否真正有才。但是，代王刘恒最终成为历史上鼎鼎大名的汉文帝，证明了皇四子极有才华，是刘邦八子中最具帝王之才的儿子。

刘恒示弱，吕后看在眼里，未对刘恒下手；其他功臣派也看在眼中，因此，在选拔新皇帝时刘恒才能顺利入选。当然，代王到达渭桥的当晚，大臣们全都明白看走眼了，但是，代王入承大统已成定局，无法改变了。

有人逞强，有人示弱。逞强、示弱，皆有其理。或为保全自身，或为不受伤害，或不愿引人注目，或希望万众瞩目。代王刘恒因示弱而保全性命，最终得以入承大统，成为文景之治的开创者，自有其理。在一个强权者面前，逞强未必为首选，如果刘恒叫板吕后，恐怕早就命归黄泉了。正是因为他的示弱，他才笑到了最后，成为历史的赢家。

18.三朝恩泽冯唐老

在古代的文章中，冯唐作为有才却失意的代表经常被提及。比如，西晋的左思《咏史》感叹"冯公岂不伟，白首不见招"；初唐四杰之一的王勃在《滕王阁序》中也发出了"冯唐易老，李广难封"的感慨；宋代的苏轼《江城子·猎词》中有"持节云中，何日遣冯唐"的殷殷期盼。冯唐，成了有才无人赏、金子被掩埋的普遍借喻与无奈表白。

冯唐进入《史记》人物谱可能比较偶然。司马迁在《冯唐传》最后说他与冯唐的儿子冯遂关系很好，或许从他那里知道了一些冯唐的事情，所以为这个小人物与另一个仕途也不是很得意的张释之作了合传。

冯唐的祖父是战国时赵国人，父亲移居到代郡，汉朝建立后，又迁到安陵。冯唐在当时以孝行著称，被举荐为中郎署长，侍奉汉文帝。中郎，郎官的一种，即殿廷侍从。中郎署长是中郎的属官，也称散郎，没固定名额，应该是国家公务员系统中的最低系列。

冯唐者，其大父赵人，父徙代。汉兴徙安陵。唐以孝著，为中郎署长，事文帝。
——《史记·张释之冯唐列传》

一次汉文帝乘车经过冯唐任职的官署，看到已经五十多岁还做郎官的冯唐颇感诧异，就问："老人家怎么还在做郎官？家是哪里的？冯唐一一据实回答。"汉文帝说："我在代郡时，有人多次和我谈到赵将李齐的才能，跟我说起他在巨鹿城下作战的情形。老人家知道这个人吗？"冯唐回答说："他比不上廉颇、李牧的指挥才能。"汉文帝说："你这么说有根据吗？"冯唐说："我的祖父在赵国时和李牧有很好的交情。我父亲从前做过代相，和赵将李齐也过从甚密，所以能知道他们的为人。"汉文帝听后很高兴，拍着大腿说："我就得不到廉颇、李牧这样的将领，如果有这样的将领，我还会忧虑匈奴吗？"冯唐说："我想陛下即使得到廉颇、李牧，也不会任用他们。"

冯唐如此应对，汉文帝大怒，便起驾回宫。过了好一会儿，又召见冯唐，责备他说："你为什么当众让我下不来台？难道就不能私下告诉我吗？"冯唐谢罪说："我这个鄙陋之人，哪懂得什么忌讳。"

汉文帝于是询问冯唐：刚才你为什么那样讲呢？冯唐回答：现在的魏尚就是一个明显的例子。匈奴入侵，魏尚率军出击，杀敌甚多。可是，就因为魏尚上报杀敌数量时错报多杀敌几人，陛下就削夺他的爵位，判处一年的刑期。所以说，陛下就是得到廉颇、李牧，也是不能重用的，因为魏尚做的事，廉颇、李

文帝辇过，问唐曰：『父老何自为郎？家安在？』唐具以实对。——《史记·张释之冯唐列传》

上既闻廉颇、李牧为人，良说，而搏髀曰：『嗟乎！吾独不得廉颇、李牧时为吾将，吾岂忧匈奴哉！』唐曰：『主臣！陛下虽得廉颇、李牧，弗能用也。』——《史记·张释之冯唐列传》

终日力战，斩首捕虏，上功莫府，一言不相应，文吏以法绳之。——《史记·张释之冯唐列传》

牧早就习以为常。总算汉文帝虽要面子，却没有死要面子，听了冯唐的劝谏很高兴，当天就让他拿着汉节出使，前去赦免魏尚，魏尚官复云中守。冯唐被任命为车骑都尉，掌管中尉和各郡国的车战之士。

由这一件小事可见冯唐的耿直为人，众人面前实话实说，私下里仍是不卑不亢。

汉景帝即位，让冯唐去做楚国的国相，不久又被免职。汉武帝即位后，征求贤良之士，众人举荐冯唐，可见冯唐的确很有才华。然而，冯唐年已九十，不能再做官了，于是他的儿子冯遂被任用做了郎官。

七年，景帝立，以唐为楚相，免。武帝立，求贤良，举冯唐。唐时年九十余，不能复为官，乃以唐子冯遂为郎。

——《史记·张释之冯唐列传》

冯唐，历经汉文帝、汉景帝、汉武帝三朝，才华横溢，世人皆知。但就因性格耿直，不会迎合别人，不知避讳，所以，终其一生，总不能畅快淋漓一尽其才、建功立业，令人感慨。

其实，表达的方式有很多种，为什么就不能选择既利人又利己的那一种呢？当然，也不能趋炎附势，随波逐流。在坚持某种底线、根本原则的前提下，我们应该学会双赢。

19.超越时代的悲哀

在遭罹了秦始皇焚书之后的汉初，洛阳才子贾谊十八岁就以博通《诗》《书》，写一手好文章而声名远播。河南郡守吴公听说他才能优异，爱其才，将其招至门下。贾谊辅佐吴公将政务处理得井井有条，号为天下治平第一。吴公因此升职，到中央做了廷尉。

由于吴公的引荐，贾谊也到京城做了博士。每每诸位老臣议商国事、苦于应对之时，贾谊当仁不让，应答如流。不到一年，他便从薪水六百石的博士，升迁到二千石的太中大夫。此时的贾谊意气风发，深谋远略，抛出了一揽子改革方案：更历法、变服饰、定制度，等等。贾谊这些颇有远见的主张，意在为汉代的长治久安进行规划。然而，他的思想和主张超越了他所处的时代，在当时必定搁浅，他的一生也注定充满挫折和痛苦。

汉文帝此时刚即位不久，对贾谊的一揽子计划并没有施行，但当时很多法令的修改与审定，都是由贾谊率先提出来的，汉文帝因此想提拔他到公卿的位置。朝中一些掌握实权的人物如周勃、灌婴等人对这个年轻人到京城没几天就要和他们平起平坐甚为嫉恨，一起向汉文帝讲贾谊的坏话：这个洛阳人，年轻学浅，想独揽大权，把诸事弄得一塌糊涂。汉文帝能坐上皇帝的宝座毕竟依靠的是这些老臣的支持，因此贾谊被贬为长沙王太傅，做了政治斗争的牺牲品。

湘水之滨，屈子行吟的楚音还萦绕在耳边；贾生

廷尉乃言贾生年少，颇通诸子百家之书。文帝召以为博士。——《史记·屈原贾生列传》

孝文帝说之，超迁，一岁中至太中大夫。——《史记·屈原贾生列传》

绛、灌、东阳侯、冯敬之属尽害之，乃短贾生曰：『雒阳之人，年少初学，专欲擅权，纷乱诸事。』于是天子后亦疏之，不用其议，乃以贾生为长沙王太傅。——《史记·屈原贾生列传》

的到来，续写了同一种哀怨。自屈原沉汩(mì)罗百有余年之后，从京都来的这个抑郁的青年，在湘水泽畔，用诗赋来祭奠屈子的亡灵，一篇《吊屈原赋》哀婉凄恻，意恨缠绵。这岂止是吊唁屈子，分明是贾生自己祭奠自己。

贾生既辞往行，闻长沙卑湿，自以寿不得长，又以適去，意不自得。及渡湘水，为赋以吊屈原。——《史记·屈原贾生列传》

长沙的湘绣，绣出了贾生的锦绣文章，却绣不出贾生的锦绣前程。呜咽的湘水，四年之后终于带来了长安的消息：贾谊被召回京，拜为梁怀王太傅。然而，这一次，孝文帝关注的却是鬼神的知识，贾生壮志未酬却无可奈何。

后岁余，贾生征见。孝文帝方受釐，坐宣室。上因感鬼神事，而问鬼神之本。——《史记·屈原贾生列传》

数年后，梁怀王骑马坠亡。贾谊作为太傅，认为自己没尽到责任，深为自责，痛哭流涕。一年之后便郁郁而终，时年三十三岁。

居数年，怀王骑，堕马而死，无后。贾生自伤为傅无状，哭泣岁余，亦死。贾生之死时年三十三矣。——《史记·屈原贾生列传》

司马迁对贾谊的远见卓识深怀敬重，在《秦始皇本纪》末大量引用贾谊的《过秦论》来总结秦亡之因；又把贾谊与屈原合传，悲其志，哀其才。其实，这里面也有司马迁的自悲、自哀、自叹。司马迁有篇赋名为《悲士不遇赋》，赋中悲叹士人生不逢时，虽有形体而不能彰显名声，徒然有才而无处施展。贾谊吊屈原也在自悼，司马迁叹贾谊也在自悲。

贾谊的遭际在后世引起了极大的共鸣。晚唐诗人李商隐有首写贾谊的诗说："宣室求贤访逐臣，贾生才调更无伦。可怜夜半虚前席，不问苍生问鬼神。"清代袁枚有绝句云："尽把封章奏玉阶，一时绛灌口难开。经生汉代知多少，屈指谁为王佐才？"领袖毛泽东有首七律《咏贾谊》："少年倜傥廊庙才，壮志未酬事堪哀。胸罗文章兵百万，胆照华国树千台。雄英无计倾圣主，高节终竟受疑猜。千古同惜长沙傅，空白汨罗步尘埃。"这些诗都是在为堪为帝王之师的贾谊怀才难施而深鸣不平。

初唐王勃在千古名篇《滕王阁序》中说："屈贾谊于长沙，非无圣主。"是啊，历史上的汉文帝算得上一位明主。然而，就是这位明主扼杀了汉初最具有远见卓识的天才！贾谊的思想与策略，已经远远超越了他的时代！

贾谊的悲哀，是超越时代的悲哀。

20.吮痈舐痔嗜痂

历史上的汉文帝是一位英明君主，"文景之治"是汉朝的盛世。汉文帝非常节俭，连一件穿破了的衣服也舍不得丢，但对邓通截然例外，对他宠爱得无以复加，在他身上花的钱不计其数。这是为什么呢？

邓通是蜀郡南安人，他的发迹缘于汉文帝的一个梦。像所有的皇帝一样，汉文帝也企幻长生，"可怜夜半虚前席，不问苍生问鬼神"。有一次他梦见自己就要到达仙境，却怎么也上不去了，忽然有人从后面推了他一把，汉文帝回头一看，这个人戴着黄色的帽子，衣襟系在后面。梦醒后他"按梦索人",结果找到了与梦相符的黄头郎邓通。班固的《汉书》中说邓通的姓名和"登通"谐音,于是汉文帝十分高兴,赏赐邓通的财物数不胜数,官拜上大夫,汉文帝还时常屈驾到邓通的家里去游戏玩耍。

有一次,汉文帝叫一位有名的相士给邓通相面,相士说邓通会贫饿至死。汉文帝很不高兴,也不相信,他说:"能让邓通富贵的人是我,他怎么会穷死呢?"于是赏赐蜀郡的严道铜山给邓通,赐其铸造钱币之权,邓通因此富可敌国。

邓通在他的岗位上倒是做得尽职尽责,有人说他建立了佞幸这个行业的"行业标准"。他小心谨慎,天天陪伴汉文帝,甚至放假时都留在汉文帝身边。汉文帝曾病痈(yōng),就是皮肤化脓溃烂,邓通经常为其吸吮患处。有一次,太子入问病,汉文帝也要他吸吮,太子面有难色。后来太子听说邓通一直这样做,十分惭愧,也因此心恨邓通。太子刘启嗣位为景帝后不久,有人告发邓通,景帝就借机将他全部家产收归国有。邓通分文皆无,果然饿死。"不名一钱"这个成语就是从他这里来的。

司马迁引用当时俗语说:"力田不如逢年,善仕不如遇合。"努力种田,不如遇到丰年;好好为

上使善相者相通,曰当贫饿死。文帝曰:『能富通者在我也。何谓贫乎?』于是赐邓通蜀道严道铜山,得自铸钱,『邓氏钱』布天下。其富如此。——《史记·佞幸列传》

然邓通无他能,不能有所荐士,独自谨其身以媚上而已。——《史记·佞幸列传》

文帝尝病痈,邓通常为帝唶吮之。文帝不乐,从容问通曰:『天下谁最爱我者乎?』通曰:『宜莫如太子。』太子入问病,文帝使唶痈,唶痈而色难之。已而闻邓通常为帝唶吮之,心惭,由此怨通矣。——《史记·佞幸列传》

官，不如碰到赏识自己的君王。不但女子用美色谄媚取宠，就是士人和宦者也有这种情况。司马迁这么说不是没有根据，邓通的发迹就是一个例子。

看来，功名富贵是要看机遇的，没有汉文帝那个梦，邓通恐怕也就做一辈子的船夫了。然而，邓通以佞幸得宠，富可敌国，最终却不名一钱，穷困而死。孔子说："富与贵，是人之所欲也，不以其道得之，不处也。"

邓通的结局应验了相士的那句话，追溯起因，源于他的"吮痈"。汉语中有个成语"吮痈舐痔（shì zhì）"，用来讽刺卑下地侍奉他人的行为。邓通亲自实践了这个词语，其实这个成语起源于《庄子》。

《庄子·列御寇》中记载了这样一个故事。宋国有个叫曹商的人，为宋王出使秦国。到秦国后，巧言令色，说得秦王很高兴，送了他一百辆车。回国后，曹商跑到庄子那里去炫耀，讽刺庄子说："深处穷巷之中，靠编织草鞋为生，生活困顿，面黄肌瘦，这是我曹商的弱项；凭着三寸不烂之舌说服君王，得车百辆，这才是我的长项。"庄子对答："我听说秦王有病召医，吮吸脓疮者送车一辆，舔舐痔疮者得车五辆，舔吮越恶心的地方，得

宋人有曹商者，为宋王使秦。其往也，得车数乘；王说之，益车百乘。反于宋，见庄子曰：『夫处穷闾厄巷，困窘织屦，槁项黄馘者，商之所短也；一悟万乘之主，而从车百乘者，商之所长也。』——《庄子·列御寇》

车就越多。难道你也是舔舐痔疮来得到这么多车子的吗？"

吮痈舔痔，低三下四，曲意奉迎，这种下作的行为，自然为人不齿，遭人鄙视。不过，历史上竟也有"嗜痂"上瘾的人。

据《宋书》记载，东莞莒(今山东莒县)人刘邕就有食用疮痂的嗜好，说味道与鲍鱼差不多。一天，刘邕拜望正患疮疾的朋友孟灵休，见他的床上有许多落痂，顺手捡起来就吃。孟灵休感到心惊，便将身上未剥落的疮痂皮尽数剥下给刘邕吃，强行剥取疮痂以致疮口再次流血。刘邕所管辖南康郡有二百多名官吏，不论有无过失，每人须轮番挨鞭子抽，抽伤了的皮肤长成痂，便剥掉痂皮供他食用。

如果单纯喜欢吃疮痂，那只能算是一种怪癖，但如果因为"货源"问题而毫无理由地鞭打他人，令人发指，就很邪恶了。这还不如邓通、曹商，他们的行为虽然也令人恶心，但总算是医治别人，对别人没造成多大伤害。

21.性格与命运

韩安国，字长孺，熟习韩非子法家之学、杂家之说，曾侍奉梁孝王，为中大夫。在任期间，帮助

庄子曰："秦王有病召医，破痈溃痤者得车一乘，舐痔者得车五乘，所治愈下，得车愈多。子岂治其痔邪？何得车之多也？子行矣！"——《庄子·列御寇》

南康国吏二百许人，不问有罪无罪，递互与鞭，鞭疮痂常以给膳。——《宋书》卷四十二《刘邕传》，中华书局1974年版

御史大夫韩安国者，梁成安人也，后徙睢阳。尝受韩子、杂家说于驺田生所。事梁孝王为中大夫。——《史记·韩长孺列传》

梁孝王化解了多次危机。

第一次，抵御吴楚叛军。

汉景帝前元三年（前154），汉景帝采纳晁错的削藩建议，下诏削夺诸侯王的封地，以加强中央集权。此番举动引起了以吴王刘濞（bì）为首的七个刘姓诸侯国的不满，他们便打着"清君侧"的旗号发动了叛乱。

吴楚联军向朝廷进攻，途经梁国，梁孝王刘武坚决抵抗吴楚联军，汉景帝也希望梁孝王能够顶住叛军的进攻。这对于梁国来说是一个大的考验，毕竟吴楚联军人数众多、声势浩大，他们已经攻下了梁国南面的棘壁（今河南永城西北）。梁孝王任命韩安国与张羽为将军，共同在东线抵御吴国军队，以支援汉景帝平叛的整体战略。张羽是作战的好手，韩安国老成稳重，两人配合默契，终不负所望，成功将吴国拖住，使之不能越过梁国的战略防线。吴楚叛乱平息之后，韩安国与张羽也因此而名扬四海。

第二次，缓解汉景帝与梁孝王的关系。

梁孝王刘武是汉景帝的胞弟，窦太后非常溺爱他，常给他加官晋爵，甚至出入排场都和汉景帝一样。慢慢地，汉景帝心里渐生猜疑。汉景帝一不高兴，窦太后就有点儿着急，恰好韩安国作为梁国的使者拜见窦太后，窦太后便将心中的不满撒向了韩安

吴楚反时，孝王使安国及张羽为将，扞吴兵于东界。张羽力战，安国持重，以故吴不能过梁。吴楚已破，安国、张羽名由此显。——《史记·韩长孺列传》

国，不仅不见他，还传话要他查究责备梁孝王的所作所为。汉景帝猜疑，窦太后责问，这对于梁孝王来说是很不利的，作为梁孝王的臣子，韩安国自然要为梁孝王说话，为他排忧解难。

要为梁孝王排除祸患，需要能力和智慧。韩安国通过中间人馆陶公主向窦太后传话，主要表达两个意思：作为儿子，梁孝王孝顺；作为大臣，梁孝王忠诚，之前抵御吴楚叛军就是明显的例证。至于梁孝王的出行排场有僭越礼制之嫌，这是梁孝王在向百姓展示窦太后与汉景帝对自己的重视与喜爱，因为车骑皆为汉景帝所赐。

韩安国的说辞很有针对性，窦太后宠爱梁孝王，但也不能不顾及汉景帝的感受，而汉景帝最为在意的不是梁孝王的铺张，而是僭越行为背后或许隐藏的叛乱之心。韩安国的话有的放矢，如同一阵疾风，吹散了窦太后与汉景帝心头的乌云。

第三次，劝说梁孝王交出杀人凶手。

在汉景帝皇位继承人问题上，梁孝王初始志在必得，后来遇到阻碍之后，竟然在公孙诡、羊胜的游说之下刺杀朝廷大臣。事情暴露之后，汉景帝大怒，派人至梁国捉拿公孙诡、羊胜。但梁国毕竟是梁孝王的天下，梁孝王一心包庇二人，将二

> 梁孝王，景帝母弟，窦太后爱之，令得自请置相、二千石，出入游戏，僭于天子。天子闻之，心弗善也。太后知帝不善，乃怒梁使者，弗见，案责王所为。
> ——《史记·韩长孺列传》

> 梁王父兄皆帝王，所见者大，故出称跸，入言警，车旗皆帝所赐也，即欲以侘鄙县，驱驰国中，以夸诸侯，令天下尽知太后、帝爱之也。
> ——《史记·韩长孺列传》

人藏于自己的内宫之中，以致朝廷派来十批人马在梁国上下搜索了一个多月都没能找到。

韩安国知道此事之后，立马前往拜见梁孝王，要求梁孝王将他赐死。梁孝王对此很是诧异，不知韩安国事出何因。其实，韩安国是借此劝说梁孝王交出公孙诡、羊胜二人。韩安国从汉高祖时的事情说起，指出治理天下不能因为私情损害公事，梁孝王因为公孙诡、羊胜阻挠汉景帝的法令，这是不对的。接着，韩安国进一步一针见血地指出梁孝王的处境，汉景帝是因为窦太后不愿对付梁孝王，一旦窦太后死去，梁孝王能依靠谁呢？现在唯一的方法，便是向汉景帝示好，主动交出公孙诡、羊胜。

梁孝王被韩安国的一番话点醒，感激涕零，并表示一定交出二人，此事得到了解决。

韩安国多次为梁孝王化解危机，除其自身的能力与职责所在之外，性格稳重亦是关键，当然，为梁孝王化解危机，是为梁孝王的前途命运考虑。

在个人事情上，韩安国亦是如此。在梁国时，韩安国有一次因犯法坐牢。当时蒙县一个名叫田甲的狱吏时常侮辱他，这让做过中大夫的韩安国心里很不舒服，便说："死灰难道就不会复燃吗？"田甲粗鲁地说："复燃了，我就一泡尿浇灭

汉使十辈至梁，相以下举国大索，月余不得。——《史记·韩长孺列传》

内史安国闻诡、胜匿孝王所，安国入见王而泣曰："主辱臣死。大王无良臣，故事纷纷至此。今诡、胜不得，请辞赐死。"——《史记·韩长孺列传》

天子以太后故，不忍致法于王。太后日夜涕泣，幸大王自改，而大王终不觉寤。有如太后宫车即晏驾，大王尚谁攀乎？——《史记·韩长孺列传》

它。"过了一段时间，韩安国被任命为梁内史。田甲一听吓坏了，心想当初自己那样对待韩安国，这下韩安国怎么会放过自己呢，便逃之夭夭了。韩安国也在找田甲，并放出话来：如果你田甲不回到职位上来，我就灭你的宗族。田甲一听，无计可施，谁让自己当初那么横呢？只好负荆请罪，请求韩安国的原谅。韩安国见了田甲之后，笑着说："现在死灰复燃了，你可以撒尿了！你这样的人值得我惩处吗？"最后还是善待了田甲。

韩安国的优点正在于此，仁厚持重，不睚眦必报。这一点和韩信有一比，而与李广绝不相类。

韩信少时在淮阴街头游荡，遭过几个年轻人的欺负，曾受胯下之辱。后来衣锦还乡，并未忘却当年那个逼自己钻裤裆的人，便把那人找来，但韩信没要他的脑袋，却任他为中尉，且对诸将说："此人是个壮士。"李广则不同，他与匈奴作战失利，被贬为庶人闲居之时，有天晚上出城喝酒回来晚了，霸陵尉不肯放行。李广的随从说："你知道他是谁？他是以前的李将军！"霸陵尉说："现在的实职将军都不行，况且还是以前的！"后来当李广被起用为右北平太守，向皇帝点名要了这个霸陵尉，一到军队，就把他给"咔嚓"了。从根本上讲，霸陵尉是在履行自己的职责，尽管话

其后安国坐法抵罪，蒙狱吏田甲辱安国。安国曰："死灰独不复然乎？"田甲曰："然即溺之。"居无何，梁内史缺，汉使使者拜安国为梁内史，起徒中为二千石。田甲亡走。安国曰："甲不就官，我灭而宗。"甲因肉袒谢。安国笑曰："可溺矣！公等足与治乎？"卒善遇之。——《史记·韩长孺列传》

尝夜从一骑出，从人田间饮。还至霸陵亭，霸陵尉醉，呵止广。广骑曰："故李将军。"尉曰："今将军尚不得夜行，何乃故也！"止广宿亭下。居无何，匈奴入杀辽西太守，败韩将军，后韩将军徙右北平。于是天子乃召拜广为右北平太守。广即请霸陵尉与俱，至军而斩之。——《史记·李将军列传》

说得有些过分。李广此举，确实与韩安国、韩信难以相比。

然而，韩安国的悲剧亦来自此种性格，因此一生为相不成，为将无功。

丞相田蚡 (fén) 娶小老婆，满朝权贵都去庆贺，窦婴与灌夫等都鄙视田蚡的为人，但无奈也得去敷衍一下。酒席之间，田蚡故意怠慢灌夫，灌夫气愤，使气骂座。田蚡立即拘捕灌夫及其全家，准备抄斩，窦婴求汉武帝过问此事并力保灌夫。窦婴和田蚡在武帝面前争执，以致彼此揭发对方谋反。汉武帝无奈，征求群臣意见，当时已经位居朝廷御史大夫的韩安国采取了和稀泥的办法，说："魏其侯说灌夫平时有功无过，酒后失言，不应当陷于重罪，这话是对的。丞相说灌夫胡作非为，危及国家，这话也不错。究竟怎么处理，这只能由英明的圣上您来裁决了。"事后，田蚡抱怨韩安国："你应当和我一起对付那个老秃翁 (指没有官职)，为什么要首鼠两端呢？"成语"首鼠两端"就是从这里来的。

韩安国带兵打仗，也以防守为主。凡事持重，则不能当机立断；宅心仁厚，却操杀人之职，这决定了他打不了胜仗。果然，驻守渔阳时，卫青大破匈奴，韩安国捡了一些亡兵邀功，继而放松警惕。又上书说匈奴已经远遁，此时正值耕作之时，请求暂且撤回

武安已罢朝，出止车门，召韩御史大夫载，怒曰："与长孺共一老秃翁，何为首鼠两端？'"——《史记·魏其武安侯列传》

屯驻的军队。一月后，匈奴大举进犯，韩安国的军营之中只有七百余人，出与匈奴交战，不胜，只好退回军营壁守。这次，匈奴掳掠人畜不计其数。汉武帝大怒，派遣使者前往问责，并迁他到右北平。韩安国见汉武帝疏远他，且又兵败，内疚抑郁，心中恍惚，闷闷不乐。不到数月，吐血而亡。

不同性格的人，适合做不同的事。韩安国沉稳有余，锐气不足，能做文官，偏为武将，丧师败北，抑郁而逝。惜哉惜哉！可是，再想一想，韩安国的上层领导英明的陛下，是否做到了人尽其才、知人善用呢？

22.哥不是个传说

卜式，西汉武帝时期人，河南洛阳人氏，主要从事种田、畜牧工作，并以此致富。

初，卜式者，河南人也，以田畜为事。——《史记·平准书》

起初，卜式父母去世了，留下卜式和一个弟弟相依为命。等到弟弟慢慢长大，可以独立支撑门户的时候，卜式就与弟弟分开过。父母为他们兄弟俩留下的遗产，卜式作为哥哥，分家的时候只要了家中养的一百余头羊，而将家里所有的田地、房屋和财物全部给了弟弟。

亲死，式有少弟，弟壮，式脱身出分，独取畜羊百余，田宅财物尽予弟。——《史记·平准书》

卜式与弟弟分家之后，自己带着这一百余头羊上山，开始了他的创业史。卜式牧羊十余年，收获颇丰，一百余头羊变成了一千多头，有羊就有钱。与卜式相对的是他的弟弟，当初分家的时候卜式将家里的财产都给了弟弟，但是十年时间弟弟却捣鼓破产了，所有家产全部败光。卜式回来后不忍看着弟弟流落街头，于是又把自己辛辛苦苦挣来的财产分给弟弟一部分，如此这般的事情重复了好多次。一个是从无到有，一个是从有到无，这就是二者的差距，这也可以看出卜式有着不同寻常的头脑与智谋。

卜式是一个传奇式的人物，自己主动入山十年，其间与外界几乎割断了联系，十年后带着一群羊重出江湖，那么，这十年他是怎么生活的？他是怎样从无到有聚积财富的？这都是谜。《史记》中记载的另外一件事情似乎可以略微透露点儿信息。

汉武帝任命卜式做郎官，卜式不愿意做，汉武帝便劝说他："我的上林苑中有羊，但都不是很肥壮，想要你去饲养它们。"一听这话，卜式很高兴，在天子眼皮底下干起了他的老本行。自然，卜式这个中郎官有点儿与众不同，他的官服是布衣草鞋，专职工作是牧羊。在上林苑待了一年多，羊长得又肥又大，而且繁殖也快，数量增加了不少。汉武帝路过时看见羊群的变化，对卜式称赞有加。卜式说："不只牧

式入山牧十余岁，羊致千余头，买田宅。而其弟尽破其业，式辄复分予弟者数矣。——《史记·平准书》

羊是这样，治理百姓也是同样的道理。按照时令放养羊，不好的羊立刻赶走，不让一只坏羊危害一群羊。"汉武帝认为卜式是个奇才，就任命他为缑（gōu）氏县的县令来考验他，看看他这套"牧羊哲学"在现实中有何实际效用，结果缑氏县的百姓对他评价很高。后来卜式又调为成皋令，治理漕运，成绩显赫。如此看来，卜式哥确实不是传说！

其实，卜式哥的传奇还有很多，其中有一点就是要捐助一半家产给国家。

卜式生活的时代，正是汉武帝大举发兵出击匈奴的时期。战争是一件旷日持久、劳民伤财的事情，长时间作战让大汉王朝财政有些捉襟见肘。在这样的情况之下，卜式主动上书给汉武帝，说愿意将家产的一半捐给国家，以此来补贴边防费用。汉武帝看到这个上书之后，立即派出使者询问卜式："你这样做，是不是想做官呢？"卜式回答说："我从小就放羊，没学过做官的学问，不习惯过官吏的生活，我不愿意做官。"使者接着又问："那是不是家里有什么冤屈，需要皇上来为你主持公道呢？"卜式回答说："我生性就不爱和人争抢，对于我的邻里乡亲，他们如果生活困难我就借给他们钱粮，他们如果不做好事，为

初，式不愿为郎。上曰：『吾有羊上林中，欲令子牧之。』式乃拜为郎，布衣草而牧羊。岁余，羊肥息。上过，见其羊，善之。式曰：『非独羊也，治民亦犹是也。以时起居；恶者辄斥去，毋令败群。』上以式为奇，拜为缑氏令试之，缑氏便之。——《史记·平准书》

是时汉方数使将击匈奴，卜式上书，愿输家之半县官助边。——《史记·平准书》

非作歹，我就开导教诲他们。我所住的地方，大家都依赖我，我能有什么冤屈呢？我没有需要申诉的事情。"最后使者索性直奔主题，打破砂锅问到底："那你拿出一半财产来到底是图什么呢？有什么目的呢？"卜式的回答很简单，也很单纯，就是为国家出力：天子征讨匈奴，有才略有勇力的人应该征战沙场，为国捐躯；有钱财的人就应该捐献财物出来，资助军队。这样我们大汉就能把匈奴给消灭了。

惊讶也好，不信也罢，使者总算是完成了任务，回去复命时将卜式的话一五一十告诉了汉武帝。汉武帝听罢，也颇感惊讶，也有些怀疑卜式的动机，以为卜式是靠捐产借机炒作，运用的是欲擒故纵之计，以求得到更高的职位。猜不透、想不通的汉武帝最后召见丞相公孙弘，请公孙弘发表一下看法。公孙弘认为："这不符合人的本性。对这些不合法度的人，不能因为他们而扰乱了正常法纪。"请陛下不要答应他。

公孙弘这一番话实际上肯定了汉武帝之前的怀疑，所以汉武帝一直没有回复卜式，这样拖了几年才让卜式回家。卜式回家乡后，继续他的耕种、畜牧工作。

卜式与国家元首的协商没有成功，事情在汉武帝那儿慢慢就淡忘了。但是，战事还在进行，加上一年多之后浑邪王来投降，需要花费大量钱财安抚人心，致使国库严重空虚。第二年又出现了贫民大迁移的情况，这么多的人需要吃饭穿衣，国家供给乏力。卜式便拿出二十万钱给河南郡守，用来安顿移民。后来，河南郡守向汉武帝上报当地富人资助贫民的名册，汉武帝看见卜式的名字，之前淡忘的那个怪人的话语又在耳边响起，汉武帝说："这个人之前就想捐出家财的一半来帮助边防建设，看来所言非虚。"于是，汉武帝把四百成边人的十二万给养钱赏赐于他，卜式又把这些钱全部交还给朝廷。此时，全国的富豪都在忙着藏匿钱财，只有卜式乐不颠地拿出钱帮助国家边防事业。

> 岁余，会军数出，浑邪王等降，县官费众，仓府空。其明年，贫民大徙，皆仰给县官，无以尽赡。卜式持钱二十万予河南守，以给徙民。——《史记·平准书》

天下熙熙，皆为利来；天下攘攘，皆为利往。卜式这一乡里羊倌却能主动为国捐助财物，其胸怀令人感叹！当时像他这样的"傻小子"不多，只此一个。现代人的境界似乎比古代人高了很多，不断有人声称要在死后"将一半财产捐献给社会"，还有人要捐出全部财产，将礼金捐给灾区云云，这似乎是人类的一大进步，但是，在看惯了众多的"诈捐门"事件后，我们不禁要对某些所谓的无私情怀持一种观望态度。当初公孙弘以小人之心度君子之腹，看扁了卜式，现代人千万不要让古人偷着笑啊，真的假不了，假的真不了，留待历史验证吧！

> 是时富豪皆争匿财，唯式尤欲输之助费。——《史记·平准书》

23.不以裙带论英雄

在汉语世界中，有些词语本是简单的描述性词语，后来人们将之做了引申，意思随之有了一定的变化，如"领袖"原来指的就是衣服的领子与袖子，后来引申为国家或团体的最高领导人；有些变化甚至是颠覆性的，如"衣冠禽兽"本来指的是官员绣有禽兽等不同图案的官服，后来用来指道德败坏之人。这便是词语的语义演变。"裙带"也属于其中之一。

裙带，本是指女子束裙裳的衣带，是服饰装饰品。唐代位列"大历十才子"之一的李端写有一首《拜新月》：

开帘见新月，便即下阶拜。

细语人不闻，北风吹裙带。

这首诗源自唐代的拜月风俗。月亮皎洁明亮，自古以来人们便用月亮形容女子容貌之美，《诗经·陈风·月出》就是典型代表：

月出皎兮，佼(jiǎo)人僚(liǎo)兮。舒窈纠兮，劳心悄(qiǎo)兮！

月出皓兮，佼人懰(liǔ)兮。舒忧受兮。劳心慅(cǎo)兮。

月出照兮，佼人燎兮。舒夭绍兮，劳心惨(cǎo)兮！

用月亮来表现女子容貌之姣好、身姿之窈窕、步履之轻盈，清代方玉润在《诗经原始》中评价道："从男意虚想，活现出一月下美人。"至唐代，女子为了祈求青春永驻、容颜不老，便产生了拜月风俗。李端的这首《拜新月》短小清新，写出了女子将青春永驻的愿望寄托于月亮的心理：推开帘子，发现一轮新月高挂空中，便立即下拜，其急切、虔诚之情跃然纸上。小女子喃喃诉于月亮，别人根本无从听闻，唯有北风吹拂着女子的裙带，一上一下，似乎明白了女子满腹的心事。在李端的这首小诗里，裙带是一个极为重要的意象，它是女子的象征，亦是女子心事的象征。

裙带是女子衣服的配饰，不是主要的衣着，但是附于裙裳之上仍然有着重要作用，既实用又美观，所以人们便用裙带来喻指女子的亲属，这些亲属因为女子的姻亲关系获得一定的好处。根据宋代赵升的考证，宋代专门有一类人通过做亲王的女婿获得一定的官职，民间戏称之为"裙带头官"。其实，不仅仅是"裙带头官"，宋代因为姻亲关系而得利的还有不少，北宋的蔡卞就是一位。蔡卞是蔡京的弟弟、王安石的女婿，王安石的次女嫁给蔡卞，成为蔡卞的七夫人。根据周煇《清波杂志》的记载，七夫人颇知诗书，写就一手好诗词，于政事亦能有见地，蔡卞每当有政事需要议论之时，必定要事先征求七夫人的意见，等到第二天上朝议政，蔡卞将事先与七夫人商定的意见宣之于外。时间一长，朝中大臣对此皆有意见，说

> 亲王南班之婿，即所谓郡马也，俗谓裙带头官。——赵升《朝野类要》卷三；中华书局2007年版

原来他们每日里要执行的决议，都是七夫人余下的唾液。后来蔡卞官拜右相，于家中大摆筵席，还请了戏班子热闹热闹。没想到，其中有一个伶人在演唱过程中唱道，蔡卞之所以能够官拜右相，都是因为沾了七夫人的光，言外之意，蔡卞能够登上右相之位，乃是王安石的功劳。伶人的戏言，一时间传为笑谈，实际上也道出了很多人的心中所想。

蔡卞是王安石的女婿，王安石也确实推荐过蔡卞，这些都不假，这些都是伶人戏言的由来，但在蔡卞为相一事上，还需要进一步考察。蔡卞本身是宋神宗熙宁三年(1070)的进士，学识渊博、才华横溢，精通诗书礼仪，为官之初亦能做到爱民如子。蔡卞在任江阴县主簿时因同情百姓疾苦而推行王安石的"青苗法"，在青黄不接之时解百姓的燃眉之急，深得王安石喜爱，王安石才决定将自己的女儿嫁给蔡卞为妻。对于蔡卞为相之事，王安石曾经说过，蔡卞能够胜任右相之位，主要还是因为他本身有宰相的才能，而不仅仅因为他是自己的女婿，不仅仅是裙带关系的原因。

裙带关系，它秉承的是"任人唯亲"，破坏了"任人唯贤"的原则，在历史上是一大毒瘤。许多

蔡卞之妻七夫人，颇知书，能诗词。时执政相语曰：『吾辈每日奉行者，皆其咳唾之余也。』蔡拜右相，家宴张乐，伶人扬言曰：『右丞今日大拜，都是夫人裙带！』讥其官职自妻而致，中外传以为笑。——刘永翔《清波杂志校注》卷三，中华书局1994年版

辉在金陵，见老先生言，荆公尝谓：『元度为千载人物，卓有宰辅之器，不因某归以女凭借而然。』——刘永翔《清波杂志校注》卷三，中华书局1994年版

王朝的灭亡与削弱，都与外戚干政有关，如汉初的诸吕之乱、西汉末年的王氏主政、北周末年外戚杨坚专政、唐代的杨国忠专权、宋理宗时的贾似道专权等。而外戚的升迁靠的正是裙带关系，他们靠着妻女姐妹的关系，屡获提拔，直线上升，坐到了"一人之下，万人之上"的位置，甚至大有取而代之的倾向与权势。裙带关系带来的外戚专权危害甚大，唐代的杨国忠专权误国，好大喜功，以侍御史升到正宰相，身兼四十余职。他穷兵黩武，两次征讨南诏，使得民不聊生；他不关心民生疾苦，上下其手，蒙蔽视听。所以，裙带关系一直以来都是一个贬义词。

裙带关系，可以为人的升迁提供一个绿色通道，走过通道之后，如何行事，就得看个人的自律了。与杨国忠发迹极为相似的是汉代卫子夫的弟弟卫青。他们都是外戚，自己的姐妹都极受皇上宠幸，一家人也连带受益。当时民间因为这种情况亦有相似的歌谣流传："生男无喜，生女无怒，独不见卫子夫霸天下。"但是，卫青在裙带关系下没有丧失理性，而是一直自律自守，成为人臣之楷模。

在征讨匈奴、扬威大漠的历程中，汉武帝以"英雄不问出处"擢升的卫青成为重要功臣，他七出边塞，打击了匈奴的嚣张气焰。但历代对卫青的评价可谓褒贬参半，褒者言卫青的卓越战功、低调行事，贬者则主要是从他的裙带关系说起。那么，真实的卫青到底是怎样的一个人呢？

首先我们来看一下卫青发迹前的个人简历。

卫青，男，西汉平阳县人，私生子，父亲叫郑季，是县中小吏，母亲是平阳侯的小妾卫媪，两人私通而生卫青。

家庭关系： 无温暖。作为私生子的卫青小时候从平阳侯府回到父亲郑季家里，父亲让他牧羊。郑季前妻生的儿子们都把他当作奴仆来使唤，不把他当兄弟看待。

工作经历： 平阳侯家骑兵，跟随平阳公主；建章宫职员。

发迹预兆： 卫青有一次曾经跟随别人到甘泉宫，有个脖子上戴着铁枷的犯人见到卫青之后，仔细打量了他一番，然后意味深长地说："这人是贵人之相，将来必定能当大官，位至侯爵！"卫青听后，颇觉惊讶，浅浅一笑说："我是奴仆生的孩子，这一生只要能不挨打受骂就心满意足了，又怎么可能封侯呢！"

发迹诱因： 建元二年（前139），卫青的姐姐卫子夫被汉武帝看中，纳入后宫，备受宠爱，后来有了身孕。这一消息惹恼了汉武帝的皇后陈阿娇。阿娇是堂邑大长公主刘嫖的女儿，自己没有生儿子，看到卫子夫不仅受宠，还有孕在身，妒心陡起，于是便与其母商量，派人逮捕了卫青。大长公主逮捕囚禁卫青，想杀死他给卫子夫一个下马威，好在卫青的朋友公孙敖联络一些壮士把他从鬼门关抢了回来。汉武帝听到这消息后，对阿娇极为不满，当即任命卫青为建章监，官衔为侍中，连同他的同母兄弟们

大将军卫青者，平阳人也。其父郑季，为吏，给事平阳侯家，与侯妾卫媪通，生青。——《史记·卫将军骠骑列传》

青尝从入至甘泉居室，有一钳徒相青曰："贵人也，官至封侯。"青笑曰："人奴之生，得毋笞骂即足矣，安得封侯事乎！"——《史记·卫将军骠骑列传》

都跟着受益，数日之间给予他们千金之多的赏赐。姐姐们也钓得了金龟婿，大姐卫孺做了太仆公孙贺的妻子，二姐卫少儿曾与陈掌私通，汉武帝便召来陈掌加以提拔。救下卫青的公孙敖也跟着沾了光，多次被提升，越来越显贵。卫子夫后来做了汉武帝的夫人，卫青升为大中大夫。

卫青的发迹是偶然的，在汉武帝与大长公主、阿娇的较量中，汉武帝带着满腹怨气向阿娇和大长公主叫板：我才是当家的，我就是要重用他们，你们能奈我何？这样，本为奴仆的卫青一下子被推到了历史的前台。

这样看来，卫青确实是靠着姐姐卫子夫的裙带关系上位的，真有"一人得道，鸡犬升天"的意味。宋代的苏轼对卫青就没有好言辞，在《东坡志林》中说："汉武帝无道，无足观者，惟踞厕见卫青，不冠不见汲长孺，为可佳耳。若青奴才，雅宜舐痔，踞厕见之，正其宜也。"

但是，卫青之所以青史留名，绝对不是因为姐姐卫子夫的关系，而是靠着自己的打拼与谦虚。正如司马迁在《佞幸列传》中说："卫青、霍去病亦以外戚贵幸，然颇用材能自进。"卫青、霍去病是因为外戚的关系而得到显贵和宠幸，但他们都有一定的才能，并能不断上进。

卫青从小受尽折磨，突然之间贵极人臣，面对沧海桑田的变化，他没有乐昏头脑，而是怀着感恩之心为汉武帝尽忠。他多次出兵匈奴，出生入死，浴血奋战，屡立战功。元光五年（前130），卫青为车骑将军，出上谷，击匈奴；元朔元年（前128）秋，卫青为车骑将军，出雁门，斩首匈奴数千人；元朔二年(前127)，卫青兵指陇西，捕获数千人，畜百余万，迫使白羊王、楼烦王逃走，遂以河南地为朔方郡；元朔五年(前124)春，卫青将三万骑，出高阙，得右贤裨王十余人，众男女万五千余人，畜数千百万；元朔六年(前123)春，卫青出定襄击匈奴，斩首万余人；元狩四年(前119)春，击匈奴单于，捕斩首虏万余级，得匈奴积粟食军，等等。他一生所得的长平侯、大司马大将军等封号，都是在征战有功的情况下汉武帝对他的赏赐。

面对汉武帝的赏赐，卫青不贪功。元朔五年，卫青率军大败匈奴右贤王，汉武帝加封卫青六千户，并封卫青的儿子伉为宜春侯、不疑为阴安侯、登为发干侯。面对这一奖赏，卫青坚决拒绝。卫青说："依靠陛下神灵佑助，我们才能获得胜利，这是众位将士奋力拼搏的结果。陛下您已经加封微臣了，臣的儿子们年龄尚小，没有经受征战的劳苦与颠簸，陛下您降恩封他们三人为侯，这不是微臣鼓励将士奋勇作战的本意啊！这几个小孩子怎么敢接受您的封赏呢！"后来跟从卫青作战的将帅都受到了相应的赏赐。

自己有如此赫赫军功，将士皆能服从，极易滋生人的专权心理，同是外戚的吕后的兄弟就是一个例证，但卫青很低调、很忠心。有一次，他率军出征匈奴，右将军苏建和前将军赵信与匈奴遭遇，汉军死伤

青固谢曰："臣幸得待罪行间，赖陛下神灵，军大捷，皆诸校尉力战之功也。陛下幸已益封卫青。臣青子在襁褓中，未有勤劳，上幸列地封为三侯，非臣待罪行间所以劝士力战之意也。伉等三人何敢受封！"——《史记·卫将军骠骑列传》

惨重，赵信本是匈奴降将，兵败后又投降了匈奴，苏建则突围逃回。在讨论如何处置苏建时，有人认为苏建弃军而逃，应将他斩首以立大将军的军威，有人则认为苏建已经尽力而战了，不应斩首。卫青认为自己已经是皇亲国戚，没有必要再树立权威，他本有处决部将的权力，但却不敢擅杀，而是把苏建用囚车送回长安，由皇帝处理。后来汉武帝赦免了苏建，令其交纳赎金后贬为平民。

对于卫青，《史记·淮南衡山列传》中记载淮南王刘安谋反之前，认为朝廷派兵镇压，必定会派卫青前往，便向他的谋臣伍被询问卫青为何许人也。伍被用实际事例指出卫青乃是古来少有的良将。伍被的好朋友黄义曾跟随卫青出击匈奴，凯旋之后告诉过他：大将军对士大夫有礼貌，对士卒有恩德，众人都乐意为他效劳。大将军骑术高超，骑马上下山岗疾驶如飞，才能出众过人。谒者曹梁出使长安，归来便说大将军号令严明，作战勇敢，时常身先士卒。安营扎寨休息时，士兵人人喝上水之后，他才肯喝水。军队出征归来，士兵渡河已毕，他才肯过河。皇太后赏赐的钱财丝帛，他都转赐给手下的军官。所以伍被认为卫青武艺高强，通晓军事，屡次率兵征战，不易抵挡，即使是古代名将也无人比得过他。

及谒者曹梁使长安来，言大将军号令明，当敌勇敢，常为士卒先。休舍，穿井未通，须士卒尽得水，乃敢饮。军罢，卒尽已度河，乃度。皇太后所赐金帛，尽以赐军吏。虽古名将弗过也。
——《史记·淮南衡山列传》

同样的看法在《资治通鉴·汉纪十》中也有记

载:"青虽出于奴虏，然善骑射，材力绝人；遇士大夫以礼，与士卒有恩，众乐为用，有将帅材，故每出辄有功。"卫青虽然出身低微，本为奴仆，但骑术箭艺高超，材力过人；对士大夫以礼相待，对待士卒有恩情，故而大家都乐于为其所用，加之卫青本人又有将帅之才，所以每次出征作战都能建立功勋。

杨国忠与卫青，两人发迹途径一样，但是一个是青史留骂名，一个是青史留英名，个中原因，自然不是一个裙带关系所能概括的。卫青不能改变自己的出身，也不能左右未知的命运，但他靠着自己的努力为大汉王朝建起了一道坚固的边防线，也树起了自己的人格品牌。

24.恩怨·江湖·侠客

司马迁身遭李陵之祸，亲友莫救，卒披宫刑，故深感游侠之义，在《史记》中为游侠立传，赞颂游侠言必信、行必果、不爱其躯、救人于危难之中的操行。

郭解身材短小，精明强悍，不善喝酒。年轻时内心阴狠，稍有不快，动辄杀人。铸钱盗坟、抢杀掳掠的事情也干过不少。但是，年长之后，他一改恶行，行为检点，以德报怨，施恩于人未尝求报，救人之命从不炫耀。

及解年长，更折节为俭，以德报怨，厚施而薄望。——《史记·游侠列传》

《史记》记载了郭解的几件侠义之事。

第一件，放走杀死外甥的凶手。

郭解有一个外甥，喜欢与人喝酒。他喝酒有一个特点，就是一定要让人喝光杯中酒，如果有不胜酒力者，他就会把酒硬给人灌下去。郭解的外甥之所以如此，就是依仗着郭解的势力。有一次，郭解的外甥又与他人喝酒，这人恰巧酒力不佳，郭解的外甥又来了那招强硬手法，一番拉扯之下，那人情急恼怒，便拿出刀来将郭解的外甥杀了，然后逃之夭夭。郭解的姐姐见儿子死了，心中悲伤，但是凶手跑了抓不到，她又恨得牙根痒痒，而且以弟弟郭解的能力，竟然抓不到凶手，所以一气之下，她便将儿子的尸体弃置在大道之上，没有埋葬，借此羞辱郭解，也是督促郭解赶紧将凶手捉住。

外甥意外死去，郭解也不好受，再加上姐姐的赌气之举，郭解便加紧追查凶手的住处，终于查到。凶手自知逃脱不了，便到郭解处负荆请罪，将事情的前因后果一五一十地告诉了郭解。了解事实始末之后，郭解并没有怪罪凶手，而是说自己的外甥无礼，便将凶手放走了，自己则去为外甥收尸，亲自埋葬了外甥。放走杀害亲人的凶手，这种胸襟气魄令人佩服，郭解的道义行为也让更多的人归附于他。

解姊子负解之势，与人饮，使之嚼。非其任，强必灌之。人怒，拔刀刺杀解姊子，亡去。——《史记·游侠列传》

解姊怒曰：『以翁伯之义，人杀吾子，贼不得。』弃其尸于道，弗葬，欲以辱解。——《史记·游侠列传》

第二件，照顾不敬自己的人。

郭解名声很大，他出行的时候，很多人都为他让行，唯独有一个人不但不为郭解让行，而且还对其十分不恭，又开两腿傲慢地看向他。郭解派人去打听不敬之人的姓名，手下的门客以为郭解是要治治这个不服气的人，便主动提出去杀了这人以解郭解之气，谁料郭解却说："同住一乡，却被人如此不敬，这是我自己德行修养不够的结果，他又有什么过错呢！"郭解暗地里嘱咐尉史要照顾这个人，免除此人的差役。

不敬之人很长时间没有服徭役，他感觉很奇怪，便去询问原因，才知道是郭解替自己免除了徭役，这改变了他以前的态度，他主动到郭解处负荆请罪。郭解这一以德报怨的行为，让乡中少年倾慕不已。

第三件，调解洛阳仇家不居功。

洛阳有两户人家相互结仇，郡中的贤士十余人去调解，都没有消解两家的仇怨。在门客的请求之下，郭解趁着夜色到两家去调解，由于郭解的威望与影响，结仇的两家人答应和解。但是，郭解又想到自己不是洛阳郡中人，洛阳郡中的诸多贤士都没调解成功的事情，自己一个外乡人一下子完成了，这或多或少会让本地的贤士没有脸面。为了照顾洛阳贤

每至践更，数过，吏弗求。怪之，问其故，乃解使脱之。箕踞者乃肉袒谢罪。少年闻之，愈益慕解之行。——《史记·游侠列传》

士的面子，郭解又趁着夜色离去了，没有让其他人知道，并且嘱咐两家人等到他离开之后，再让洛阳贤士调解，假装那时才言和。

郭解本是相貌平平的一介布衣，然救危扶困，少年皆慕其风。汉武帝时，压制地方豪强，让家财三百万以上者悉迁茂陵，郭解家财不足此数，但因为他的名声大，县掾杨季主之子担心郭解在他的地盘上不好管理，提名让他迁徙。大将军卫青替郭解辩护，汉武帝却说："一个普通老百姓，能让将军这样身份的人替他说情，你说他穷吗？"最终让他搬迁，前来送行者为郭解集资一千多万。

及徙豪富茂陵也，解家贫，不中訾，吏恐，不敢不徙。卫将军为言：『郭解家贫不中徙。』上曰：『布衣权至使将军为言，此其家不贫。』解家遂徙。诸公送者出千余万。——《史记·游侠列传》

郭解一家被迁徙，是因为县掾杨氏之子的提议，郭解的侄子便把杨氏之子杀了，两家的梁子也自此结下了。后来，杨家告状，郭解的人又把告状的也杀了。郭解不得不亡命天涯，最终被缉拿归案，但朝廷找不出郭解杀人的直接证据。曾经有个儒生听到他人称赞郭解，便反驳说郭解"以奸犯公法"，不值得称道。郭解的门客一怒之下杀了他逃跑了。御史大夫说："郭解区区百姓，却收养门客、玩弄权势，睚眦眼睛这样的小事就去杀人，虽然本人不知情，但却比本人杀人还严重，应该判大逆不道罪。"郭解于是被族诛。

御史大夫公孙弘议曰：『解布衣为任侠行权，以睚眦杀人，解虽弗知，此罪甚于解杀之。当大逆无道。』遂族郭解翁伯。——《史记·游侠列传》

汉高祖刘邦是依靠着侠客与谋臣登上皇帝宝座

的，汉初又实行休养生息、无为而治的政策，因此侠风甚炽。但是，随着国家的安定统一，庙堂已经不需要江湖，不但不需要，而且江湖的侠客势力成了朝廷的潜在威胁。汉武帝杀郭解是早晚的事情。郭解年轻时动辄杀人，却总遇大赦；年长后折节检点，却身遭族诛。这就是时代的差异。

韩非子说："儒以文乱法，侠以武犯禁。"汉武帝"罢黜百家"，却"独尊儒术"，因为儒家与时俱进，经过改造，进入了国家的意识形态主流。郭解长大后也折节改造，却身遭族诛。其后，游侠成为"非主流"，转向于江湖中独立求生存了。

汉文帝时，郭解之父就曾因任侠被诛，这是时代转变的一个信号。不过，郭解并没有认清时局，虽然他一生不至于恶贯满盈，大部分事件都是他的门人所为，然而，他有点做作的侠义行为，终致树大招风。

一个人，名声太大，有时反而会失去生活的空间，甚至是生存空间。不过，司马迁引用当时的谚语说："人貌荣名，岂有既乎！"一个人的生命可以被杀，容貌可以消失，但他的名声会有穷尽吗？是啊，侠客可以杀死，游侠可以消灭，但游侠精神会消失吗？

其实，有人就有恩怨，有恩怨就有江湖，有江湖

自是之后，为侠者极众，敖而无足数者。——《史记·游侠列传》

就有侠客。所以，自始至今，侠客都没有消亡，只是换了一种方式而已。

25.沉默是一种人生选择

太平兴国四年 (979) 五月，经过几个月的围城打援，五代十国中的最后一个割据政权北汉并入大宋的版图。宋太宗不仅把北汉从地图上抹去，而且把太原旧城彻底化成了历史的陈迹。他有理由为自己骄傲自豪。踌躇满志、欣喜若狂的太宗皇帝并没有因此停下征伐的脚步，他接着做出了一个几乎出乎所有人意料的决定：立刻出兵收复燕云地区。

宋太宗的这一决定，一是得意忘形，二是错判形势。

北汉是十国中唯一割据在北方的政权，这个政权，凭借辽国的军事支援、坚固的太原城、士兵顽强的作战力，持续了二十九年。后周世宗、大宋太祖先后多次征伐都没有成功。现在宋太宗成功了。一方面，平定北汉是大宋统一过程中的重要成就；另一方面，一心想超越宋太祖的他，终于有了可以证明自己实力的真凭实据。双重的喜悦，尤其是后者，让太宗皇帝颇为兴奋。他得意忘形，如同一个喝酒喝高了的人，大脑冲动，一冲动就容易短路，一短路就作出了异乎寻常的决定。

平定北汉的中心是围攻太原城，关键则是打援——阻击辽国援军的南下。当时负责打援的是镇守西山二十年的郭进，郭进先到，占领有利地势，在辽军渡涧之时突然发起攻击，辽军不战而乱，宋军趁机追杀，辽军大败。这一战，郭进占了地利的优势，利用了辽军轻敌的错误思想，没费多大劲儿就完成了任务，让辽国损兵折将，这为攻占太原奠定了基础，也让太宗皇帝对辽国的军事力量产生了低估，由此直接推动宋太宗攻下太原后立即征伐幽州决策的出笼。

在围攻太原数月，粮草将尽、军队疲惫的情况下，宋太宗突然提出一个新的作战目标，并要求立即执行，这样做是否合适呢？对此，有两种截然相反的意见。

一派极力赞成，一派坚决反对。

赞成者有赞成的道理，反对者有反对的理由。反对的理由有二：

第一，不能打。征伐燕云是太宗皇帝一个临时性的决策，各项工作根本没有准备，包括物质准备（粮草）、心理准备。从现实看，从太平兴国四年正月出兵到五月太原攻陷，连续数月行军、作战、攻城，士卒疲惫，像长时间绷紧的一根弦，该松松了，再不松松，要么崩断，要么就失去弹性了。

第二，不想打。太原攻陷之后，众将领终于松了一口气，正盼望着论功行赏呢，这是必需的，也是战争胜利的一个动力；没想到没等来行赏，却是接着出征，因此将士内心不愿打。

这两条简单的理由，是单纯从宋军方面来看的，如果再考虑辽军的实力，则困难更多。因此无论如何，仓促出征幽燕都是不合适的。但是，反对者慑于皇帝的威严，集体选择了沉默。因为他们太了解太宗皇帝了。太宗皇帝杀伐专断，一旦做了决定，很难更正。面对这样的皇帝，大臣们选择沉默不难理解。

沉默是一种人生的选择。沉默作为一种人生选择，非常复杂。

人们常说，沉默是金。确实如此，在一些情况下，沉默可以避免祸从口出，特别是遇到专制暴君的时候。当然，沉默是金，并不是说什么都不要说。孔子的弟子子张向孔子求教如何做一个好干部，孔子说："多听听别人的言论，有怀疑不懂的地方则保留，其余的也要谨慎地说，这样做的话，就会少犯错误；多看一看别人的行事，把危险的事情保留下，其余的也谨慎去做，这样做的话，就会少有后悔。言语少有错误，行事少有后悔，谋求仕禄的方法就在其中了。"

"沉默是金"并非永远正确，是有条件的。当需要你选边站队时，有时，选择沉默等于选择了灾难。此时，沉默是祸。

面对强权、暴力，沉默是一种抗争，沉默是一时的忍耐。

沉默是对无效规劝的明智选择，沉默是对固执己见者的唯一选择。

被人误解，可以选择沉默。每个人本来就不需要所有人都了解，没有必要对他人解释什么。

有时候，沉默也是一种声音，一种无言的声音。西方有句格言："缄默有时就是最严厉的批评。"可惜

子张学干禄。子曰："多闻阙疑，慎言其余，则寡尤；多见阙殆，慎行其余，则寡悔。言寡尤，行寡悔，禄在其中矣！"——《论语·为政》

的是，聪明的宋太宗已经被冲昏了头脑，根本就无视这些沉默的声音，结果在沉默时就已经确定。

26.成功的N种模式

追求成功是大多数人的人生目标，但是，成功的模式千千万万。

第一种模式：生前落寞身后名。

陶渊明一生五次出仕均不得志，最终辞官归隐，回归田园，创作了中国第一批田园诗，成为中国古代文学史上最著名的田园诗人。陶渊明的仕途并不顺利，他的创作也得不到当时人的认可，《晋书》《宋书》《南史》都有陶渊明的传记，但均入《隐逸传》。陶渊明在相当长一段时间内被人们当作一位隐逸者看待。到了唐代，陶诗的价值才逐渐被人认知。宋代，陶渊明及其诗歌被人们奉为楷模。我们今天所认知的陶渊明其实是宋人重塑的陶渊明。

陶渊明生前显然不是我们平常所说的"成功"人士。他的身后盛名与他生前的落寞形成鲜明对比。陶渊明是中华民族的伟大诗人，他的诗歌、散文、辞赋俱精。陶渊明与西方一些大师相类，在他生活的时代不被人理解，不受人关注，遭受种种不公的待遇，但在身后却获得了巨大的"成功"！

韩非亦是如此！生前事业无成，身后享誉学界。

第二种模式，少壮工夫老始成。

《老子》中说："大方无隅，大器晚成。"意思是，最方正的反而没有棱角，铸造贵重的器物反而最后完成。后人多用"大器晚成"来比喻越是有大才能的人，越晚成功。春秋五霸中的第二位霸主晋文公，就是一个大器晚成者。

晋公子重耳为避骊姬之难，被迫流亡，这时候的他已经四十多岁，还是一个安于享受、没有追求的贵公子，这一流亡，他在外十九年，逐渐成长为深谋远虑的政治家。在秦国的帮助下，他最终回国，成为晋国的第二十二位国君，这个时候的他已经六十多岁了。他成为国君之后，晋国的国力大增，开创了百年霸业。

在近现代中国画坛享有盛誉的齐白石，也是一个大器晚成者。齐白石从小家境贫困，几乎没读过什么书，砍柴、放牛、种田的活，他都干过，十几岁的时候开始学习木工，挣钱养家，接触了一点儿雕刻的知识。到快三十岁的时候，才正式开始学画。五十七岁以后，画风转变，才真正有所成就，最终成为一代大师。

重耳、齐白石，他们的成功很晚，不过，也正是他们早年的经历、磨炼、积累玉成了他们的成功。正如陆游所云："古人学问无遗力，少壮工夫老始成。"

第三种模式，顺风顺水巍然不倒型。

五代时期的宰相冯道就属于这种类型。冯道的时代，是社会剧烈动荡、皇帝轮流坐庄的时代。冯道早年曾在燕王刘守光手下效力，历仕后唐、后晋、后汉、后周四朝，先后效力于十位皇帝（后唐庄宗、后唐明宗、后唐闵帝、后唐末帝、后晋高祖、后晋出帝、后汉高祖、后汉隐帝、后周太祖、后周世宗），始终担任宰相级别的官职。不管朝代、皇帝如何更换，冯道巍然不动，后人称其为"不倒翁"。不过，后来的史学家往往从"忠君"观念出发，讥讽他"不知廉耻"。其实，冯道的时代就是那样的时代，不能过多苛责。冯道为人宽厚，廉洁节俭，知足常乐，在任期间事亲济民、提携贤良，还是尽职尽责的。在当时，士大夫能够被冯道称誉的，都引以为光荣。

第四种模式：前期事业成功而后期被杀。

商鞅变法，事业获得了巨大的成功。自他实行变法至秦王政兼并六国成功，历六世秦王而统一天下。但是，商鞅最终被车裂而死。商鞅虽死，其法未废。商鞅是事业的成功者，却是生活的失败者。

第五种模式：生前有事业的成功，亦有事业的失败。

屈原前期深受楚王信任："入则与王图议国事，以出号令；出则接遇宾客，应对诸侯。王甚任之。"后来，楚王信人谗言，"怒而疏屈平"。屈原人生出现重大转折。晚年，令尹子兰恼怒屈原，派人在楚顷襄王面前诋毁屈原，屈原遭受放逐。总体上看，屈原的人生失败了，但他却留下了传诵千古的楚辞。"路曼曼其修远兮，吾将上下而求索"，永远激励着人们奋进！

第六种模式：事业不成而生活成的成功者。

人生短暂，岁月如梭，并非每个人都能在事业上获得成功。事业不能成功则经营生活的成功，这是大多数人的现实选择。虽然有些许苦涩，但是，它仍然

然当世之士无贤愚皆仰道为元老，而喜为之称誉。——《新五代史·冯道传》，中华书局2014年版

是一种不错的选择。正所谓"世情阅尽忘今古，一合乾坤几废兴"。其实，只要看开了，内心也就平静了。从某种程度上说，生活的成功，才算真正的成功，或者说，生活的成功，是成功最后的落脚点。在今天，也有不少在事业上叱咤风云、腰缠万贯的企业家、女强人，但他们的个人生活——婚姻、家庭、子女反而一团糟，这不值得羡慕，更不值得效仿。

……

当然，自古至今，成功者多多，成功的模式也多多，可以这么说，成功的结果没多大差别，但成功的过程各有不同，一千个成功者，就有一千种成功的模式。有人说"我的成功可以复制"，其实那是骗人的。

27.成功是人生的幸运

商鞅原本是卫国国君的妾所生的儿子，原名公孙鞅，因为生在卫国，也叫卫鞅。

商鞅自幼喜爱刑名之学，曾在魏相公叔痤 (cuó) 手下任中庶子。公叔痤知道商鞅极有才华，但是没等到他推荐商鞅，自己病危了。魏惠王听说公叔痤病危，马不停蹄地赶来探视："万一您有不测，国家怎么办？"公叔痤回答："中庶子公孙鞅很年轻，有奇才，希望大王能把整个国家交给他治理。"魏惠王默不作声。这种沉默明显就是反对了，是给人留了一点儿脸面的反对。临别之际，公叔痤屏退他人悄悄对魏惠王说："大王如不用公孙鞅，一定要杀了他，千万不要

"让他到其他国家。"魏惠王答应了。

魏惠王一走，公叔痤马上把公孙鞅叫来："刚才大王问我谁可代我为相，我推荐了你。我看大王没有重用你的意思。我做事只能先国家后个人，所以，我刚才告诉大王，如不用公孙鞅，一定要杀了他。大王答应了。你赶快走，晚了就走不了了。"

公孙鞅听后，平静地对公叔痤说："大王既然不能听你的话重用我，又怎么能听你的话杀了我呢？"公孙鞅最终没有离开魏国。魏惠王从公叔痤家里出来，对他身边的人说："公叔痤真是病昏了头，想让我把国家交给公孙鞅，荒唐至极！"

公叔痤死后，魏惠王既没有重用公孙鞅，当然也没有杀掉公孙鞅。

后来，秦孝公广招天下贤才，实行变法。公孙鞅到了秦国，受到秦孝公的重用，变法成功，奠定了秦国兼并六国的基础。公孙鞅也因此被封商於之地，史称商鞅。商鞅因此而永载史册，成为中国历史上鼎鼎大名的改革家，也是先秦法家最成功的实践者。

先秦法家还有一位大家韩非。他和商鞅一样，"喜刑名法术之学"，并和李斯一样受学于

公叔痤知其贤，未及进。会痤病，魏惠王亲往问病，曰：『公叔病有如不可讳，将奈社稷何？』公叔曰：『痤之中庶子公孙鞅，年虽少，有奇才，愿王举国而听之。』王嘿然。王且去，座屏人言曰：『王即不听用鞅，必杀之，无令出境。』王许诺而去。——《史记·商君列传》

公叔痤召鞅谢曰：『今者王问可以为相者，我言若，王色不许我。我方先君后臣，因谓王即弗用鞅，当杀之。王许我。汝可疾去矣，且见禽。』——《史记·商君列传》

惠王既去，而谓左右曰：『公叔病甚，悲乎，欲令寡人以国听公孙鞅也，岂不悖哉！』——《史记·商君列传》

荀子。韩非对韩国的感情很深，虽然他的强国之策不被韩王安采纳，但是他还是要为韩国的存亡奋斗到底。

韩非的主张不被采纳，就发愤著书，写作了《孤愤》《五蠹》《说难》等文章。秦王政读了这些文章后，恨恨地说："嗟乎，寡人得见此人与之游，死不恨矣！"李斯连忙介绍说：这是我的同学韩非所写，此人现在韩国。秦王政竟然因此攻打韩国，迫使韩非出使秦国，得以相见。

韩非生活的时代已经进入战国后期，秦国自商鞅变法之后日渐强大，秦国一国独大的局面已经形成。韩国的国土紧邻秦国，成为蚕食的对象。秦王政此刻思考的重点是：在兼并六国的总战略中先灭韩还是先灭赵？

韩非上书秦王政，主张灭赵而存韩。什么理由呢？大致是三点：第一，韩国已经相当于秦国的郡县；第二，赵国一直准备合纵抗秦；第三，韩国不容易灭掉。

秦王政非常欣赏韩非，看了韩非的上书后却很谨慎。他把韩非的上书交给群臣公议。

李斯第一个反对。

李斯认为：韩国对于秦国来说就像一个人心中的疾病，非治不可。即使韩国向秦国称臣，也是秦国的心病。秦国一旦有突发事件，韩国绝对不可信，这叫作心病必除。

最终，韩非被李斯、姚贾等人陷害入狱。不久，秦王政后悔了，特赦韩非，但为时已晚，韩非已死于狱中。

韩非对自己的死亡也有很大的责任。存韩亡赵是他为韩国争取时间，反对李斯的灭韩计划是为了故国的安危，不顾个人安危、力排姚贾是为了阻止秦国使用金钱战杀伤六国。韩非作为韩国的使者，如此深地卷入秦国统一天下大计的议定之中，的确是有些自不量力。但是，韩非的自不量力让人有一种悲壮之感。他为了韩国的存亡，不惜上书秦王，结怨姚贾，反对李斯，最终导致姚贾、李斯联手置他于死地。韩非死于狱中，没有完成存韩的使命，这是大势所趋，他一个人绝无回天之力。但是，这种明知不可为而为之的精神让后人感动，他对故国的感情让人感动，他为韩国而死，正如屈原为楚国沉江一样，让人感受到一种精神的存在！一种伟大人格的力量！

韩非和商鞅都是先秦法家的杰出代表。韩非是先秦法家理论的集大成者，商鞅是先秦法家的伟大实践者；但是，在现实中，商鞅变法成功（尽管最后被杀），韩非没能在韩国实行变法，最终为韩国付出了生命的代价。二者相较，商鞅是现实人生的成功者。

人们经常说，成功源于实力。此言亦对亦不对。没有实力肯定不能成功，但是，有了实力就能成功吗？难讲！韩非没有以法家思想变法的实力吗？有！韩非绝对有此实力。为什么韩非有实力却不能在韩国变法呢？时代不同了。韩非生活的时代是战国后期，秦国大规模的兼并战争即将展开，韩国已经没有变法图强的时间了。历史没有给他提供施展个人才华的时间和空间，他只能著书将自己的法家理论写出来流传于世，在中国古代思想史上留下自己的思考。

人生的成功是一种幸运。只有实力、实干、机遇三者紧密结合，一个人才能获得成功。有实力者，必须加上实干；有实力又能实干的人，还需要机遇。认识到这一点，成功者就会力戒骄傲。成功者只是机遇比别人好。改革开放四十余年，造就了一大批成功者，他们已成为中国的富人，但是，这一切都和时代机遇密不可分。从1949年到1977年，将近三十年，为什么没有产生一批富豪？时代不允许。难道那个时代就没有商界精英吗？肯定有！但是，国家不实行市场经济，凭什么产生富豪？20世纪风起云涌的年代，出现了一大批著名的军事家，甚至出现了一些将军县。难道只有将军县才出将军？其他县就没有军事家？答案肯定是否定的。凡是产生将军县的地方，一定是最早开展军事斗争的地方，正是这样的历史平台造就了一个又一个的将军。

如果我们没有成功，没有成为现实人生的成功者，一定是实力、实干、机遇三者有一项缺位。

如果真的缺了机遇，怎么办？

麻雀没有成为凤凰，未必不是一种人生的解脱。人生既然是一个过程，我们只要尽力了，也就没有遗憾。

28.关于"成功"的再思考

关于"成功"的思考，首先要探讨的是什么叫"成功"。"成功"在不同国度、不同民族、不同信仰、不同价值观的人中有着不同的标准。

杀身成仁、舍生取义是成功还是失败？

孟子认为：

> 鱼，我所欲也，熊掌，亦我所欲也；二者不可得兼，舍鱼而取熊掌
> 者也。生，亦我所欲也，义，亦我所欲也；二者不可得兼，舍生而取义
> 者也。生亦我所欲，所欲有甚于生者，故不为苟得也；死亦我所恶，所
> 恶有甚于死者，故患有所不辟也。

在孟子看来，杀身成仁、舍生取义是成功。

东汉马援曾说："男儿要当死于边野，以马革裹尸还葬耳，何能卧床上在儿女子手中邪？"从此，"马革裹尸"就成为杀身成仁的一种精当表述。历史上许多人"誓将马革裹尸还，肯学班超苦儿女"，"男儿不负悬弧心，马革裹尸犹足愿"。这种高涨的献身精神曾经鼓舞了无数好男儿"笑卧疆场"，无怨无悔。

但是，绝不是所有的人都认为舍生取义是一种成功。否则，何以有中行说（文帝时投靠匈奴）一类卖身求荣之人？

其次，成功由谁来认定？认定成功大致有三种情况：一是自我认定，二是社会认定，三是部分人认定。概而言之，认定成功不外乎自我认定和他人认定。

自我认定非常重要。自我认定是对自己的一种评判。人们常说当事者迷，旁观者清，实际并不尽然。有些时候，有些事情，当事者迷，旁观者清，因为当事者受自我情绪的控制，有时会失去客观性；有些时候，旁观者迷，当事者清，因为当事者对情况了解得远比旁观者更清楚，旁观者因为对事件的来龙去脉不大了解，有时候评价

未必客观公正。无论哪种情况，自我评价都是最为重要的评价之一。别人怎么说当然要听，但是，自己对自己的评价不可或缺！特别是在他人不理解或不了解真相的情况下，自我认定就更显重要。

我们强调自我认定的重要，但不能一味地沉迷在自我认定之中而不顾及社会认定。社会认定是社会主流舆论对自我的认可或否定，有着巨大的影响力。作为社会动物的人，绝对不可能忽视社会的认定。万人诟病与好评如潮区别巨大。忽略自我认定，不能正确地看待自己，有可能造成极为严重的后果，抑郁或精神分裂的一个重要原因就是缺乏肯定性的自我认定。忽略社会认定可能走向另一个极端——自恋，甚至极度自恋。这同样非常危险。过于忽略社会认定，过于看重自我认定，可能会陷入一意孤行。

西晋名臣周处，年少时喜欢纵情打猎，从不顾及名声，也不注重细节，被当地百姓视为三害（猛虎、蛟龙、周处）之一，周处并不知道自己是百姓心目中的一害。为了除掉另外两害，周处进山射杀猛兽，入水捕杀蛟龙，在水中恶战了三日三夜，人们都认为周处肯定死了，高兴得相互庆贺。周处杀了蛟龙，回到岸上，听到"乡里相庆"，才知道人们对自己有多恨。从此，周处下定决心痛改前非，最终名垂青史。

周处前期是自恋者。他的自我认定非常好，但是，周处的自我认定和社会认定相距太远。周处的乡亲们把他和猛虎、蛟龙并列为"三害"，可见一个人的自我认定与社会认定如果截然相反是多么可怕。

如果你不是一个对社会、民族、国家负有重大责任的人，自恋的后果只影响个人，并不会严重影响社会。如果你是一个对社会、民族、国家负有重大责任的人，极度自恋将会造成严重后果，甚至是灾害。

社会认定是成功的重要标志。我们所说的"成功"一般均指社会认定。忽略社会认定既是不可能的，又是非常危险的。

社会认定的本身极为复杂。

社会认定从来不是整个社会的认定，而是社会主流舆论的认定，也是社会强势群体的认定，它在很大程度上受制于实力。对于社会的弱势群体而言，他们往往"被"认定，因为他们常常不能发出自己的声音。

再次，对于成功认定的时间是一个值得关注的话题。

时间永远是人生最重要的坐标。对于成功的认定有两种时间：一是生前的认定，二是身后的认定。生前的成功认定是绝大多数人的理想，因为生前的成功给个人和家庭带来的福祉是非常现实的。身后的成功认定不能带来物质上的种种满足，甚至于生前可能因为物质生活的窘迫而备受折磨。由于成功的认定是社会的认定，不取决于自身，不取决于少数人，在商品经济的时代，社会对成功者的认定带来的直接效益就是财富。所以，绝大多数人渴求的是生前对成功的认定，"是身已虚幻，敢希身后名"，"是中有佳处，遑恤身后名"，这是多数世人对身后成功认定的态度。

身后成功是身后名。有人生前已知身后名，有人生前浑然不知身后名。前者有意为之，后者无心插柳。有心栽花花不开，无心插柳柳成荫。曹雪芹创作《红楼梦》时很难知道这部奇书将会给他带来多么巨大的荣誉。"满纸荒唐言，一把辛酸泪""披阅十载，增删五次"，造就了中国古典小说的巅峰之作。

"身后名"对于重视身后名者影响巨大，对于不顾身后名者几无影响(像路易十五所言："在我身后，哪管它洪水滔天。")，对于明知有身后名亦只图今世任性者也无影响。那些抱有大胸襟、大慈悲、大智慧、大爱心的人，尽管他们不相信有来世，但是他们仍然非常重视身后的成功。这种成功虽然不能惠及成功者本人，但是能惠及民族、惠及国家、惠及人类。因此，他们的成功是人类的成功。

家族观念的有无、浓淡对身后名的关注程度有重大影响。家族观念使人们十分珍视身后名。尽管我们作为一个个自然人，一去永不复返，但是我们的子女在延续着我们的血脉，延续着家族的辉煌。当代中国由于各种原因，家族观念已跌到历史的最低点，这是一种历史的遗憾。子孙都希望先人能为自己的家族增添一份荣耀。

在中国流传极广的杨家将故事中的杨家就是一个极端重视家族荣耀的家族。在杨家将的身上，宁死不降的杨令公是这个家族永远的精神偶像，为国捐躯的杨门后人赢得了"满门忠烈"的美誉。尽管这只是一个文学的创作而非历史的真实，但是文学创作得到一个民族的高度认可后，文学典型也就成为一个民族的精神符号。

一个重视家族荣耀的民族一定是一个凝聚力极强的民族。这个民族虽然也会经历挫折，但是挫折之后必将会快速崛起，因为这个民族的价值体系中有着浓重的家族荣耀观。荣耀观使得这个民族的每个家族都不能容忍自己的民族在世界民族之林中做一个下等民族。无数这样家族的力量聚合起来，将会成为一个民族软实力中非常重要的一股力量。

治国理政

四

○ 君子谨慎地对待自己独处的时候，注重个人的道德自律，这种自律会慢慢地内化为一种人生的主动约束，约束着自己的行为处事。

○ 孔子说："君子不以言举人，不以人废言。"不要因为某人会说话就用他，也不要因为某人某方面不好就否定他的一切言论。

○ 只有可持续的政策，才能有可持续的发展。

1.君无戏言

"君无戏言"最早出现于周成王"桐叶封叔虞"的故事中。周成王即位之时，年纪尚幼，但也学到了作为君主经常会用到的礼仪性话语。有一次在和叔虞嬉戏时，周成王将一片桐叶削成珪状，并且煞有介事地说："我以桐叶册封你。"要知道，在古代，世有史官，君举必书，天子的一言一行都是要记载下来的，因此，作为史官的佚马上奏请周成王择吉日册立叔虞。周成王听到此话之后，很不以为然，说："我们在做游戏，我只是和叔虞开玩笑呢。"史佚立即义正词严地说："天子没有玩笑话，说出来的话都会被史官记载下来，然后行之于礼，见之于乐，一言九鼎。"周成王一听此言，也无话可说，于是就把叔虞封在了唐地。自此之后，周成王一生不敢有戏言，言必行之。

成王与叔虞戏，削桐叶为珪以与叔虞，曰："以此封若。"史佚因请择日立叔虞。成王曰："吾与之戏耳。"史佚曰："天子无戏言。言则史书之，礼成之，乐歌之。"于是遂封叔虞于唐。——《史记·晋世家》

"君无戏言"一直以来是约束君主行为与显示君主权威的重要方法，当然，"君无戏言"也非单纯的约束词，它是有着血的教训的。历史上言必信的君主很多，说话不算数的君主亦有很多，君无戏言能够赢来他人的忠诚捍卫，君若戏言也会酿成祸乱。

贞观初年，有人上书希望唐太宗李世民驱逐身边的奸佞之人，唐太宗对此人说："我所任用的大臣，都是我认为的贤德之人，你知道奸佞之人是谁吗？"

那人说自己不知道具体的奸佞之人，但是有一个方法可以帮助唐太宗找出奸佞之人：唐太宗假装愤怒来试验群臣的反应，那些不畏惧雷霆之怒，直言敢谏者，便是正直之人；那些顺应唐太宗恼怒之情，逢迎唐太宗意见的，便是奸佞之人。对于上书之人提供的所谓"妙招"，唐太宗却认为是馊主意，他认为流水清浊，关键在其源头，君主是为政的根源，臣民如同流水，君主自行欺诈，却要求臣民正直，这就如同水的源头浑浊而希望水流清澈，是根本做不到的。唐太宗一直以来因为曹操言行多诡谲狡诈，所以深深地鄙视他的为人，如果自己采取了上书之人的"妙招"，就如同曹操一般了，这不是实施教化的根本。所以，唐太宗回复上书之人说自己要以诚信治理天下，不想用诈骗之术引导世风，自己不会采纳他的"妙招"。

唐太宗能够成就一代功名，有着诸多原因，其中诚信是一个很重要的原因，他多次援引先哲之言、历史事例作为自己以信治天下的依据。孔子曾经提出过"民无信不立"，宁可不要粮食也要保持百姓的信任。历史上，项羽攻入咸阳，已经控制了天下。但是他公然违背怀王之约，不守信用，最终离心离德，被刘邦夺得了天下。如果他能够以诚待人，推行仁政，又有谁能够与他争锋呢？

太宗谓封德彝曰：『流水清浊，在其源也。君者政源，人庶犹水，君自为浊，欲臣下行直，是犹源浊而望水清，理不可得。朕常以魏武帝多诡诈，深鄙其为人，如此，岂可堪为教令？』谓上书人曰：『朕欲使大信行于天下，不欲以诈道训俗。卿言虽善，朕所不取也。』——吴兢《贞观政要》上海古籍出版社1978年版（以下凡引此书，皆为此版，不再一一注明）

贞观十七年，太宗谓侍臣曰：『传称「去食存信」，孔子曰：「民无信不立。」昔项羽既入咸阳，已制天下，向能力行仁信，谁夺耶？』——吴兢《贞观政要》

245

其实，除了项羽的例子，历史上还有很多因为无信、戏言而产生恶果的君主。春秋时代，齐襄公派连称、管至父到葵丘去戍守。这个人事调动是在收瓜的时节公布的，齐襄公与他们约定，等第二年瓜熟时节就派人去替换他们。两人听命而去，戍守一年，但是等到瓜都收完了，二人还没等到齐襄公的人事调动命令。是齐襄公忘了这件事？不是。朝中已有人替他们向齐襄公说明情况，恳请再发调遣令，但是齐襄公没有答应。连称、管至父两人感觉被齐襄公戏耍了，盛怒之下，他们联合公孙无知及连称在宫里不得宠的堂妹，开始谋划叛乱之举，最后齐襄公因为自己的不守信用而命丧黄泉。

西汉时期，汉景帝有个弟弟，也就是后来的梁孝王。梁孝王深得其母窦太后喜爱，起初与景帝关系也不错。有一次兄弟两人宴饮，悠闲舒缓之际，景帝对梁王说："等我百年之后会将帝位传给你。"因为当时景帝还没有立太子，所以虽然梁王也知道景帝所说未必是真话，但内心欣喜异常，本就想立梁王为太子的窦太后自然也很高兴。仗着景帝的一句承诺，加上有太后为其撑腰，梁王日渐骄蹇，梦想着兄终弟及的那一天，等待着高登皇帝宝座的那一天，没想到等来的却是景帝立了胶东王为太子。梁王郁郁不平，派人行刺为景帝出主意的袁盎等人。事发之后，他回到梁

十二年，初，襄公使连称、管至父戍葵丘，瓜时而往，及瓜而代。往戍一岁，卒瓜时而公弗为发代。或为请代，公弗许。故此二人怒，因公孙无知谋作乱。连称有从妹在公宫，无宠，使之间襄公，曰『事成以女为无知夫人』。——《史记·齐太公世家》

是时上未置太子也。上与梁王燕饮，尝从容言曰：『千秋万岁后传于王。』王辞谢。虽知非至言，然心内喜。太后亦然。——《史记·梁孝王世家》

国,整日闷闷不乐,最后在懊恼与怨恨当中一命呜呼了。

无论是大臣还是兄弟,因失信闹到最后都玩命了,这样的戏言最好还是不要讲。当然在历史上也有君主戏言成笑谈的例子。

《古今谭概》记载了一个笑话,唐玄宗想让清勤不倦的牛仙客做宰相,怕朝中官员反对,便先向高力士询问,以求得到支持,但是高力士认为不宜用牛仙客为相。唐玄宗本来是想得到支援,以此推行自己的想法,结果反而先被将了一军,因此极为生气,赌气说:那就应该让康某为相!因为赌气所以说出绝不可能当宰相的一个人。结果有人将这事告知康某后,康某却信以为真,穿着打扮一番上朝,站在朝班中,伸长了脖子等着宣布他为宰相的命令。

康某拿着个棒槌就认针,受到了时人的嘲笑,但是,康某拿着的这个棒槌是有着久远历史的威严的"君无戏言",所以这个棒槌应该就是真的,只不过康某没有亲临现场,没有感受到君主的语气而成了被人取笑的对象。其实,康某是"君无戏言"的坚定维护者,在听到别人传达的玄宗的话语时,他或许也是有疑惑的,或许也有天上掉馅儿饼的感觉:苍天啊,大地啊,是哪位神仙姐姐替我说的好话呀!但是,长期以来坚定的思想政治教育让他的疑惑慢慢地淡去,他的脸上也露出了傻傻的笑容。

汉代乐府诗里有首叫《公无渡河》的乐歌。据崔豹《古今注》记载,一天早晨,朝鲜津卒霍里子高去撑船摆渡,望见一个披散白发的疯癫人提着酒壶奔走。眼看那人要冲进急流之中了,他的妻子追在后面呼喊着不让他渡河,却已赶不及,疯癫人终究被河水淹死了。那位女子拨弹箜篌,唱《公无渡河》歌,曰:"公无渡河,公竟渡河！堕河而死，将奈公何！"其声凄怆，曲终亦投河而死。

仿作一首于此：君无戏言，君竟戏言！戏言而死，将奈君何！

2.鹤、狗、蛐蛐儿及其他

在中国古代典籍中，与鹤相关的多是美丽而吉祥的故事。《诗经》中有《鹤鸣》一诗，借鹤的鸣叫赞颂隐逸之士的飘逸高洁；在道教中，鹤被看作长寿的象征，是仙风道骨的体现；宋代林逋还有"梅妻鹤子"的美谈。唯一例外的便是著名的"卫懿公好鹤"的故事。

"卫懿公好鹤"的故事首见于《左传·闵公二年》,《史记》进一步延伸，至《东周列国志》敷衍出一个跌宕曲折、情节丰富的故事。卫懿公身为一国之君，特别喜欢体态美丽、羽毛洁白的鹤，对于鹤极尽奢侈之能事，给鹤穿上锦绣服饰，给予鹤一定的官爵职位，每次出门，鹤有专车接送，乘轩而出，乘轩而入。鹤过上了小康生活，百姓却还在贫困线以下挣扎，估计当时的百姓都得嗟叹：梦中幸为白鹤身，锦衣玉食乐开怀。不料梦醒竟为人，无衣无褐忧愁来。这种现实中的人鹤地位、待遇的悬殊，在后来的狄人

卫懿公好鹤，鹤有乘轩者。——《左传·闵公二年》

入侵时受到了极大的挑战。狄人入侵卫国，卫懿公本想发兵迎战，但是，军队里边出现了"不合作运动"，将士拒绝出兵作战，纷纷发泄心中的不满与牢骚：君主您那么喜爱鹤，鹤平时的俸禄爵位比我们都高很多，所谓拿人钱财替人消灾，您还是让鹤做将军去抗击狄人吧，我们平时的待遇那么差，说明都是无能之辈，怎么会打仗呢！狄人的入侵可以说替卫国人出了一口恶气，说不定当时还有人在欢呼雀跃，终于可以让这个老东西头疼一阵了，但是，他们没有想到的是，他们的不合作运动最后导致的是国破家亡。卫懿公无奈之下，只好召集少得可怜的近卫军仓促迎敌，最后兵败而亡。

与卫懿公同时代的还有另一个爱养宠物的人，此人便是做事行为不像君主的晋灵公。晋灵公喜欢的宠物是狗，他在都城曲沃为狗建造了一栋别墅，让狗穿上了锦绣之服。人都有自己的爱好，但是有爱好就有自己的软肋，容易被别人攻破，容易为他人所利用，尤其是那些有利用价值的人。晋灵公是一国之君，晋国人事安排、工资待遇什么的全凭他张张嘴，只要他满意，只要他高兴，随便送出个官职也是很有可能的。

晋灵公有一个宠爱之臣，此人名叫屠岸贾，他就抓住了晋灵公的这一软肋，大加利用，迂回曲折

懿公即位，好鹤，淫乐奢侈。九年，翟伐卫，卫懿公欲发兵，兵或畔。大臣言曰：『君好鹤，鹤可令击翟。』翟于是遂入，杀懿公。——《史记·卫康叔世家》

地实现自己不可告人的目的。因为知道晋灵公喜欢狗，屠岸贾就投其所好，不断地在晋灵公面前夸赞其养的狗是如何勇猛、如何漂亮。在屠岸贾日复一日的不断重复中，晋灵公对狗的喜爱之情急剧攀升。

有一次，一只狐狸闯入了王宫，惊吓了晋灵公的襄夫人。在此情况下，晋灵公让他饲养的狗与狐狸搏斗，怎奈在君王庇佑下养尊处优的狗已经丧失了原有的野性，面对狐狸节节败退。屠岸贾一看不好：之前我把这个小东西吹得天花乱坠，说它是如何凶猛如何迅疾，现在这不是直接打我的脸吗？不行，我得想法圆这个谎。于是，屠岸贾从别处另外抓了一只狐狸，献给晋灵公，说是狗已经将狐狸制服了。晋灵公看到自己的一番苦心没有白费，越发要给予狗更高的待遇：用宴飨士大夫所用的礼器来喂狗，狗比普通百姓更重要，只要有人敢侵犯他的狗必定要被砍脚，所以天下人"谈狗色变"，避之唯恐不及。

狗不仅让屠岸贾获取了君主的信任，而且还帮屠岸贾消除政治敌人，成为屠岸贾的一大利器。大夫要向晋灵公汇报情况，如果不经过屠岸贾的手，那么他就会放狗出来。在众多大夫中，有一个人很不买屠岸贾的账，这人就是晋国的执政大臣赵盾。

晋灵公好狗，筑狗圈于曲沃，衣之绣，嬖人屠岸贾因公之好也，则夸狗以悦公，公益尚狗。——《郁离子》

一夕，狐入于绛宫，惊襄夫人，襄夫人怒，公使狗搏狐，弗胜。屠岸贾命虞人取他狐以献，曰："狗实获狐。"公大喜，食狗以大夫之俎，下令国人曰："有犯吾狗者刖之。"于是国人皆畏狗。——《郁离子》

赵盾对于晋灵公听信小人谗言、沉湎于声色犬马之乐的荒淫行为甚为不满，多次予以劝谏。屠岸贾为了去除这个眼中钉肉中刺，苦思冥想，想出了一计，妄图因势利导除掉赵盾。这一计策便是将一条狗放到晋灵公的园囿里，这条狗吃掉了灵公的一只羊，屠岸贾诬陷说这是赵盾的狗。晋灵公盛怒之下便派人刺杀赵盾，好在经人营救，刺杀行动没有成功，赵盾出逃。

晋灵公与屠岸贾倒行逆施的行为终于激怒了百姓，后来赵穿借助众怒将屠岸贾与晋灵公相继杀死。晋灵公被弑杀之后，他圈养的狗失去了主人的庇佑，四处逃散，被国人抓了起来，成了饭桌上的一道美食，人们一边吃着狗肉，一边宣泄着自己的不满，如同吃着晋灵公与屠岸贾的肉一般解恨。

对此，刘伯温借助"君子曰"的口吻作出了评价：

> 君子曰："甚矣，屠岸贾之为小人也，绳狗以蛊君，卒亡其身以及其君，宠安足恃哉！人之言曰：'蠹虫食木，木尽则虫死'，其如晋灵公之狗矣。"

刘伯温将屠岸贾认定为小人，用狗来蛊惑晋灵公，用狗来维持自己的宠幸，岂料如此得来的宠幸是不可能长久的，最终丢掉了自己与晋灵公的性命。晋

大夫有欲言事者，不因屠岸贾，则狗逆而拒诸门，弗克入。他日，狗入苑食公羊，屠岸贾欺曰：『赵盾之狗也。』公怒，使杀赵盾，国人救之，宣子出奔秦。——《郁离子》

赵穿因众怒攻屠岸贾，杀之，遂弑灵公于桃园。——《郁离子》

灵公的狗在此之前享尽了一切荣耀，在晋灵公死后，只是饭桌上的一道菜而已。其实，屠岸贾本身才是晋灵公喂养的最大的一条狗，一条大恶狗，平日里嚣张无比，最后咬死了自己，咬死了晋灵公。

历史上与卫懿公、晋灵公这类宠物君主相似的还有一位"促织天子"，那就是明代的宣宗皇帝朱瞻基。朱瞻基痴迷于斗蟋蟀，经常派宦官替他"选美"，选取能斗善斗的蟋蟀将军。蟋蟀成为大家争相追捧的对象，十年寒窗苦读都不如抓得一只蟋蟀，最后竟发展出了一项饲养、捕捉、训练、运输一条龙的蟋蟀产业，解决了不少人的就业问题。当然这一产业的兴盛，也是几家欢乐几家愁，少部分人先富了起来，飞黄腾达，绝大部分人却哭了起来，鸡犬不宁。据《明朝小史》记载：明宣宗派遣使者到江南寻觅促织，价格高昂至数十金。有个粮长用自己的骏马换了一只蟋蟀，他的妻子觉得此物是用骏马交易所得，一定有独特之处，就想看看，没想到蟋蟀从容器中跳出来被鸡吃掉了。他的妻子恐惧害怕，上吊而死。丈夫回来，见妻子自杀，非常伤心，也上吊而死。后来，这件事情被蒲松龄改编写进了《聊斋志异》中。

每个人都有自己的兴趣爱好，这本无可厚非，但是，这种人与动物地位极度颠倒的痴迷状态还是应该问个对不对、好不好。如果就这个事来个命题作文，除了某些过于极端的动物保护主义者，我想绝大部分人都会批评这种状况。但是，说归说，做归做，网上曾疯狂流传的"人跪狗"的视频就让现代与古代在时空隧道中有了一次穿越与重合，有人意外撞死一条宠物狗，为此下跪一个小时。无独有偶，嘉兴市一个小孩手中拿的枝条碰到某人的一条牧羊犬，被扇两耳光，又被掐着脖子拖行十余米，狗主人将孩子一顿暴打之后，不仅索要两百块钱，而且两次逼孩子给狗下跪，还要喊他的狗"大爹"。宠物搂在怀里，疼在心上，穿着漂亮的衣服，吃着甘甜的食物，不承想自己的爹娘却没人管没人问，这样的人也并非没有。穿着现代人的衣着，走的却是古代昏庸之君的老路，怎能不让人一声长叹！

3.一杯肉羹引发的灾难

　　春秋时代礼崩乐坏，篡国弑君时有发生。有权臣干政拉君下马，如齐国的崔杼弑君；有国君被他国谋害致死，如鲁国的桓公；有国君暴虐无道而百姓作乱，如"好细腰"的楚灵王。众多君主的败亡各有原因，但是因为一杯羹而丢掉性命，郑灵公是唯一的。

　　郑灵公继位之初，楚国送了一个大鼋作为礼物。有一天，子家、子公两人将要上朝朝拜郑灵公，两人行进过程中，子公的食指突然动了一下，见此情况，子公就乐呵呵地对子家说："之前只要是我的这个指头动，必然会有好东西来饱口福，看来今天我们要大餐一顿了。"子公的话语果然不虚，等他们到了朝堂，看见郑灵公正准备将楚国送他的大鼋做成肉羹来招待群臣。子家朝子公会心一笑，佩服子公确实有特异功能。郑灵公不知道两位大臣为何而笑，便向他们

灵公元年春，楚献鼋于灵公。子家、子公将朝灵公，子公之食指动，谓子家曰：『佗日指动，必食异物。』及入见灵公，进鼋羹，子公笑曰：『果然！』——《史记·郑世家》

询问发笑的原因。子家便一五一十地将事情的始末告知郑灵公。不承想郑灵公心胸狭窄，就是不想让子公在别人面前显能耐，为了显示他一国之君的权威，郑灵公召见群臣分羹品尝，唯独没有赐给子公。

这么明显的态度有别让子公很下不来台，脸色一会儿青，一会儿红，一会儿白，足以开个染料铺了。看着子公的尴尬与不满，估计郑灵公当时心里还暗自得意：哼哼，你不是说你食指动就能吃到好东西吗？你不是说你屡试不爽吗？今天我就偏不让你如愿，我就是要让你自鸣得意的特异功能见我必败。

但是，子公也不是好惹的主。郑灵公在众位大臣面前这样不给他面子，子公怒火中烧，将指头放到郑灵公的肉羹中蘸了蘸，而后放到嘴里吮了一下便扬长而去，留下了满脸错愕的众位同僚及气得要蹦高的郑灵公。这样，子公以其人之道还治其人之身，以实际行动当面给了郑灵公一个下马威：你是君主又怎样？甭想败坏我在众粉丝心中的形象，我的屡试不爽绝对是也必须继续是！

在众位同僚面前，子公总算保住了自己的颜面，但是这一方法却不高明：第一，郑灵公怒了，堂堂一国君主被一个大臣这样打了脸，所以郑灵公扬言要杀了子公。第二，子公也怒了，他回家之后，怒气怎么也按捺不住，最后决定一不做二不休，这样

子公怒，染其指，尝之而出。——《史记·郑世家》

的君主不要也罢。双方都怒了，事情将一发而不可收拾。

想到便要做到。子公马上约见子家，要求子家与他一起行弑君大事。子家对于这样的犯上作乱之举还是有点儿迟疑，郑灵公平时行事是有点儿让人讨厌，但是哪个领导不令人讨厌呢？而且他也没惹着我，我何苦要去蹚这浑水呢，所以一开始子家坚决反对，说这样的事情做不得。但是深思熟虑的子公早就想好了拉子家下水的方法，他威胁子家说："如果你不同意，我就到君主面前去告你的黑状，说你要弑君。"子公这一招"恶人先告状"，这一招"乾坤大挪移"，力道可谓深矣，子家确实被镇住了，如果子公真的向灵公去告状，以灵公"宁可错杀一百，不可放过一个"的多疑性格，肯定是要将他咔嚓了的。退一步讲，如果与子公铤而走险，说不定能成就大事。在这样的复杂情况之下，子家跟随子公反了。但是最初起兵的子家苦不堪言，嘴里念念叨叨地说："如果上天再给我一次机会，我绝对不会多言；如果上天再给我一次机会，我绝对不会去吃老鳖汤啊！"但是上天给予人的都是现场直播，不会有彩排，更不会有重录，自叹"很傻很天真"的子家最终与子公一起在历史上留下了弑君作乱的恶名。

郑灵公被杀，子公、子家青史留骂名，对于他们三人来说，这都不是好结果，他们以真实的遭遇告诫世人：第一，盲目好奇要不得。西方有句谚语叫"好奇害死猫"，说的是猫有九条命，命大得很，怎么都不会死去，但是，如此命大的猫最后却死于自己的好奇心。一般认为，这句谚语只是说明好奇心的可怕，并不是真的说好奇心把猫害死了。郑灵公没有九条命，但他有着严重的好奇心，好奇的郑灵公没有害死猫，也没有害死别人，而是把自己害死了。第二，心胸豁达很重要。郑灵公很可怜，仅仅做了不到半年的君主就被杀身亡，但可怜之人必有可恨之处。作为一个国君，心胸狭窄，事情发生后盲目发怒，欲置人于死地，结果却是"出师未捷身先死"，反误了卿卿性命。当然，子公亦不是什么豁达之人，其狭隘程度绝不亚于郑灵公，为了所谓的"面子"，有着预言美食的特异功能却不能抑制自己的怒气，竟犯上作乱。第三，切勿忽视小事情。郑灵公与子公的对立，是由一杯肉羹引起的，肉羹很小，动乱很大，一切大动乱往往都是经由小火苗点燃的，所以"君子以细行律身"，要懂得从小节上严格要求自己，切勿忽视小事。

4.为官当自律

任何一个职业都有自己的职业要求，从事任何一个职业都应该有自己的职业操守。对于"官"这一职业，南宋的吕本中曾经提过："为官之法，唯有三事：曰清，曰慎，曰勤。"这三个字虽然简单，其作用却至为重要，了解这三个字，明晰这三个字，谨行这三个字，就可以保住官位，远离耻辱，既可以获得上司的赏识，又可以获得下属的拥戴。同时，吕本中也看到，为官者面对钱财之事，好多人不能自制，常常以为不会有什么危险，抱着这种态度做官，没有不敢做的事，没有不敢想的事，即便是事情败露了，也还不能自制。所以，为官自律既是为官之人的基本道德自律，又是为官全身的必要保障。

为官自律，是以日常的道德修养为根基的，是长时间严以律己、严以修身的必然显现。《礼记·大学》多次强调"慎独"的重要性。小人平日闲居之时为非作歹，什么坏事都干得出来，等见到君子，对不光彩的行为遮遮掩掩，而显露出一副善良的模样，却不知别人看他，就像看到了他的内脏一般，一看一个准，他还在那里装模作样，又有什么益处呢？内心的东西，总要表现于外面，所以君子必须警戒自己独处时候的个人修为，切切不能自欺欺人。

据说，西汉时期，有一个安陵人名叫项仲山，为人清廉，严谨自守，每次到渭水喂马之时，都要往渭水中投入三枚铜钱。或许别人会笑话项仲山有些矫情，但是，一直矫情下去，那就不是矫情了，而是一种坚守与操行。

君子谨慎地对待自己独处的时候，注重个人的道德自律，这种自律会慢慢地内化为一种人生

知此三者，可以保禄位，可以远耻辱，可以得上之知，可以得下之援。——吕本中《官箴》，《官箴书集成》第一册，黄山书社1997年版（以下凡引此文，皆为此版，不再一一注明）

然世之仕者，临财当事，不能自克，常自以为不必败。持不必败之意，则无所不为矣，然事常至于败而不能自已。——吕本中《官箴》

安陵清者有项仲山，饮马渭水，每投三钱。——张澍辑《三辅决录》，三秦出版社2006年版

的主动约束，约束着自己的行为处事。春秋时期的石奢、李离就是为官自律的代表。

石奢是楚昭王的相国，为人刚直廉洁，既不阿谀奉迎，也不回避事端。有一次他出外巡行，路逢有人行凶杀人，石奢马上追击，不料想，追到的凶手竟然是自己的父亲。石奢权衡之下将自己的父亲放走，返回之后便把自己拘禁起来，并派人禀告楚昭王说："行凶杀人者是我的父亲。如果我把父亲抓捕归案，可以为自己博取美名，却是不孝之举；但是无视法律规定，私纵凶犯，这不是忠臣之为，因此我罪该万死。"楚昭王听后，为其开脱说："你只是追捕凶犯没有追捕上，不应当受制裁，你还是继续做好自己的本职工作吧。"石奢却固执地声称："不偏袒自己的父亲，不是孝子；不奉行法制，不是忠臣。大王您赦免我的罪过，是大王您的恩惠，但是依法而死，则是臣的职责所在。"最后自杀身亡。

李离是晋文公的大法官。有一次他因为审查错误误判人死罪，自己将自己拘禁起来，判处自己死刑。晋文公为此说："官职有贵贱之别，刑罚有轻重之分，这是下属的过错，不是你的问题。"李离说："我作为长官，不曾将职位让给下属，拿到的俸禄也不曾分给下属，现在有了过错，却把

石奢者，楚昭王相也。坚直廉正，无所阿避。行县，道有杀人者，相追之，乃其父也。纵其父而还自系焉。——《史记·循吏列传》

使人言之王曰：『杀人者，臣之父也。夫以父立政，不孝也』；废法纵罪，非忠也；臣罪当死。』王曰：『追而不及，不当伏罪，子其治事矣。』石奢曰：『不私其父，非孝子也；不奉主法，非忠臣也。王赦其罪，上惠也；伏诛而死，臣职也。』遂不受令，自刎而死。——《史记·循吏列传》

李离者，晋文公之理也。过听杀人，自拘当死。——《史记·循吏列传》

罪责推诿给下属，这种道理臣不曾听说。"坚决推辞，不接受晋文公的诏命。晋文公只好威胁他说："你自己判定自己有罪，那我也不曾发现你的过错，岂不是我也有罪吗？"李离说："法官断狱有法规，判刑错误就要接受刑罚，错杀人就要以死偿命。您之所以任命我为法官，就是因为我能够审查细微之处判决疑难案件。如今我确实是错判人死刑，按律当斩。"最后自刎而死。

石奢与李离皆是大权在握之人，一是一国之相，一是最高大法官，但是在自己的行为出现违法之举时，他们都能直面自己的错误，不掩盖，不推诿，即使是最高权力代表——一国之君为其开脱，都不为所动，慷慨陈词表明心志，以死谢罪，捍卫法律尊严。故而太史公称赞道："石奢纵父而死，楚昭名立。李离过杀而伏剑，晋文以正国法。"

握着权力的人易在自己权力的覆盖范围内恣意狂乱：没有问题，富贵吉祥；出现问题，遮盖隐瞒，即使是超出了自己的权力范围也要挣扎一番，而且这种挣扎往往真的会换来风平浪静。矿难、食品质量等问题出现之后，有的地方官打出的"无事牌"，不禁让人痛心这种群魔乱舞的现状；有的官员遇难之后，网络频现的狂欢语调，折射出权力滥用的恶性影响。2010年位居网络流行语首位的"我爸是某某"，

文公曰：『官有贵贱，罚有轻重。下吏有过，非子之罪也。』辞不受令。文公曰：『子则自以为有罪，寡人亦有罪邪？』李离曰：『理有法，失刑则刑，失死则死。公以臣能听微决疑，故使为理。今过听杀人，罪当死。』遂不受令，伏剑而死。——《史记·循吏列传》

与春秋时代的石奢案件有类似之处，但是石老爹没有这位少爷的无知与无畏。在司法监督、网络监督强大但权力滥用仍时有发生的今天，我们需要石奢、李离的归来，为官者当自律！

5.酒的功能

酒是用粮食或水果等发酵制成的含乙醇等多种化学成分的混合物，自粮食渐趋丰富之后，酒应之而生。据传自夏代，酒即已出现，《战国策》曾言："昔者帝女令仪狄作酒而美，进之禹。"至商代，酿酒技术及酿酒规模都有极大的提高、发展，商纣王的"酒池肉林"即为明证。

正因为酒能够让人沉醉，酒能够惹人误事，所以，很早人们便对饮酒之事有所限制，《尚书·无逸》《尚书·酒诰》中都明确地提醒人们不要沉湎于饮酒，不可饮酒过度。但是，提醒归提醒，到了自己身上，有些人便不管不顾了。

一代霸主齐桓公爱好喝酒，有一次，齐桓公到陈敬仲家里去。这位敬仲，本是陈国公子，与陈国君主陈宣公是兄弟，因为在陈宣公的继位者问题上与陈宣公的态度有异，为了避难便投奔到齐桓公处。齐桓公对于敬仲本就有所耳闻，见面之后甚是投缘，

二十二年春，陈人杀其大子御寇。陈公子完与颛孙奔齐。——《左传·庄公二十二年》

便想把敬仲立为卿，敬仲以自己是逃亡之人，不宜为卿为由拒绝了齐桓公的好意。虽然最后齐桓公改任敬仲为工正，但对其更加尊重，时常找他聊天。

那天，君臣把酒，甚是欢快，喝了一天，等到天黑了，喝得高兴的齐桓公在敬仲家仍然没有走的意思，而是让敬仲点上灯火，继续喝酒。此时，敬仲则一改白天的态度，断然拒绝了齐桓公的要求，他的理由是自己仅仅对白天喝酒之事做了占卜，晚上喝酒则没有占卜。敬仲的这一理由，在当时是有一定的威慑力的，齐桓公也不敢轻易否定。春秋时期，卜筮之说对人们有很大的影响力，人们遇到大事大多会先进行卜筮，以预见吉凶，趋利避害。齐桓公到敬仲家里喝酒，这对于逃亡到齐国的敬仲来说是一件大事，敬仲很重视，在齐桓公到达之前进行占卜，以示慎重戒惧之意。汉代服虔云："臣将享君，必卜之，示戒慎也。"或许敬仲是真的仅仅对白天饮酒之事做了占卜，而没有对晚上饮酒做占卜，所以不敢留齐桓公继续饮酒。当然，也有人认为占卜之说仅仅是敬仲劝谏齐桓公的一种手段，"卜昼未卜夜"只是一种虚辞。不管怎样，敬仲以未做卜筮拒绝齐桓公没有节制地饮酒，被人称赞有加，《左传》借"君子曰"评价道："酒是用来完成礼仪的，不能过度，不能没有节制，这是

饮桓公酒，乐。公曰："以火继之。"辞曰："臣卜其昼，未卜其夜，不敢。"——《左传·庄公二十二年》

义；与君主饮酒完成了礼仪，并且没有让国君走向过度没有节制的境地，这是仁。"

齐桓公纵情于饮酒，想夜以继日地在美酒的世界中畅游，这是酒的功效；敬仲以卜筮之说及时劝谏，使酒的功效屈服于礼，这是敬仲的一大功绩。而战国时代还有一个人似乎比敬仲还要更高一筹，他是借酒言酒，最后以酒止酒，此人便是齐国鼎鼎大名的辩士淳于髡（kūn）。

淳于髡是齐国赘婿，其貌不扬，个子不高，但为人滑稽，能言善辩，屡次出使他国，从未受过屈辱。淳于髡生活的年代，正是齐威王在位之时，当时齐威王初即位，日事酒色，享乐无度，不理朝政，政事全部交付给卿大夫处理，由此，文武百官亦纵情享乐，致使他国诸侯频来侵犯，国家存亡只在旦夕之间。当时齐威王的近臣都不敢劝谏齐威王，淳于髡看在眼里，急在心中，如果长此发展下去，必定国将不国，怎样才能让齐威王收心呢？淳于髡最终以隐语劝谏齐威王，齐威王则发出了"不飞则已，一飞冲天；不鸣则已，一鸣惊人"的吼声，之后励精图治，发兵御敌，最终威行诸侯三十六年。

齐威王喜欢饮酒，因为淳于髡的隐语劝说有所收敛，但是一有机会他还是忍不住要醉上一把。有一次，楚国攻打齐国，淳于髡去赵国搬来救兵，楚国不

君子曰："酒以成礼，不继以淫，义也；以君成礼，弗纳于淫，仁也。"——《左传·庄公二十二年》

淳于髡者，齐之赘婿也。长不满七尺，滑稽多辩，数使诸侯，未尝屈辱。——《史记·滑稽列传》

齐威王之时喜隐，好为淫乐长夜之饮，沈湎不治，委政卿大夫。——《史记·滑稽列传》

得不引兵而退。齐威王很高兴，便在后宫设置酒肴慰劳淳于髡。席间，齐威王问淳于髡："先生喝多少酒才醉？"淳于髡回答道："我喝一斗酒也能醉，喝一石酒也能醉。"对于淳于髡的这一回答，齐威王感觉很是疑惑，既然喝一斗就醉了，怎么还能喝一石呢？这是怎样的肚子呢？

淳于髡特别擅长隐语讽谏，他这样回答自有他的寓意：喝酒的量，与一起喝酒的人及喝酒的场合、气氛有关，酒量也是分层次的，具体来说：

第一个层次：一斗即醉。大王当面赏酒喝，喝不了一斗就醉了。

第二个层次：两斗即醉。父母有尊贵的客人来家，喝不到两斗就醉了。

第三个层次：五六斗即醉。朋友间交游，倾吐衷肠，大约喝五六斗就醉了。

若朋友交游，久不相见，卒然相睹，欢然道故，私情相语，饮可五六斗径醉矣。
——《史记·滑稽列传》

第四个层次：八斗还不醉。乡里之间的聚会，男女杂坐，彼此敬酒，握手言欢不受罚，眉目传情不禁止，这时他最开心，喝上八斗酒，只不过两三分醉意。

第五个层次：一石还不醉。日暮酒阑，大家促膝而坐，男女同席，堂上蜡烛已经熄灭，主人送走其他客人，单独留下他，绫罗衣襟已经解开，闻到

若乃州闾之会，男女杂坐，行酒稽留，六博投壶，相引为曹，握手无罚，目眙不禁；前有堕珥，后有遗簪，髡窃乐此，饮可八斗而醉二参。
——《史记·滑稽列传》

阵阵香味，这时他最开心，能喝下一石酒。

淳于髡所说的酒量的五个层次，都是他的酒量的真实体现，中间不存在虚假、虚套的内容，而之所以有如此大的差异，与不同环境之下，他的心情、态度有着直接的关系。大王赐酒，是大王恩典的表现，这一活动是在正规场合进行的，有执法官、御史在旁边身后监督，喝酒的人此时心中既有感恩，又有恐惧，心思根本不在喝酒之上，所以很容易就醉了；父母有尊贵的客人到，自己是作为招待者出现的，他在酒席间的样子便是卷着袖子，弓着身子，奉酒敬客。作为招待者，让客人感觉舒服是自己的分内之事，因此喝酒只是应酬。以上两种情形下喝酒，心中有所忌惮，所以行为会有所约束，酒量不大，喝酒不多，但是不会出大乱子。第三个层次，朋友之间的欢聚，把酒言欢，共叙旧情，已然有所放松。至州间之会、夜阑而饮，则无所顾忌，开怀畅饮，虽然开心，然而易生祸端。

淳于髡言说喝酒的五个层次，层次鲜明不是根本，其根本是机智巧妙地劝谏齐威王"酒极则乱，乐极则悲，万事尽然"，酒喝得过多就容易出乱子，欢乐到极点就会发生悲痛之事。无论什么事情都不可走向极端，到了极端就会衰败。

淳于髡以酒讽谏，效果很理想，齐威王之后便停

日暮酒阑，合尊促坐，男女同席，履舄交错，杯盘狼藉，堂上烛灭，主人留髡而送客，罗襦襟解，微闻芗泽，当此之时，髡心最欢，能饮一石。——《史记·滑稽列传》

止了彻夜欢饮之事，并任用淳于髡为接待诸侯宾客的宾礼官，以防因酒误事，后来齐王宗室设置酒宴，齐威王经常让淳于髡作陪。

喝酒喝的不光是酒，还有心情。然而，凡事总有个临界点，过之则反，世间万事，莫有逾此者。

中国浓厚的酒文化赋予了酒众多的功能。酒能壮英雄胆，高祖醉酒斩白蛇；酒能艳美人色，"美人欲醉朱颜酡"；酒能解胸中忧，"何以解忧，唯有杜康"；酒亦能添心中愁，"举杯浇愁愁更愁"；酒能巩固统治，宋太祖杯酒释兵权；酒亦能使国破家亡，商纣王酒池肉林终遭灭；酒能惹祸，"鲁酒薄而邯郸围"；酒亦能全身，"竹林七贤"之一的阮籍佯狂装醉以避祸得全。

酒的作用实在是难以一一言说。

6.改革的共识

秦始皇兼并六国、统一天下缘于秦孝公时期的商鞅变法。变法之前，韩、赵、魏、齐、楚、燕都是战国时的强国。秦国远在西方雍州，被山东六国当作夷狄看待，极不显眼。但是，秦孝公立志变法，弯道超车，追赶六国。商鞅入秦，与孝公一拍即合。君臣之间达成了共识：变法图强。

商鞅变法的第二年遇到了一大难题：太子犯法。

这位太子即是秦孝公死后即位的秦惠文君。

商鞅果断处理了这一大难题："刑其傅公子虔，黥其师公孙贾。"商鞅把太子的老师公子虔、公孙贾两人处罚了一通。受到处罚的公子虔四年以后"复犯约，劓之"。"劓"是一种割掉鼻子的肉刑，公子虔二次犯法，连鼻子都没保住。这脸丢得多大。身为太子之傅，连鼻子都切了，公子虔能不恼商鞅吗？

另一位难堪的是太子。自己犯法虽没受处罚，但是自己的老师"公子虔杜门不出已八年矣"，"公室贵戚多怨望者"。

秦孝公一死，多年杜门不出的太子傅公子虔立即诬告商鞅谋反，秦惠文君下令抓捕商鞅；商鞅得知消息后匆匆逃往魏国。魏国因商鞅曾打败过魏国名将公子卬，早就记恨商鞅，不准他入境，并将商鞅押送回秦国。结果商鞅最后惨遭酷刑车裂。

秦惠文君处死了商鞅，但是，并没有废除商鞅的变法。

中国古代社会的君主制是典型的集权政治。集权政治的特点之一是人治，人治是以最高统治者的意志为法，所以人亡政息就成为一种必然。一朝天子一部法，一个将军一个令，一任领导一本经。

秦惠文君恨透了商鞅，必置之于死地而后快。但是，对待商鞅的新法，他却和前任秦孝公达成了共

后五月，而秦孝公卒，太子立。公子虔之徒告商君欲反，发吏捕商君。——《史记·商君列传》

去之魏。魏人怨其欺公子卬而破魏师，弗受。——《史记·商君列传》

识。他恨商鞅，用极刑处死了商鞅；但他并不否定商鞅的新法。前后两任国君在关乎秦国生死兴亡的大政上保持了共识。恨其人而不废其法，伟哉！正因为秦孝公之后五世秦国国君都能和秦孝公达成共识，秦国终于在正确的轨道上扬鞭奋蹄，最终吞灭六国，统一天下。

在治国大政上，政治精英能达成高度共识，实为不易。秦国兼并六国成功的原因，学者们讨论了多年，观点大体趋于一致，但鲜有学者关注到从秦孝公开始六任秦国国君在坚持商鞅新法上达成的共识。商鞅变法是秦国一场影响深远的改革，在关系秦国兴亡的改革上能形成共识，殊为不易。正是由于在这种关乎国之大计的改革上能够形成共识，秦国终于从七国争雄中脱颖而出，成为最后的赢家。

反观六国，则令人扼腕！

楚悼王时期，魏国名将兼政治家吴起因受魏武侯的猜忌来到楚国。他先担任了一年的边地郡守，后来因为楚悼王赏识而出任令尹，施行变法。

吴起的变法早于秦孝公的变法二十年左右，因此，在战国七雄之中并不算晚。

吴起帮助楚悼王变法时已是楚悼王晚年，不像年轻的秦孝公甫即位就重用商鞅，所以，楚悼王、秦孝公两位君主对吴起、商鞅两位改革家支持的力度差别很大。这个差别完全取决于君王的生命长度。楚悼王一死，在灵堂之上，"宗室大臣作乱而攻吴起"。宗室大臣的利益在吴起变法的过程中受到严重损害，楚悼王一死，他们公然在灵堂上射杀了吴起。

楚悼王、吴起死后，吴起的新法虽在楚国仍有一些影响，但大部分被废除。楚国从此再没有实行这样大规模的变法。秦国变法在吴起之后二十年，商鞅的新法得到历代国君的认可而坚持下来。结果自然是六代国君达成改革共识的秦国，灭掉了未能坚持改革的楚国。痛哉！

孔子说："君子不以言举人，不以人废言。"不要因为某人会说话就用他，也不要因为某人某方面不好就否定他的一切言论。只有可持续的政策，才能有可持续的发展。秦国的强大与楚国的灭亡，再次证实了这个道理。

改革共识如此重要，岂不令人深思！

7.治国与煎鱼

治国理政，各有其道，早在三千年前，《老子》就提出了"不折腾主义"："治大国，若烹小鲜。"意思是说，治理大国，要如同煎小鱼一般。煎小鱼有什么特别呢？第一，炉火不能太猛；第二，不能频繁翻动。炉火太猛，小鱼太小，一下子就可能煎煳了，自然就不能吃了；频繁翻动，小鱼太小，几下子就将小鱼翻烂了。与煎小鱼对应，治理国家之事亦需注意此两点：第一，不能急功近利，用苛政峻法；第二，不能朝令夕改，过多干扰百姓。"治大国，若烹小鲜"是《老子》为政"清静无为"思想的重要体现，提倡为政之要在于清静无扰，扰则害民，无扰则无忧。用现在的话来说，就是不折腾、不扰民。

《老子》所提出的不折腾主张，在许多思想家、政治家那里得到了认可，他们以更为详尽的论述阐释了何为"治大国，若烹小鲜"。

第一个人是韩非子。韩非子是战国时代法家人物的代表，他"喜刑名法术之学，而其归本于黄老"。他有两篇文章是解说《老子》的，或者说是借解说《老子》来阐发自己的为政理念的。这两篇文章，一篇是《解老》，一篇是《喻老》。在《解老》中，韩非子对"治大国，若烹小鲜"做出了详尽的解读。他提出，做工的人多次变换职业就会丢失功效，劳作的人多次迁徙变动也会丢失其功效。一个人的劳作，一天丢失半天，十天就会丢掉五个人的功效；一万个人的劳作，一天丢失半天，十天就会丢掉五万人的功效。多次变更作业的人数越多，社会的损失就会越大。与此相应，凡是法令变更了，利害情况也会跟着变化；利害情况改变了，老百姓也会跟着改变作业。所以依照道理来说，治理百姓屡次让他们变动，那么功效就会大打折扣；收藏贵重的宝器屡次挪动，那么损毁就会很大；烹调小鱼屡屡加以翻动，就会伤害宰杀它的厨师的功绩；治理大国屡屡变更法令，老百姓就会为此受苦。因此有道的君主崇尚虚静，对变更法令一事极为慎重。

韩非子是战国法家的集大成者，提倡依法治国，强调因时变化，提出"时移而治不易者乱"，但是他

故以理观之，事大众而数摇之则少成功，藏大器而数徙之则多败伤；烹小鲜而数挠之则贼其宰，治大国而数变法则民苦之。是以有道之君贵虚静，不重变法。故曰："治大国者若烹小鲜。"
——陈奇猷《韩非子新校注·解老》，上海古籍出版社2000年版

更重视法令的稳定性，唯有如此，才能保证法令维持社会稳定的效力，朝令夕改会让百姓无所适从，导致社会不安。

第二个人是淮南王刘安。淮南王刘安是汉高祖刘邦的孙子，集结门客撰有《淮南子》一书，并将此书于汉武帝建元二年（前139）进献给朝廷。《淮南子》以道家思想为主，"其旨近老子，淡泊无为，蹈虚守静"，其中《齐俗训》中也有对"治大国，若烹小鲜"的阐释："老子曰：'治大国若烹小鲜。'为宽裕者曰勿数挠，为刻削者曰致其咸酸而已矣。"

《淮南子·齐俗训》对于老子这一经典名言的解读，是通过两方面的对比实现的，为政宽和者不会老去翻搅小鱼，其原因在于他懂得多次翻搅会搅烂小鱼；为政苛刻者根本不管这些，他烹调小鱼，会加上各种调料，直到鱼的酸咸度符合自己的口味方才罢休。可见，为政者不为满足自己一人之口味而干扰百姓，方是为政之上策。

老子、韩非子对于"治大国，若烹小鲜"的解读还停留在理论层面，即便是处在汉初的刘安也没有真正地实施清静无为之策，他最终因为谋反而自杀就是一个最好的证明。较早也较好地践行"治大国，若烹小鲜"理念的，是汉初的两位相国，一位是萧何，一位是曹参，他们留下了"萧规曹随"的成语，后来比喻按照前任的成规办事。

新官上任放几把火似乎是个惯例：提拔一下自己身边的人，重新制定一些规章制度，再搞点形象工程，等等。但是，曹参没有按照世人普遍的预期去运作，一切事宜"萧规曹随"。那么，萧何的治国理念是什么呢？其实，很简单，也很不简单，那便是不折腾，便是

"无为而治"，便是"治大国，若烹小鲜"。

经过了多年的战争，西汉初年财用匮乏，即便是天子乘车也不能凑齐毛色纯一的四匹马，将相只能乘坐牛车，老百姓没有积蓄。在这样的情况之下，作为汉初的第一任相国的萧何顺应民心，采取了"无为而治"的举措，与民休养生息。

曹参与萧何之前有嫌隙，但是萧何却在生命的最后举荐曹参为相，继任者曹参也没有因为萧何采取"无为而治"举措而刻意改变，而是继续追随萧何，不折腾百姓。略有变更的是，他从郡国中挑选一些质朴木讷、持重忠厚的人，任命为自己的属官。对言语文字苛求细枝末节，以此来追求声誉的属官则一概黜之。搞定这些后，自己则"痛饮狂歌空度日"。

如此一来，一些下属纷纷上门，要忠言进谏，要婉言规劝。每每人一到，曹参就立即贡献美酒佳肴，一个字——喝。席间有人想说些什么，曹参就两个字——再喝。这些人直到喝醉后离去，始终没有开口的机会。

曹参日日如此，下属官吏也学会了，常在吏舍日饮歌呼。相舍后园毗邻吏舍，曹参就叫人取酒痛饮于后园，高歌呼叫，隔墙互答，彼此相应。怎一个舒坦了得！

汉兴，接秦之弊，丈夫从军旅，老弱转粮饷，作业剧而财匮，自天子不能具钧驷，而将相或乘牛车，齐民无藏盖。——《史记·平准书》

择郡国吏木诎于文辞，重厚长者，即召除为丞相史。吏之言文刻深，欲务声名者，辄斥去之。日夜饮醇酒。——《史记·曹相国世家》

卿大夫已下吏及宾客见参不事事，来者皆欲有言。至者，参辄饮以醇酒，间之，欲有所言，复饮之，醉而后去，终莫得开说，以为常。——《史记·曹相国世家》

皇帝却有点儿坐不住了，觉得相国整天喝酒唱歌，是不是没把自己当回事，小看他这个刚登基的皇帝呢，于是就托人带个话。带话的人是曹参的儿子曹窋。曹窋就去问了："高帝刚刚永别了群臣，皇上又年轻，您身为相国，整天就知道喝酒，也不向皇上早请示晚报告啥的，您根据什么来治理天下呢？"结果，曹参听后大怒，痛打曹窋二百鞭子，说："反了你了，这些事情是你问的吗？你赶快回去侍奉皇上。"

挨了鞭打的曹窋一肚子委屈，跑去向皇帝一五一十地汇报了他爹的"恶行"。上朝的时候，惠帝就责备曹参："您老为什么惩治曹窋，是我让他去劝谏您的。"曹参胸有成竹，赶忙摘下帽子谢罪说："陛下与圣明英武的高帝比，谁更强些呢？"惠帝说："我怎么敢跟先帝相比呢！"曹参又问："那您看我和前任相国萧何相比，谁更贤能一些呢？"惠帝说："您好像不如萧何。"曹参说："回答正确。我也认为您没有高帝强大，我自己比不上萧何。高帝与萧何平定了天下，法令明确，秩序井然。如今陛下要做的就是垂衣拱手，我等则谨守职责，遵循原有法度，休养生息，清静无为，这就是治国的最高境界。"惠帝听后，若有所思，连连点头，于是让曹参继续玩。

曹参在相国的任上三年后去世，百姓歌颂曹参

至朝时，惠帝让参曰："与窋胡治乎？乃者我使谏君也。"参免冠谢曰："陛下自察圣武孰与高帝？"上曰："朕乃安敢望先帝乎！"曰："陛下观臣能孰与萧何贤？"上曰："君似不及也。"参曰："陛下言之是也。且高帝与萧何定天下，法令既明，今陛下垂拱，参等守职，遵而勿失，不亦可乎？"惠帝曰："善。君休矣！"——《史记·曹相国世家》

的事迹说："萧何制定法令，明白如同划一；曹参接替相位，遵循法度勿失。清静无为休养，百姓安宁统一。"

百姓歌之曰：『萧何为法，顜若画一；曹参代之，守而勿失。载其清净，民以宁一。』——《史记·曹相国世家》

如此看来，曹参可是中国历史上最为悠哉的相国。没有改革的压力，没有就业的压力，没有调控房价的压力，没有稳定物价的压力，没有食品安全的压力，没有经济下滑的压力，没有天灾，没有人祸，唯一要做的就是不断满足胃的需求。

不折腾，好。喝酒，好。唱歌，好。国家，好。曹参，也好。

其实，老百姓也不怕折腾，毕竟见多了，也经历多了。怕就怕瞎折腾！与其瞎折腾，还真不如去满足胃的需求。不过，如果胃一直在被满足，但瞎折腾也没停下，这就有点儿难办了。

8.分肉与治国

陈平少时家贫，却喜欢读书。他的兄长是个好人，主动承担了全部劳动，好让陈平有充足时间到处拜师求学。陈平长得高大英俊，是个帅哥。有人就问陈平："家里这么穷，到底吃了什么好东西，为什么长得这么壮硕呢？"陈平的嫂嫂对陈平不事生产早就恼恨在心，就怨恨地说："还能吃什么，也不过是吃些米糠罢了。有这样的小叔，还不如没有呢。"结果，陈平的哥哥就把她休了。

哥哥对陈平的关爱，让陈平有足够的时间与精力去读书，去了解天下之事，去明晓治国之道，而陈平也没有辜负哥哥的关爱，很早就已显露出治国之才。一次，乡里祭社神后，陈平作为社宰，为大家分肉，他把肉分得十分均匀，人人满意。父老乡亲们不约而同地赞叹：陈平这孩子分祭肉分得公平，称职！陈平却感慨道：假使我陈平能有机会治理天下，也能像分肉一样。

陈平的感慨，其实也是他的理想，这一理想最终在大汉王朝建立后实现了，在汉惠帝时陈平相继做了大汉王朝的左丞相、右丞相。后来陈平联合周勃平定诸吕之乱，匡扶汉室，力主汉文帝登基。陈平认为在平乱过程中，周勃的功劳要大于自己，便坚决要求将右丞相一职让于周勃，自己做了左丞相。

陈平将右丞相一职让了出去，但是，与右丞相相当的能力却是无法让出的，吹鼓手出身的周勃并不能很好地胜任右丞相一职。一次上朝时，汉文帝问右丞相周勃："全国一年审理多少案件？"周勃不知。汉文帝又问："全国一年的钱粮收入有多少？"周勃还是不知。汉文帝又问左丞

平为人长大美色。人或谓陈平曰：『贫何食而肥若是？』其嫂嫉平之不视家生产，曰：『亦食糠覈耳。有叔如此，不如无有。』伯闻之，遂其妇而弃之。

——《史记·陈丞相世家》

里中社，平为宰，分肉食甚均。父老曰：『善，陈孺子之为宰！』平曰：『嗟乎，使平得宰天下，亦如是肉矣！』

——《史记·陈丞相世家》

孝文帝立，以为太尉勃亲以兵诛吕氏，功多；陈平欲让勃尊位。

——《史记·陈丞相世家》

相陈平。陈平说:"这些问题,主管的人自然清楚。"汉文帝问:"主管的人是谁?"陈平回答:"陛下要了解案件审理,可以询问廷尉;要了解钱粮收支,可以问治粟内史。"汉文帝说:"既然这些事情都各有主管,那么你又主管些什么事呢?"陈平故作惶恐状:"依臣看,作为宰相,对上要辅佐天子调理阴阳,顺应四时;对下则哺育万物使之适时生长;对外要镇抚四夷诸侯;对内则亲附百姓,使公卿大夫各尽其职。"

平谢曰:『主臣!陛下不知其驽下,使待罪宰相。宰相者,上佐天子理阴阳,顺四时,下育万物之宜,外镇抚四夷诸侯,内亲附百姓,使卿大夫各得任其职焉。』孝文帝乃称善。——《史记·陈丞相世家》

其实,这种小儿科的问题,早年在乡下分肉的时候,就已经难不倒陈平了。作为一国之相,不知国家每年的收支、案件几何,好像不够称职。周勃就是这样想的,因此他回答不出就汗流浃背,惭愧不已。陈平的回答则是四两拨千斤,直言丞相的职责是"使卿大夫各得任其职",为政要分工明确,各司其职,各负其责。上级不能事无巨细都要插手。这就是今天管理学中常说的金字塔式的管理。

司马迁说陈平是学黄老之学的。老子说"治大国,若烹小鲜"。陈平早年就已具备了这个才智。他先去投奔魏王,后来又追随项羽,最终跟定了刘邦,为刘邦六出奇计,定国家于危难之中。吕氏专权,陈平竟能自脱,重定刘氏天下。

史书上说,陈平离开项羽前去投奔汉王途中,要坐船渡河。陈平是个美男子,船夫见其仪表堂堂,相貌不凡，认为陈平一定怀揣金银财宝，绝对是个有钱的主，预谋害之。陈平一下子就看透了船夫的"五脏六腑"，知道船夫动了"花花肠子"，但还不能说破。怎么办呢？于是陈平不慌不忙脱下上衣，放在船上，意思是让船夫看清他身无分文，接着上前帮助划桨，意思是让船夫清楚他陈平不知道船夫在想啥。就这样，一场个人的生命灾难在无形中化解。

纵观陈平一生，他的高明之处在于，他总是清楚在什么时间，在什么地点，该做什么，怎么去做。正因如此，他治国如同分肉，举重若轻；国家政局变化，他能善始善终，终得贤相之名。

9.治国与齐家

楚地人陆贾，以门客的身份追随刘邦平定天下，能言善辩，口才极佳，经常出使于诸侯之间。他先后两次出使南越，游说南越王赵佗（tuó）去掉帝号，向汉称臣，不得僭越；劝说刘邦逆取顺守，文武并用；刘氏政权岌岌可危之时，以"天下安，注意相；天下乱，注意将"劝说丞相陈平与太尉周勃"将相和"，最终铲除诸吕。

陆贾平日里常常向汉高祖进言，开头老是"《书》曰""《诗》云"什么的，喜欢引经据典。说多了，刘邦

渡河，船人见其美丈夫独行，疑其亡将，要中当有金玉宝器，目之，欲杀平。平恐，乃解衣裸而佐刺船。船人知其无有，乃止。——《史记·陈丞相世家》

烦了，就犯了流氓脾气，破口大骂："你爹我是骑着马打下来的天下，哪用得着《诗经》《尚书》这些破玩意儿。"陆贾不卑不亢，反问道："马上得天下，就能马上治天下吗？商汤、周武王都是武力夺取天下，却以文教来治理，文武并用。吴王夫差、晋国智伯都是一味崇尚武力的典范，结果呢，尚武而亡。要是秦始皇一统后效法先贤施行仁政，那么这天下还是陛下您的吗？"高祖听后，先是不悦，无言以对，继而惭愧，命陆贾总结秦亡汉兴的事迹、稽查古今成败的道理。他每写成一篇上奏，刘邦都大加赞赏，周围的人也惊叹不已，后来这些上书结集成为一书，名字叫《新语》。

刘邦讨厌儒生，他曾经骂过郦食其"竖儒"，也曾经拿着儒生的帽子当尿盆。他不喜欢儒生的事情是天下之共识，陆贾自然也晓得，但他还是向刘邦言说儒家之道，他懂得把握时机。当刘邦热衷于以武力治理天下的时候，谈古论今、引经据典的儒生是不入他的法眼的，也可以不入他法眼。然而，一个质木少文、缺乏历史意识的集团，怎么可能完成社会政治的转型？怎么可能实现国运昌盛？陆贾以《诗经》《尚书》劝说高帝革除马上之习，名为追溯历史，总结秦朝灭亡的原因，实则为汉家长治久安深谋远图。

陆生曰："居马上得之，宁可以马上治之乎？且汤武逆取而以顺守之，文武并用，长久之术也。昔者吴王夫差、智伯极武而亡；秦任刑法不变，卒灭赵氏。乡使秦已并天下，行仁义，法先圣，陛下安得而有之？"——《史记·郦生陆贾列传》

陆生乃粗述存亡之征，凡著十二篇。每奏一篇，高帝未尝不称善，左右呼万岁，号其书曰《新语》。——《史记·郦生陆贾列传》

陆贾之后，继续关注秦亡汉兴的还有贾山、贾谊等。汉代从质木少文到文武并用转化的过程中，陆贾是第一人，具有首创之功。

陆贾以一言确立治国方针，在汉初朝廷中拥有很高的地位，他病退后的生活也相当优哉游哉。

吕后擅权时期，陆贾估计自己没有足够力量抗争，干脆办了"病退"，选择田地肥美的好畤（今陕西乾县）这个地方安家。陆贾将自己出使南越所得的财货变卖之后得到千金，作为自己的安家费，只不过这些安家费不是用来置办房产，而是均分出去。原来，陆贾有五个儿子，陆贾将千金平分给五个儿子，每家二百金，让他们以此谋生，自己仅留下车马、侍从及一把价值百金的宝剑。

陆贾均分给儿子钱财是有条件的，他与儿子们约定："我到你们那儿，你们必须招待我人马酒食，要完全满足我的要求，十天换一家。我死在谁家，谁就可以得到我的宝剑、车马、侍从。一年中，我还要到其他人家去做客，到你们家里也不过两三次，要是见面多了就不新鲜了。因此，你们也用不着因为我待时间长了而厌烦我。"于是，陆贾佩带百金宝剑，坐着"宝马"，带着十人乐队，吹吹打打，载歌载舞，往来于五个儿子之家，出入于朋友之门，这就是陆贾分金的故事。汉语中"数见不鲜"这个成语就是陆贾发

陆生常安车驷马，从歌舞鼓琴瑟侍者十人，宝剑直百金，谓其子曰："与汝约：过汝，汝给吾人马酒食，极欲，十日而更。所死家，得宝剑车骑侍从者。一岁中往来过他客，率不过再三过，数见不鲜，无久慁公为也。"

——《史记·郦生陆贾列传》

明出来的。

陆贾平分财产，不偏不私；自留资产，以备后事；儿子轮流坐庄，谨防数见不鲜。这一套很有意思。古人讲究修齐治平，陆贾这些都实现了，身名俱荣。司马迁、班固都说陆贾"竟以寿终"，"竟"是"最终"的意思。有人理解为"竟然"，是不对的。单看陆贾的齐家之术与治国之道，对其"寿终"就不应该觉得惊讶。

10.东西同谋

第二次世界大战期间，盟军的诺曼底登陆堪称经典之战。盟军诺曼底登陆的成功也使这场战争成为西方电影界一个永恒的素材，以它为背景的各种谍战片成为世界电影史上一道亮丽的风景。

其实，盟军的诺曼底登陆最为得意之处是成功骗过德军，让德军误以为盟军的登陆地点不是诺曼底，而是加莱。盟军为此进行了大量的伪装，而且是一场非常成功的伪装。

中国古代有过类似的经典之战。

第一例：平定三秦。

楚汉战争之际，韩信奉命平定三秦。他派少数军队修复栈道，吸引雍王章邯的注意力，亲率汉军主力从今天汉中市的北面翻越秦岭，直插今宝鸡市，突然杀到陈仓（今宝鸡市陈仓区）。这就是鼎鼎大名的"明修栈道，暗度陈仓"。

章邯的注意力全部集中在褒斜道，他认为，刘邦修复已经烧毁的栈道，绝非一朝一夕之功。但章邯万万没有想到韩信带精兵从今天陕西勉县西入留坝、凤县，越过秦岭，出大散关到达陈仓。守将紧急报知章邯，章邯才大梦初醒，急调部队迎战，先败于陈仓，再败于扶风好畤，只得退保废丘。刘邦军队到达咸阳，分兵攻打塞王司马欣、翟王董翳(yì)。司马欣和董翳几乎没有什么抵抗相继投降了刘邦。刘邦就这样迅速平定了三秦之地，奠定了他日后战胜项羽的基础。

第二例：韩信灭魏。

西魏王魏豹梦想着自己当皇帝，在刘邦彭城大败后，以省亲为名，渡过黄河，宣布叛汉。刘邦在派人劝降无效后，命令韩信为左丞相统领大军，率领灌婴、曹参伐魏。

魏豹在蒲坂(今山西永济市)布置重兵防范，堵住临晋关，韩信仍然采用"明修栈道，暗度陈仓"的老办法，有意在临晋关对岸的黄河边上停放大量渡船，造成强渡临晋关的假象；在临晋上游夏阳的少梁渡口(今陕西韩城南)集结重兵，把瓮、罐捆绑起来，铺上木板，制成木筏，悄悄渡河，从侧后翼偷袭魏都安邑(今山西夏县西北)。

曹参作为先锋，先打蒲坂东面的东张(今山西虞乡县西北)，魏将迎战，被曹参打得大败。魏豹听说汉军攻打东张，担心汉军抄自己的后路，急忙从蒲坂退兵安邑，韩信抢先攻破安邑，俘虏了守城魏将。魏豹回

汉王还定三秦，渡临晋，魏王豹以国属焉，遂从击楚于彭城。汉败还，至荥阳，豹请归视亲病，至国，即绝河津畔汉。——《史记·魏豹彭越列传》

不了安邑，向东败逃，曹参追到曲阳（今山西绛县西南），大败魏豹，魏豹逃窜，曹参追到武垣（今山西垣曲县）活捉魏豹。汉二年（前205）九月韩信攻占平阳（今山西临汾西南），抓获魏豹的母亲、妻子、儿女，西魏国灭亡，魏豹被押送至荥阳。韩信平定魏国全境，设为河东、上党、太原三郡。

韩信从汉二年八月率三万人伐魏，九月平定魏地，历时两个月，完全解决西魏国。这是彭城大败以来汉军取得的一个大胜利。

韩信的这两次经典之战用的都是一个谋略：隐瞒真实的作战意图，出其不意，攻其不备。

两种相似的战争思维分别成就世界战争史上的经典战例。东西同谋源于人类思维的趋同性，东方人想得到的，西方人也想得到；西方人想得到的，东方人也想得到。谁也不比谁更聪明！

11.小人物有大智慧

历史很少长篇累牍地去记录小人物。其实，小人物并非没有智慧，只是他们没有机会。

《史记》中却记录了不少小人物的大智慧。

刘邦从一介布衣到开国皇帝，也是一个小人物走向人生巅峰的故事，他最初低下的出身，为他后来的成功增添了诸多光彩，让大汉王朝的开国皇帝光芒四射。

很多人都知道刘邦，但知道陈恢的人的确不多。陈恢首倡"和平解放"！

刘邦西入秦关时，率兵绕过宛城，直取武关。张良劝告刘邦：沛公就是再急着入关，也不能放过宛城。秦兵目前力量尚十分强大，又据守险地；如果我们不拿下宛城就直接西进，宛兵在后，"强秦在前"，这是危险之道。刘邦一听，连夜率兵从另一条路回军，并且更换旗帜，免得宛城守军认出自己。天亮之时，刘邦已率兵将宛城围了个水泄不通。南阳郡守一听又有大军围城，立即崩溃，要自杀。南阳郡守的门客陈恢对他讲：不急，现在就死，死得太早。于是陈恢翻城求见刘邦，对刘邦说："我听说足下有约：'先入咸阳者王之。'如今您留下来攻打宛城，宛城是一个大郡的郡政府所在地，下属有十几个县城，百姓多，'积蓄多'。大家都认为'降必死'，必然会死守城池。如果您全力进攻，将会有重大伤亡；要是率兵绕过宛西而进，宛兵追随在您的身后，您将失去先入关为王的机会。为您考虑，不如'约降'。'约降'之后，封原郡守驻守本地，带上他的士兵西进。这样，尚未攻打的那些县城听到这种解决办法，会争着大开城门欢迎您，您的西进将一定是一路畅通无阻。"刘邦一听，好办法啊！立即采用陈恢建议的"和平解放"策略，封南阳郡守为殷侯，封陈恢千户。然后，率兵向西，一路所遇秦县全都望风而降。

沛公曰："善。"乃以宛守为殷侯，封陈恢千户。引兵西，无不下者。
——《史记·高祖本纪》

"和平解放"政策有效地瓦解了秦帝国的政权及军队，加速了刘邦向西入秦关的进度，但是，给刘邦提出明智建议的陈恢是一位小人物。刘邦后来在与项羽过招的四年中，屡屡使用"和平解放"这一手，收效极佳！

另一位帮助刘邦的小人物叫作"三老董公"，三老董公给了刘邦一面"正义"之旗！

刘邦收复三秦后，率军到达洛阳附近的新城（今河南伊川），遇到了一位乡间主管教化的基层吏员——三老董公。他拦住刘邦，大诉义帝之死一事。

项羽大封诸侯前，先将怀王熊心奉为义帝，然后把义帝迁到南方，又下令截杀义帝。汉二年冬十月，九江王黥布在郴地（今湖南郴州）杀死了义帝。

董公大讲义帝被杀，一下子提醒了刘邦。刘邦当即失声痛哭，宣布三条政令：第一，全军将士为义帝举行隆重丧葬；第二，自己连续三天哭祭义帝；第三，昭告天下，项羽杀死义帝"大逆无道"！他要跟各位诸侯王一块儿除掉西楚国擅杀义帝的罪人。

刘邦明白，董先生为自己献了一件大宝，一件难得的、及时的珍宝！还定三秦时自己打着"怀王之约"的旗号，明正言顺；这次东征，又可以打着为义帝报仇的旗号，这真是想什么就有什么。这面大旗是正义之旗，自己的军队也就是正义之师了。

刘邦明白，天下人对义帝被杀很在乎，将会一致谴责项羽杀义帝的做法。紧紧揪住此事，公开声张，

新城三老董公遮说汉王以义帝死故。——《史记·高祖本纪》

汉王闻之，袒而大哭。遂为义帝发丧，临三日。发使者告诸侯曰："天下共立义帝，北面事之。今项羽放杀义帝于江南，大逆无道。寡人亲为发丧，诸侯皆缟素。悉发关内兵，收三河士，南浮江汉以下，愿从诸侯王击楚之杀义帝者。"——《史记·高祖本纪》

大力挞伐，牢牢占领道义上的制高点，拥有一面正义大旗，可以从政治上打压项羽。

刘邦明白，高举正义之旗是制胜法宝。义帝被杀刘邦早就知道了，刘邦对项羽杀义帝是什么态度史书无载。项羽不杀义帝，刘邦诛灭项羽后，会匍匐在义帝面前称臣吗？绝无可能！老子夺了天下，也会步项羽后尘，搬掉自己头上义帝这座大山，不同之处只在于搬山的手法不会像项羽这么笨拙，但是自己当皇帝的夙愿绝不会因为义帝而改变，项羽提前做了自己将来要做而又十分棘手的事。

这位董公并非大人物，史书中只记录了他的姓，是一位连名字都没有留下的小人物，但是，他给了刘邦一面"正义"的旗帜！

刘邦身边的大谋士如张良等，谁都没有想到这面正义的旗帜。

刘邦从彭城大败之后在荥阳阻击项羽历尽艰辛，一直处于十分被动的地位。谁能帮助刘邦结束这种被动挨打的局面呢？

袁生！"袁生"是指姓袁的先生，史书中亦未载其名。张良、陈平这些大谋士对改变刘邦荥阳被动挨打的局面束手无策。这位袁先生颇有头脑，提出了一个调动项羽的办法。古人说："肉食者鄙，未能远谋。"确实如此。

刘邦回到关中，征调士兵准备再次东出函谷关和项羽一决高下。袁生拦住汉王说："楚、汉两军在荥阳会战已经多年，汉军常常处于劣势。我建议大王南出武关，项羽一定会率兵南下。大王到达南阳后，深挖沟堑，坚守不战，让荥阳、成皋的军队得到休息；再派韩信等以赵地为中心，联合燕、齐，形成对楚军的包围。大王再杀回荥阳。这样，楚军的对手多了，力量分散，汉军得到休整。再与楚军决战，一定可以大败楚军。"

刘邦明白，袁生之谋是大战略。袁生不让自己再出函谷关，而要南走武关，兵发南阳，牵着项羽南下，拉长项羽的后勤补给线。再让韩信联合燕、齐诸国，逼得项羽四面应战，再兵发荥阳。这和只在荥阳与项羽贴身纠缠相比，高明多了。于是刘邦立即改道武关，兵出南阳郡。可惜像"袁生"这样具有战略眼光的"小人物"，史学家未载其名，我们至今不知道他叫什么。

项羽听说汉王到达宛城（今河南南阳），果然率兵追来，刘邦坚守不战，拖住项羽。此时，彭越在项羽的后勤补给线上做起了大文章，他渡过睢水，攻击楚军粮道。楚军派出项声、薛公迎战彭越，被彭越打得大败。粮道被断，项羽受到严重威胁，不得不从宛地撤兵，"东击彭越"，派终公坚守成皋。结果，项羽一回援，刘邦立即打下荥阳。

大人物是凡人，小人物也是凡人。凡人就不免有思虑不周之处。大人物肯定有时会有想不到的地方，小人物也会富有政治智慧。只是大人物往往歧视小人物，也往往因此而坐失良机！其实，小人物有了条件，也会成为大人物！比如刘邦，原来是个小人物，但是，遇到秦末大起义，折腾了七年，终于折腾成了大人物。

袁生说汉王曰："汉与楚相距荥阳数岁，汉常困。愿君王出武关，项羽必引兵南走，王深壁，令荥阳成皋间且得休。使韩信等辑河北赵地，连燕齐，君王乃复走荥阳，未晚也。如此，则楚所备者多，力分，汉得休，复与之战，破楚必矣。"——《史记·高祖本纪》

项羽闻汉王在宛，果引兵南。——《史记·高祖本纪》

12.搬梯子

梯子，作为一种古老的工具，在远古时代就已经出现了。中国木工的祖师爷鲁班就是制造梯子的高手，这在先秦典籍《墨子》中是有记载的:《公输》篇记载公输班为楚国造云梯，以便攻城;《备梯》篇则主要讲如何防守用云梯攻城。这种古老的工具今天仍然广泛使用在日常生活中，甚至大部分家庭中都常备。

不过，话说回来，梯子无非两大基本功能：一是上，二是下。

人生也有梯子，功能亦是上、下。用梯子的第一步是搬，搬梯子有两种搬法，一是自己搬，二是他人搬。

说起搬梯子，似乎很简单，但何时需要搬梯子，给谁搬梯子，搬来梯子是上还是下，其中的人生学问可就大了。

汉五年 (前202)，楚王韩信、韩王信、淮南王英布、梁王彭越、赵王张敖、衡山王吴芮、燕王臧荼等七位异姓诸侯王联名上疏，请刘邦接受"皇帝"尊号。

正月，诸侯及将相相与共请尊汉王为皇帝。——《史记·高祖本纪》

这里潜藏着两个问题：一是以楚王韩信为首的七位异姓诸侯王为什么要刘邦上尊号，二是七位异姓诸侯王为什么要刘邦上"皇帝"尊号。

第一个问题好理解。刘邦封韩信为楚王、彭越为梁王后，刘邦是汉王，韩信是楚王，韩王信是韩王，英布是淮南王，彭越是梁王，吴芮是衡山王，张敖是赵王，臧荼是燕王。以"王"来定尊卑，七位异姓诸侯王和汉王刘邦平起平坐。韩信、彭越、英布、韩王信、张敖等五位是刘邦所封，衡山王吴芮、燕王臧荼及汉王刘邦是项羽所封。八位诸侯王的尊卑确实有些混乱，汉王刘邦的地位明显高于其他七位异姓诸侯王，但大家都是"王"，似乎又无高下之分。解决这一问题的原则是让"大王"刘邦再向上升一升，这样，尊卑高下就一目了然了。怎么向上升呢？上尊号。

第二个问题有些蹊跷。七位异姓诸侯王联名上疏要求刘邦上"皇帝"尊号，为什么不上其他尊号呢？

在政治制度的选择上，人们往往习惯于从历史中寻找答案。刘邦之前，存在着两种截然不同的政治制度：一是商周的邦国制度，也就是分封制；二是秦始皇的帝国制度，也就是郡县制。项羽当年选择的是霸王。霸王是特定时期的产物，本质上属于邦国制度。邦国制的中后期，天子已不能真正支配王权时，诸侯中的强者就成为霸王。所以，从本质上讲，霸王是邦国制的一种变形。

为什么七位异姓诸侯王偏偏选择"皇帝"而不选择其他尊号呢？

《史记》《汉书》没有记载此事。劝刘邦上尊号这么大的事，七位异姓诸侯王总得事先通通气，打打招呼，起码得聚在一起商量一下吧？史书统统无载。史书不载不等于没有，史书不载我们关心的问题的情况非常多。今人回答这类问题的办法只有一条：尽可能理性、公正地分析。

刘邦从未谈过灭了项羽后他要什么尊号，但是，这不等于没有蛛丝马迹可以表明刘邦的心迹。

第一，刘邦的目标是得到天下。武涉游说韩信时评价刘邦说："其意非尽吞天下者不休。"什么意思呢？就是刘邦想要做老大。这是项羽集团对刘邦兵出函谷关终极目的的诠释。这一点，七位异姓诸侯王都会有所了解。为一个意在"尽吞天下"的诸侯王上什么尊号？"皇帝"！

第二，刘邦的行政建制是郡县制。

刘邦重返关中后率先除掉三秦王，在关中"置陇西、北地、上郡、渭南、河上、中地郡"，"关外置河南郡"，完全承袭了秦帝国在地方实行郡县制的行政建制。韩信灭魏后，"定魏为河东郡"。刘邦承袭秦帝国郡县制的行政建制，透露出刘邦在后项羽时代将要行帝国制的端倪。

第三，刘邦对诸侯联名上疏的反应是默许。

以楚王韩信为首的七位诸侯王联名上疏汉王刘邦上"皇帝"尊号后，刘邦先是推辞不受。

像刘邦这样的"大王"当然不会说自己要当什么，他想当什么需要别人去猜，这就是"搬梯子"。诸侯王们陈述了汉王刘邦应该上尊号的三大理由：一是功大，二是德厚，三是上下不分。简单来说，汉王功大德厚，但是和其他诸侯王无法区分上下，只有加尊号才能解决这一问题。这三大理由决定了必须让刘邦向上爬，但向上爬得给刘邦搬个梯子吧？有了梯子，就能明正言顺地向上攀登。

刘邦如何回答呢？

"帝"必是贤者。如果我不是贤者，上了尊号，岂非"虚言亡实之名"？这不是我所希望的。你们这些诸侯王如此"推高寡人"，叫我怎么处理呢？

刘邦这个表态有三点值得关注：一是不反对称帝，二是质疑自己的资格，三是担心自己被推高后不好处事。虽然刘邦也说"寡人闻帝者贤者有也，虚言亡实之名，非所取也"，但是刘邦并不反对诸侯王的劝进。只是说"帝者贤者"，我尚不够贤。

刘邦表态的关键是不反对！不反对就是默许。

如果刘邦不想当皇帝，他完全可以直截了当地拒绝，但是，刘邦没有这样表态。诸侯王们得到这一信息，就是傻子也明白，他们劝汉王上"皇帝"尊号的做法对头了。下面需要再"搬梯子"，让他愿意向上攀登。

诸侯王是一方诸侯，个个听觉极佳，刘邦的话外音，他们一听就明白了！他们第二次集体上疏，说汉王有三大功德，一是"灭乱秦"，二是"诛不义"（指灭项羽），三是"功臣皆受地食邑"，所以，称"汉王"已经不足以表述刘邦的功德了，只有"居帝位"才能名实相符。希望"大王以幸天下"。

这封上疏总结了刘邦灭秦、灭项、封诸侯三大功绩，唯有称帝才能让天下百姓满意。第二次上疏的要害是只有汉王称帝才能让天下苍生满意。这是一个最让刘邦动心的梯子。这把梯子搬过来再不向上攀登，岂不让天下百姓大失所望？

刘邦不再推辞。只是说："只要你们都认为我上'皇帝'尊号有利天下苍生就行了。"

在刘邦的首肯下，"诸侯王及太尉长安侯臣绾等三百人，与博士稷嗣君叔孙通"选择了一个好日子，"二月甲午，上尊号"，刘邦正式"即皇帝位于氾水之阳。尊王后曰皇后，太子曰皇太子"，并追尊自己的生母为"昭灵夫人"，完成了由汉王到西汉开国皇帝的历史性演变。

可见，"搬梯子"是一门大学问。要他人向上攀登，需要合适的梯子；要他人体面下台，也需要合适的梯子。

帝国制度下皇帝的地位至高无上，皇帝犯了错，需要给他梯子让他下台。

汉武帝一生专权独断，最终导致晚年自己残害了皇太子、皇孙。戾太子死后，汉武帝彻查"巫蛊"案，件件事情追下去，属实者少，冤狱者多。汉武帝终于明白：太子冤枉，他并无谋反。汉武帝想给太子平反，可是，却没有可下的台阶。毕竟自己给儿子造成的冤屈太大，无人敢出来为太子说话。

征和三年_(前90)九月，高寝郎_(管理高帝刘邦陵墓的官员)田千秋上紧急奏疏为太子鸣冤。

田千秋上疏非常简明，只有三点：

一是儿子盗用父亲的军队，顶多打一顿_("子弄父兵，罪当笞")。

二是皇上的儿子错杀了人，判什么罪_("天子之子过误杀人，当何罪哉")。

诸侯王幸以为便于天下之民，则可矣。——《汉书·高帝纪》

三是梦中一位白发老翁教我这一切（"臣尝梦见一白头翁教臣言"）。

汉武帝晚年，第一个仗义执言的，是山西乡下一位基层文教干部令狐茂（壶关三老），他请求赦免太子；第二个就是这位看守高祖陵园的小芝麻官田千秋。难道只有远离政治中心的人才能看清事件真相吗？非也。没人说实话是因为没人愿意听实话。汉武帝晚年，内心之敏感脆弱，恰如他的身体。田千秋的贡献是对太子之罪做了全新的阐释：

第一，子盗父兵不是罪。

第二，太子错杀人也不是罪。

第三，这是神人授意。

田千秋这份冒险提案不仅有益，而且一句"臣尝梦见一白头翁教臣言"更是选对了路子。汉武帝不是好神仙方术吗？就来点儿神的。而且，这神人来头还不一般。田千秋是汉高祖刘邦陵寝的守陵官，他梦见的神人无疑就是汉高祖刘邦啊！这是一层神秘却又堂而皇之的糖衣。同时，田千秋用平民心看帝王事，将"太子谋反"这一危害国家安全罪大大加以淡化，不过是子盗父兵，打一顿，家务事儿，都不是罪。

汉高祖显灵赦免庆太子之罪。多好的台阶啊！这梯子搬得多么及时啊！

汉武帝看到田千秋的奏章，立即召见田千秋：父子之间外人最难插话，只有你能明白其中的曲折；而且，

父子之间，人所难言也，公独明其不然。——《汉书·车千秋传》

这又是高祖神灵让你告诉我的，因此，你应当做我的助手。田千秋的梯子赢得了汉武帝的倾心。

汉武帝立即做了三个决定：

第一，任命田千秋为大鸿胪（管理诸侯国及少数民族事务）。

第二，诛灭江充全族，烧死到武帝甘泉宫告太子造反的宦官，诛杀当初逼杀太子被封赏的人。

第三，修思子宫，建望思之台。

田千秋的上疏正式拉开了为戾太子平反的序幕。

追悔莫及的汉武帝在太子逃亡自尽的湖县修建了思子宫、归来望思之台，天下人无不为之伤感。世间最珍贵的东西是什么？已经失去的和永远得不到的！三十八年前，英姿勃发的汉武帝喜得长子刘据，大祭诸神还愿，大赦天下祈福，视若珍宝。然而，当他站在长安城西声色俱厉地鼓动全军坚闭城门，不许放走一个反贼的时候；当他调派的丞相正规军遭遇太子的平民队伍，烽火连天，血流成河的时候；当他为尊严而犹豫不决，层层士兵正将太子最后栖身的穷家小院重重包围的时候……曾经的宝变成了草，而且还是杂草，急欲除之而后快，他是否想过，有一天他会后悔？

丧子剧痛让汉武帝开始反思自己的一生。

刘邦要当皇帝需要天下诸侯为他搬梯子，顺利攀登上皇帝宝座；汉武帝刘彻晚年铸成大错，误杀太子，同样需要梯子让他纠正错误。

此高庙神灵使公教我，公当遂为吾辅佐。——《汉书·车千秋传》

为什么皇帝总需要梯子呢？

因为皇帝太自我，总以为自己是天赋神权，一句话，太把自己当回事了。因此，顾及种种面子，不愿自己说出自己的想法，需要有人替他说。

明乎此，可知不只是皇帝，人，都需要梯子，梯子的存在缘于欲望和面子。人都有欲望，同时，又都讲面子。有欲望不想讲出来，或者不敢讲出来，梯子就派上用场了。

在合适的时候搬一把合适的梯子是一种人生智慧，但是，如果靠搬梯子谋取当权者的欣赏，或者当权者总是等待梯子的出现，则未必是人生之幸。

有这样一个故事：

一个人不小心从梯子上摔下来，他发誓从此再也不碰梯子了。有个哲学家知道后，就去劝他说："兄弟，为什么怕呢！摔下来是你的错，又不是梯子的错。"那个人看看他，不耐烦地说："没有梯子，我会摔成这样吗？"

这个故事中有梯子，有爬梯子的人，有搬梯子的人，也有怕梯子的人，实在值得我们认真思考。

13.政治家的公众形象

政治家的公众形象是政治家的生命。一旦公众形象被毁，其历史评价就会大打折扣，甚至政治生命到此为止。古今中外，多数政治家都非常注重自己的公众形象。

刘邦是秦亡汉兴之际最注重个人公众形象的政治家，他为自己树立了几个优秀的公众形象：

一、"长者"的形象。

刘邦获得的第一个公众形象是"长者"。这是项梁战死后，楚怀王熊心和身边的"诸老将"共同的认识。他们认为，项羽为人残暴，刘邦是"宽大长者"，因此，派刘邦西行入关。

刘邦对于"长者"的形象非常重视。他率先进入咸阳后，秦王子婴降汉。刘邦手下的将领中许多人建议杀掉子婴。刘邦说：当初楚怀王派我西行入关，就是看中我的宽容，而且"人已服降，杀之不祥"。所以，刘邦坚决不许杀子婴，而将子婴关押拘禁。项羽入关，杀了子婴。刘邦"十罪项王"时，把杀秦降王子婴作为项羽的一桩大罪。这说明刘邦从入关之日起就十分注重树立自己明主的形象。

刘邦"约法三章"，这三章约法虽然不具备可操作性，但对获得关中父老对自己"长者"形象的认同意义非凡。刘邦入关后，他需要的不仅是楚怀王熊心及其身边大臣对自己"长者"形象的认同，更应该争取关中父老对自己"长者"形象的认同。因为，入关之前与入关之后，天下形势发生了巨变：入关之前秦帝国未亡，入关之后秦帝国已亡。秦帝国的速亡让刘邦萌生了更多的政治追求，他对"长者"形象的认识

今项羽僄悍，今不可遣。独沛公素宽大长者，可遣。——《史记·高祖本纪》

与父老约法三章耳：杀人者死，伤人及盗抵罪。——《史记·高祖本纪》

与关注也和以前大不相同。

二、"受害者"的形象。

刘邦的第二个公众形象是"受害者"的形象。项羽入关，企图否定"怀王之约"，刘邦却牢牢抓住"怀王之约"，将自己打扮成项羽"负约"的"受害者"。他在鸿门第一次面见项羽时就委婉地表示："然不自意能先入关破秦，得复见将军于此。"刘邦说："我自己都没想到能第一个入关灭秦，在这里与将军您见面。"这话说得很有水平，看起来是恭维项羽，实际上是在明确暗示项羽：我刘邦是第一个入关的，应封关中王，因为这是在楚怀王面前早就约定好的事情。所以，项羽将刘邦封到巴蜀为汉王时，不得不说"巴、蜀亦关中地也"，就是担心背负"负约"的恶名。项羽之所以有这么大的顾忌，很重要的一点，正是刘邦一直宣传自己先入关该当关中王。

有了这样一个铺垫，刘邦此后一直宣扬自己称王巴蜀是"失职"，自己未封关中王是项羽处事不公，自己是受害者。韩信在汉中对策中说："大王当王关中，关中民咸知之。大王失职入汉，秦民无不恨者。"刘邦的宣传让关中百姓也认定刘邦不当关中王是"失职"，失去了应有的职位，是受害者。

刘邦兵出三秦时，还专门派张良写了一封信，写给正在犹豫不决的项羽："汉王失职，欲得关中，如约即止，不敢东。"这封信中，刘邦仍然将自己装扮成一位项羽大分封的受害者，表明自己只想得到关中，"不敢东"挑战项羽。正是这封信和刘邦转送的一封"齐、赵反书"——说齐、赵想联合灭楚，将项羽的怒火引向齐国，让刚刚进入关中的刘邦得到了宝贵的喘息机会。

三、"正义者"的形象。

刘邦为自己树立的第三个公众形象是"正义者"的形象。

汉二年（前205），刘邦东出函谷关，新城"三老董公"向刘邦讲述了义帝之死后，刘邦立即哭祭义帝，以"正义者"自居，将与项羽争夺天下说成是"击楚之杀义帝者"。为义帝报仇成了他讨伐项羽的一面正义大旗，刘邦俨然成为吊民伐罪的一位"正义者"。

在以后的军事行动中，刘邦始终把自己打扮成正义的代表，公开指出项羽违背道义的地方，借此激发将士的正义感。汉四年（前203），楚汉双方在广武山对峙，项羽要与刘邦单打独斗，刘邦却从当时的社会伦理道德出发，指责项羽十桩大罪，将项羽置于社会正义的对立面。

四、"胸怀博大者"的形象。

刘邦是个凡人，他也像天下所有的凡人一样，记仇，可是，刘邦非常注重树立自己"胸怀博大者"的公众形象。

雍齿在刘邦起兵之初，因为率丰邑降魏，弄得刘邦十分被动，从此刘邦恨死了雍齿。雍齿后来投奔刘邦，虽然刘邦心中十分怨恨雍齿，但为了表现自己博大的胸怀，还是收留了雍齿。此后，雍齿屡立战功，刘邦尽管旧恨未解，仍不得不重用雍齿。汉六年（前

雍齿雅不欲属沛公，及魏招之，即反为魏守丰。——《史记·高祖本纪》

201)，刘邦当皇帝后，大封列侯，受张良点拨，首封雍齿为列侯。这一切都是为了自己"胸怀博大者"的政治家形象。

刘邦当上皇帝后，曾经下令追杀项羽手下的大将季布，原因是季布当年作为项羽手下悍将，曾经多次打得他落花流水。但是，滕公受朱家之托，向他讲明不能为私仇而下必杀令后，刘邦立即明白，自己胜利后如果挥舞屠刀，杀尽当年的宿敌，非常不利于"胸怀博大者"的形象。为了维护自己的形象得学得有胸怀，所以立即下令：赦免季布。

正因为刘邦特别注重塑造自己的政治形象，所以他才能够赢得天下，开创了大汉王朝。

有没有不顾自己的政治形象的政治家呢？

有！

谁？

项羽。

为了确保不出现秦降卒入关后的叛乱，入关之前，项羽坑杀秦降卒20万，得到"残暴"二字的差评。为了获得个人的绝对权力，项羽指使手下击杀了义帝，得到"不忠"的差评。

项羽的这种作为，严重损害了他作为一个政治家的个人形象，虽然项羽最终失败的主因

留侯曰：『上平生所憎，群臣所共知，谁最甚者？』上曰：『雍齿与我故，数尝窘辱我。我欲杀之，为其功多，故不忍。』留侯曰：『今急先封雍齿以示群臣，群臣见雍齿封，则人人自坚矣。』于是上乃置酒，封雍齿为什方侯，而急趣丞相、御史定功行封。——《史记·留侯世家》

季布者，楚人也。为气任侠，有名于楚。项籍使将兵，数窘汉王。及项羽灭，高祖购求布千金。——《史记·季布栾布列传》

今上始得天下，独以己之私怨求一人，何示天下之不广也！——《史记·季布栾布列传》

并不在此，但这却是项羽饱受后人诟病的致命伤之一。

在秦亡汉兴时非常重视个人形象的刘邦，称帝后完全不顾个人形象，残酷杀害韩信、彭越、黥布等异姓诸侯王，终于露出了自己的狰狞面孔。原来重视个人公众形象只是战胜对手项羽的一种手段，失去了强大的对手，个人的独裁、专制本性立即暴露无遗。

诛杀异姓诸侯王毫不手软的高帝刘邦，为何在称帝后放过老对手季布呢？因为当年的老对手季布在项羽自杀后已毫无政治能量，与韩信、彭越、黥布这些手握重兵的诸侯王不可同日而语，手无寸铁的季布简直可以忽略不计。放过毫无威胁的季布尚可博一美名。不能放过韩信、彭越、黥布是因为他们个个手握重兵，人人骁勇善战，岂可儿戏待之！

高祖刘邦对待个人公众形象的前后表现给了我们一点启示：帝国时代的政治家们极少有人能重视个人的公众形象，即使有人关注到这一点，也会因为担心个人权力有可能丢失而完全不再顾及。毕竟皇权比个人的历史形象更具诱惑力！

14.平衡是构建稳定的方式之一

刘邦建汉之后，中央政府中实际上存在着三大派系。

首先是以刘邦为首的皇族派，这是西汉政权的核心。这一派包括刘邦的八个皇子、若干皇孙及皇族中其他人员。他们是西汉皇权的中坚力量。这一派的首领是皇族派的政治强人刘邦。刘邦从秦末大起义至称帝，历时八年，不但是中国历史上的第一位平民皇帝，而且是完成从平民到皇帝身份转换时间最短的皇帝。

其次是功臣派。刘邦是布衣天子，追随他一块儿打天下的是一大批文臣武将。这些人大体分为两类：一类是因功封王的异姓诸侯王，一类是封侯的功臣。前者威胁到刘邦的中央政权，特别是威胁到后刘邦时代吕后的执政，因此，相继被刘邦、吕后诛杀。封侯的功臣则是一大批，他们是西汉初年中央政权的核心力量。刘邦对这类功臣相当倚重，西汉中央政府中权力最重的相国历来由封侯的功臣派担任。自萧何起，历曹参、王陵、陈平、周勃、灌婴，直至汉文帝末年，功臣派相继凋零之后，才逐渐由其他官员担此重任。

再次是外戚派。帝国时代，由于皇后制度与嫔妃制度的存在，皇后、嫔妃的娘家人不同程度地受到重用，形成了外戚。吕后专权的八年，外戚派的力量最为强大。

刘邦掌权之时，其本人是政治强人，加上此期外戚派尚未成气候，即使受到刘邦宠爱的戚夫人，也未能在朝中形成一派强大的政治势力。吕后一族虽然地位显赫，但吕后不受刘邦喜爱，吕氏宗族也未能成为西汉政权中实力强大的一派。

所以，刘邦在世之日，诛杀了七位异姓诸侯王中的六位，皇族派、功臣派、外戚派三派的力量大体平衡，造就了西汉政权的稳定局面。

刘邦下世之后，吕后担心功臣派势力强大，竟然秘不发丧，企图阴谋诛杀功臣派以稳定政权。此事被将军郦商所知，郦商痛陈利害，吕后基于现实的考量，才不得不放弃这种荒唐的想法。吕后原以为削弱功臣派力量有利于巩固政权，殊不知她的这一做法引发了功臣派极大的反感。

功臣派是西汉政权稳定的基石，任何动摇这一基石的做法都是自毁长城。刘邦不同于继承父皇之位的守成之君，他是开国皇帝，是打出来的天子，而且是从一介平民顺应时代潮流登上了天子之位。早年的布衣之交，追随他起兵反秦、诛杀项羽、消灭异姓诸侯王。他们在刘邦起兵的不同阶段加入刘邦集团：有些是在丰邑，有些是在沛县，有些是在西入秦关的途中，有些是在楚汉战争中，他们追随刘邦完成了人生的蜕变。这一大批军功受益者成为西汉政权中非常强大的一支力量，成为一个新兴的阶层。

皇族派是唯一有可能继承帝位的一派。人数不多，但身份特殊。正是这种特殊的身份也给他们带来了灭顶之灾。吕后杀三任赵王就是因为他们都是刘邦的儿子，是皇族派的中坚力量，是有可能继承帝位之人。为了巩固、扩大外戚派的力量，吕后用血腥手段屠戮皇子，刘邦的八位皇子中与吕后直接或间接有关而死的达五位之多（齐王刘肥、惠帝刘盈、三任赵王）。皇七子刘长是吕后养大的，有养育之情，免遭毒手。皇四子刘恒，成功示弱，"潜伏"多年，骗过了吕后和所有的功臣派大臣，才"安全着陆"。如果不是善于"潜伏"，代王刘恒恐怕也难保小命。

吕氏外戚派中不乏追随刘邦打天下的功臣，他们在立有战功这一点上与功臣派没有区别。区别只在于吕后夺得最高统治权之后肆意屠杀刘姓皇子皇孙，大封诸吕为王，强制推行吕氏女性与刘姓皇族结亲的政策，并以此作为控制刘姓皇子的手段。这种做法明显违背了刘邦的"白马盟誓"，遭到刘姓皇族派和功臣派的强力反抗。吕后生前，由于其是政治强人，这种刚性反弹还处在隐性阶段。吕后下世仅仅两个月，刘姓皇族派与功臣派立即联手，族诛诸吕，导致吕氏外戚派被灭族，令人扼腕长叹。

中国帝国时代政权的稳定方式非常复杂，各个派系力量的平衡是维系政坛稳定的有效方式之一。

先秦时期的儒家大师荀子早就论述过国君与民众是舟与水的关系，唐太宗也说："君，舟也；人，水也。水能载舟，亦能覆舟。"如果任何一方的水高于其他方面的水，这个载君之舟肯定就不会平稳，弄不好就会翻船。所以头脑清醒的帝王最懂得平衡之术，不让任何一方面的臣子坐大，而让其互相牵制，甚至互相争斗。前些年特别流行帝王剧，看着看着，有些人就会觉得：皇帝是不是傻啊，天下人都知道的大贪官，他为什么好像还一无所知呢？其实，皇帝的脑袋清醒着呢！只有臣子不团结，做皇帝的才会心安。这就是帝王的平衡之术。

15.有限皇权与无限皇权

人皆有喜怒，皇帝、高官亦不例外。喜怒本身不可怕，怕的是在喜怒之时发声。喜怒之刻发声亦不可怕，怕的是手握生杀大权者在喜怒之时发声。因为，喜怒之时往往是当事者的理智失去控制之时，此时一旦发声往往会带来不可挽回的严重后果。

一次，汉文帝驾临上林苑，皇后、慎夫人随行。慎夫人很受文帝宠爱，平时在宫中，她常常与皇帝、皇后平起平坐。这次外出，慎夫

人又打算与皇后比肩而坐。郎署长准备好坐席，大臣袁盎却引导慎夫人坐在了后排，慎夫人一看，当场发了火，气呼呼站着不坐。汉文帝看到这个场面，一甩手，走了。能把皇帝、宠妃全惹毛，袁盎有种。

汉文帝回到宫中，怒气未消。袁盎进宫对仍然生气的文帝说："尊卑有序，才能上下和合。陛下已立了皇后，慎夫人只是个妾，作为主子的皇后岂能与作为奴才的妾同坐一席？陛下真喜欢慎夫人，可以多赏她钱财。如果陛下认为，像今天这样不分尊卑是对慎夫人好，恰恰是害了慎夫人。陛下难道没有看到'人彘'吗？"

"人彘"说的是高祖刘邦宠幸的戚夫人。戚夫人为刘邦生下赵王刘如意。刘邦很喜欢刘如意，觉得他很像自己，认为他与吕后的孩子太子刘盈太仁弱，经常想废掉刘盈，更立刘如意为太子，而且吕后年老色衰，色衰则爱弛，戚夫人则深得刘邦宠幸。吕后将这股怨气全部记在戚夫人头上。刘邦活着时还好，刘邦驾崩后，吕后将戚夫人囚禁在永巷，鸩杀刘如意，又砍断戚夫人的手，挖去她的眼睛，用火灼她的耳朵，并灌给她哑药吃，把她关在猪圈里，称之为"人彘"。戚夫人沦为人彘，固然与吕后残忍有关，与高祖刘邦也大有关系。所以，当汉文帝无限宠幸慎夫人的时候，袁盎就把刚刚过去不久的"人彘"事件给搬了出来。

盎因前说曰："臣闻尊卑有序则上下和。今陛下既已立后，慎夫人乃妾，妾主岂可与同坐哉！适所以失尊卑矣。且陛下幸之，即厚赐之。陛下所以为慎夫人，适所以祸之。陛下独不见'人彘'乎？"——《史记·袁盎晁错列传》

太后遂断戚夫人手足，去眼，煇耳，饮瘖药，使居厕中，命曰'人彘'。——《史记·吕太后本纪》

袁盎的一番话，深深刺痛了文帝刘恒。他的怒气立刻消失了，心中亮堂了。他立即召来慎夫人，对慎夫人讲了一番话。慎夫人听得心惊胆战，不仅怒气没有了，还非常感谢袁盎，赏了袁盎金五十斤。

无独有偶，汉文帝遇到了第二个敢于惹毛他的臣子——张释之。

颇有意思的是，张释之是袁盎大力推荐的。原先张释之家里有点钱财，他就花钱买了一个郎官，但是十年默默无名，没有升迁，浪费了不少钱财，他心生去意。当时袁盎是中郎将，了解张释之，知道他德才兼备，就向汉文帝大力推荐，张释之这才获得了升迁，并逐步做到了廷尉。

一次，文帝出行，走城北的中渭桥。突然有一人从桥下走出来，一下子惊了文帝的马，文帝险些被摔下马。受惊的汉文帝大怒，立即抓了此人，交给廷尉张释之查办。张释之审讯此人，那人说："我从长安县来，听到皇上车队的戒严令，就藏到桥下。过了好大一会儿，我认为皇上的车队已经过去了，就出来了。结果出来看见皇上的车队，于是我撒腿就跑。"张释之报告文帝："有人冲撞了皇上的车队，我判了罚钱，罚金四两。"文帝一听，气不打一处来，说："这个家伙惊了我的马，幸亏我的马性格温顺，如换一匹烈马，还不伤了我啊！廷尉只判他罚款，太轻了。"张

于是上乃说，召语慎夫人。慎夫人赐盎金五十斤。——《史记·袁盎晁错列传》

释之回答:"法,是天子与百姓共同遵守的规则。现在,法律条文就是这样规定的,皇上要重判,就会失信于民。如果当时冲撞皇上车队时,您立即抓住他并杀了他,那就算了。如今既然已移交廷尉处理,廷尉是天下公平执法的执行者,就应该依法处理。如一次处理失当,天下执法都会出现轻重失当,百姓怎么办?希望陛下明察。"文帝听了,沉默了很长时间才说:"廷尉判决精当啊!"

不久,有人偷了高皇帝庙座前的玉环被抓。文帝一听,勃然大怒,交廷尉处置。张释之据律,判偷盗宗庙器物者死刑。上报后,文帝大怒:"我最不能容忍的是百姓偷盗先帝宗庙的器物。我交给你廷尉处理,就想判个灭族罪。你现在的判决,不合我恭承宗庙的原意。"张释之说:"依法令这是最重的惩罚。如果偷盗宗庙器物判灭族罪,那么盗墓长陵,陛下怎么加重处罚?"文帝听了没表态,过了很长一段时间,文帝报告太后,俩人商议后同意张廷尉的判决。

汉文帝情商不高,"渭桥惊马"和"高庙盗窃"两案,文帝得知廷尉张释之判案的第一反应都是勃然大怒。但是,汉文帝能在盛怒之时不轻率表态,事后冷静了再处理,非常难得。因为皇帝非他人,口含天宪,拥有生杀予夺之权,轻率表态,

释之曰:『法者天子所与天下公共也。今法如此而更重之,是法不信于民也。且方其时,上使立诛之则已。今既下廷尉,廷尉,天下之平也,一倾而天下用法皆为轻重,民安所措其手足?唯陛下察之。』——《史记·张释之冯唐列传》

释之免冠顿首谢曰:『法如是足也。且罪等,然以逆顺为差。今盗宗庙器而族之,有如万分之一,假令愚民取长陵一抔土,陛下何以加其法乎?』——《史记·张释之冯唐列传》

久之,文帝与太后言之,乃许廷尉当。——《史记·张释之冯唐列传》

后果严重。袁盎讲等级秩序，张释之说执法公平，皆为国之大事。难能可贵的是，当皇帝诏令与法律产生冲突时，张释之遵法而不听人，这就是法治。尽管当时惹毛文帝，但文帝的处理毫不任性用权，的确值得点赞。

张释之判案的故事在中国法制史上应当是一个里程碑。因为他提出了中外法制史上一个著名规则："法者天子所与天下公共也。"天子与百姓同用一部法律，必须按照同一法律办事。所以，任用什么样的官员担任司法官是帝国制度下一件关系全局的大事。酷吏周阳由经文、景、武三朝，"所爱者，挠法活之；所憎者，曲法诛灭之"，完全不按法律办案。另一位著名酷吏张汤，完全秉承皇帝的个人好恶，皇上讨厌谁，他一定想方设法治其罪；皇上想赦免谁，他一定千方百计予以轻判。

所治即上意所欲罪，予监史深祸者；即上意所欲释，与监史轻平者。——《史记·酷吏列传》

"渭桥惊马"和"高庙盗窃"这两件中国法制史上的著名案例，不仅让我们看到了张释之秉公执法的严谨，不怕得罪皇帝的无畏，不怕丢官的无私；而且，更让我们看到了汉文帝对皇权的克制。

从秦始皇实行帝国制以来直至辛亥革命推翻帝制为止，皇帝在帝国制度下拥有的皇权几乎是无限的。官员任免、战争始终、税收征免，一切有关国计民生的大计都必须经皇帝批准才可执行。所以，帝国制度下的皇权无法遏制；只有皇帝愿意遏制皇权，无限皇权才可能成为有限皇权。否则，皇权的无限很难得到有效遏制。

即使是汉文帝，本来也是希望张释之能够依照皇帝个人的意见办案。只是由于张释之的考虑关乎帝国的长治久安，关乎量刑的梯次，汉文帝才不得不同意张释之可以根据法律而不是根据皇帝个人的意愿来判案。

所以，在帝国制度下，实行有限皇权只能依赖皇帝本人的同意；这种同意是以牺牲皇帝个人的某些意愿为代价的，换来的是帝国的长治久安。由于实行有限皇权是以牺牲皇帝个人的某些意愿为代价，所以，有限皇权必然得不到大多数皇帝的由衷赞成。帝国制度决定了皇权的无限性，皇权的无限性也只能在推翻帝制实行共和制之后才有可能伴随着皇帝的消失而终结。

当然，在历代皇帝的任性胡为之后，其本人或其后人还是尝到了无限皇权的恶果：帝国覆灭！

不受限制的最高权力最终都要付出惨重代价，只是或早或晚而已。

16.结果从来都是多方多次较量的结果

建隆二年 (961) 七月，一天晚朝结束后，大宋的开国之君赵匡胤请客，与石守信、王审琦等一帮老朋友喝酒聊天。待酒酣耳热之后，他命令侍从退下，对这些禁军宿将发表感言："没有你们，就没有我老赵的今天，我是天天念叨你们的功德啊！但做天子也太艰难了，还不如当节度使快活，所以最近比较烦，长年累月也不敢睡上一个安稳觉。"

石守信等人有点儿恍惚了，有点儿蒙了，当皇帝竟然还不如当节度使快乐，那为什么还处心积虑要做皇帝呢？赵匡胤说："这个还想不明白？天子这个位置，谁不想坐坐呢？"石守信等人一听，话中有话，一下子酒醒了大半，都连忙叩头道："陛下何出此言！如今天命已定，谁敢再怀异心！"

赵匡胤说："我清楚你们是没有异心，但你们手下的人要贪图富贵怎么办？一旦把黄袍加在你们身上，即使你们不想干，也办不到啊！"

宿将们知道受到了猜疑，弄不好就招来杀身之祸，赶紧频频磕头，痛哭流涕地说："我们这些人都是猪脑子，恳请陛下可怜，给我们指条生路吧。"

赵匡胤看时机差不多了，趁机开导道："人生在世，就如白驹过隙，追求富贵的人，也就是想多积攒点儿金银财宝，自个儿好好享乐，让子孙也不再贫乏。你们何不放弃兵权，出守藩镇，买块好地，买个好房，为子孙留下永久的产业；再多收些歌儿舞女，每天喝喝酒，听听歌，看看美女，乐呵乐呵，以终天年。我与你们互为婚姻，君臣之间，用不着相互猜疑，上下和谐，这是多么美好的事

上悟，于是召守信等饮，酒酣，屏左右谓曰："我非尔曹之力，不得至此，念尔曹之德，无有穷尽。然天子亦大艰难，殊不若为节度使之乐，吾终夕未尝敢安枕而卧也。"——《续资治通鉴长编》卷二

上曰："不然。汝曹虽无异心，其如麾下之人欲富贵者，一旦以黄袍加汝之身，汝虽欲不为，其可得乎？"——《续资治通鉴长编》卷二

皆顿首涕泣曰："臣等愚不及此，惟陛下哀矜，指示可生之途。"——《续资治通鉴长编》卷二

情啊！"

众将领听赵匡胤说得如此清楚明白，立刻叩头拜谢说："陛下为我们想得太周到了，真是我们的再生父母啊！"

第二天，石守信、高怀德、王审琦、张令铎等都上书称病，言辞恳切，请求朝廷解除他们的兵权。太祖一概允准，让他们出镇地方为节度使，除天平节度使石守信还名义上保留侍卫亲军马步军都指挥使的空名外，其他宿将的禁军职务都被废除了。到建隆三年 (962)，石守信的虚名也被剥夺了，从此，侍卫亲军马步军都指挥使这一职位也就空缺了。

赵匡胤是个言而有信的人，所以不久之后，他又与这些将军结为儿女亲家，互通婚姻，他的长女昭庆公主下嫁王审琦之子王承衍，次女延庆公主下嫁石守信之子石保吉，皇弟赵光美还娶了张令铎的女儿为夫人。

这就是北宋初年历史上著名的"杯酒释兵权"事件。

这件事看起来很轻松，把几个人聚在一起，喝了几碗酒，吃了一顿饭，聊了一会儿天，就把问题彻底解决了，而且解决得很好。问题是，吃顿饭就能解决军权的问题吗？如果这么

上曰："人生如白驹之过隙，所为好富贵者，不过欲多积金钱，厚自娱乐，使子孙无贫乏耳。尔曹何不释去兵权，出守大藩，择便好田宅市之，为子孙立永远不可动之业，多置歌儿舞女，日饮酒相欢以终其天年。我且与尔曹约为婚姻，君臣之间，两无猜疑，上下相安，不亦善乎！"——《续资治通鉴长编》卷二

明日，皆称疾请罢，上喜，所以慰抚赐赉之甚厚。——《续资治通鉴长编》卷二

简单，五代之时的哪位开国之君不想解除手下大将的兵权呢？

大权在握的禁军将领、大宋的开国元勋就那么愿意交出军权吗？实际上，这是君主和将领两者地位、实力、智力等方面暗地较量的结果。

第一，从赵匡胤来说，建国以来的众多措施已形成众星拱月的势头。

五代君主建国之初，未尝不想大权独握，但都未能梦想成真，最终都是打下了江山给了别人。赵匡胤之所以能实现独揽大权之势，在于他有高于五代亡国之君之处，那就是他的果敢、决断及实力扩充。清朝乾隆皇帝对"杯酒释兵权"曾经有过如下评价：历来诵读史书的人大都认为宋太祖在宴饮之间轻松地解除了禁军将领的兵权，在不知不觉间，不声不响地使天下归于安定，这实在是鄙陋浅见。石守信等数位禁军首领如果不是受制于宋太祖，又怎能靠几句客气话、知心话、暗带威胁的话就放弃了自己所掌握的军权？当时宋太祖比这些禁军将领更加机智勇武，有信心、有能力按照自己的意愿处理事情，未雨绸缪，防患于未然。石守信等人接受命令还来不及，又怎么敢有不同意见？修史的人没有远见卓识，只是在宴饮这一移权方式上不断来炫耀其中的奇异之处，而不是从宋太祖本身的英勇决断处入手，甚为可笑！

彼时宋主英勇固出数人之上，操纵由己，消患未然。守信诸人方承命之不暇，又何敢有异议乎？史家无卓识，徒于杯酒诡词处炫奇，以为秘计神谋，而不于宋主英断勇为处着眼，而后世遂以为是妙策独出。吁！可笑矣！——《景印文渊阁四库全书》第694册《评鉴阐要》，台湾商务印书馆1986年版乾隆做皇帝六十载，对于君臣之间的微妙关系自然比一般文人要深刻得多，他一针见血地指出了"杯酒释兵权"和平表层下涌动的权力争斗。赵匡胤之所以能以宴饮的方式实现权力转移，最为关键的原因在于他掌握了主动权，在双方的角逐比量中，人单势不弱。

第二，赵匡胤解除禁军将领的兵权也不是一下子就完成的，而是采取了一个循序渐进、各个击破的步骤。这个步骤显然是有意安排的，并且意味深长，足见赵匡胤的政治手腕。

第一步，在建隆二年 (961) 的闰三月，先解除慕容延钊、韩令坤的禁军领导职务。当时他们二人一个是殿前司的最高领导殿前都点检，一个是侍卫司的最高领导侍卫亲军马步军都指挥使。为什么先从他们下手呢？因为这两个人虽然名义上是禁军的最高将领，但却一直驻守地方，对禁军其实并没有足够的掌控力，最多算是个兼职。既然只是一个名誉，解除这个名誉对他们来说也没啥了不起的。因此，从他们开始比较稳妥。

第二步就是解除"杯酒释兵权"事件中的四位禁军将领的军权，对他们而言，一把手都被罢免了，他们这些二把手、三把手再被罢免，在心理上也不会有多少不平衡，何况赵匡胤还有不少优惠条件在等着他们呢！

第三步，收尾。免除包括太祖亲弟赵光义在内的几位高级禁军将帅的职务，只留下侍卫步军都指挥使韩重赟继续在禁军中，但从侍卫司改到了殿前司，改任殿前都指挥使。

赵匡胤与禁军将领的博弈，前后持续了四个多月的时间，最后以绝对优势胜出，"杯酒释兵权"只是其中最重要的一个场景而已。

想想此前的五代时期，五十三年时间换了八姓十三位皇帝。难道这些皇帝不想长期在位吗？为什么他们不能将手握重兵的将军们召集起来吃顿饭，让这些藩镇交出兵权？道理很简单，五代的皇帝不具备这个实力。在皇帝与各路军阀的博弈中，皇帝不具备震慑藩镇的实力。如果此时想通过吃顿饭解决军权的问题，无疑是让政变提前发生。

政治斗争的结果从来都是各方相互博弈、相互角逐的结果。因此，貌似平稳的权力交接，其实是各方实力与智慧博弈的结果。只是这种博弈有时在桌面上，有时在桌面下；这种博弈有时大家都可以看得到、看得明白，有时大家看不到，看到了也不明白个中玄机罢了。

结果既然是多方多次博弈的结果，面对结果应当十分冷静。人生并不是每一次结果都符合自己的利益，面对不符合自己利益的结果应当理智对待。因为这不是个人力量当时能够解决的，既然如此，接受它是一种不错的选择。一时的接受并不意味着永远接受。当个人力量足够强大时，新一轮的较量与博弈也就加速了，改变结果的时机也就成熟了。

17.扳倒一个"江湖大师"真不简单

宋太宗端拱元年 (988)，宋初重臣赵普第三次受命担任宰相。上任伊始，赵普重拳出击，打倒了一个著名的"江湖大师"侯莫陈利用。赵普作为刚刚第三次上任的大宋宰相，为什么对这位"江湖大师"如此"青睐"呢?

这个"大师"不简单!

侯莫陈是三字复姓,据说是源于北魏的少数民族,后来这个姓消失了。侯莫陈利用是个什么人呢?此人本是京城一个卖药的江湖郎中,懂一点儿炼丹的技术,小时候又学了一点小魔术,也许是类似"空盆来蛇""断蛇复活"的小把戏。正是靠着这些江湖法术,他把老百姓迷惑得晕头转向。以前常说"群众的眼睛是雪亮的",其实百姓也是最容易糊弄的。就这样,他在民间炒作得颇有名气。

名声出来了,人生辉煌期也就来了。太平兴国初,侯莫陈利用得到了宋太宗的召见,他的法术对于宋太宗的箭伤后遗症可能有一定的效果。因为这次召见,侯莫陈利用咸鱼大翻身,由一介平民升至郑州团练使的位置,恩宠无限,一时无人能敌。

宋太宗为什么会对一个江湖郎中如此恩宠?这或许要从宋太宗的箭伤说起。高梁河一战的箭伤,几乎要了宋太宗的性命,最后虽然得以保全性命,但也留下了后遗症,股间时不时隐隐作痛。侯莫陈利用的法术是什么,我们无从得知,但有一点可以肯定,他是懂一点儿医术的,暂时抑制住了箭伤给宋太宗带来的伤痛。在宋太宗看来,此人能为自己缓解疼痛,说不定还可以彻底根治这一顽疾。自己作为一朝天

太平兴国初,侯莫陈利用卖药京城,多变幻之术,眩惑闾里。——《续资治通鉴长编》卷二十九

枢密承旨陈从信得之,亟闻于上,即日召见,试其术颇验,即授殿真,骤加恩遇,累迁至郑州团练使。前后赐与,宠泽莫二。——《续资治通鉴长编》卷二十九

子，拿点儿恩赐来换取自己的性命，还是值得的。所以，他对侯莫陈利用的赏赐从来不加吝惜。

对侯莫陈利用来说，他太了解宋太宗的心理，所以恣意横行，毫无惧意，其府第、车马统统僭越了法定规制。正是因为宋太宗的纵容，这个方士身边也集结了一大批逢迎之人，"政界、商界、演艺界"名流纷至沓来，希望可以借助他的力量，平步青云，晋官升职，也的确有人借助他获得了一官半职。朝中大臣对此了然于胸，但谁也不敢向宋太宗进言，因为他是太宗的红人。

但是，赵普拜相后，对其毫不手软。不过，在处置这一问题上，赵普和宋太宗进行了一番周旋。

第一回合：宋太宗胜。

赵普派人将侯莫陈利用擅自杀人及一些其他不法之事向宋太宗告发，要求绳之以法。宋太宗只得派遣近臣审案，注意，是派遣近臣，这说明宋太宗不过是迫于赵普的压力，想走走形式了事。没想到，侯莫陈利用对这些罪行全都供认不讳，这就叫宋太宗很为难，但宋太宗还是想赦免他。赵普坚决反对，说："陛下不依法处置，这就是有法不依，拿法律不当回事，谁还会遵守？这天下不就乱了。法律是一定要珍视的，侯莫陈利用有什么值得可惜的呢！"宋太宗没有办法，无奈将侯莫陈利用除名，流放商州，其妻子

遂恣横，无复畏惮，至于居处服玩，皆僭乘舆宫殿之制。——《续资治通鉴长编》卷二十九

欲贷其死，普固请曰：『陛下不诛，是乱天下法。法可惜，此何足惜哉！』——《宋史·侯莫陈利用传》

儿女没为官奴。

第一回合似乎是赵普胜利了，但是没过多久，宋太宗又下诏让侯莫陈利用回京，最终宋太宗还是袒护了他。

第二回合：赵普胜。

赵普害怕这个江湖骗子一旦回京，宋太宗会重新重用他，使他东山再起，便开始琢磨新的对策。"功夫不负有心人"，赵普又找到了两位重要人证。

一位是殿中丞窦谭(yīn)。窦谭曾经监管过郑州的酒水专营工作，了解侯莫陈利用的非法之事。赵普听说后，召来窦谭询问，得知侯莫陈利用在郑州任上，经常面南背北地接见京城使者，犀玉带用红黄罗袋，这做派是皇帝、皇后专属的，这么做是要诛灭九族的。赵普让窦谭上书宋太宗，一一详细揭发。

另一位是京西转运使宋沆(hàng)。宋沆曾经去抄侯莫陈利用家，得到了数张书信，其中有好多大不敬之语，赵普让宋沆一五一十告知宋太宗。

此外，赵普亲自出马，劝说宋太宗，认为对侯莫陈利用这样的罪大恶极之人，处罚太轻，不能堵住百姓悠悠之口，不能满足百姓的期望。

面对两个人证，面对新的证据，面对赵普的质疑，宋太宗很无奈，他明白赵普的意思。作为天子，他知道侯莫陈利用这样的人杀不足惜，但是，作为一个时时受病痛折磨的病人，他却不想杀他。处于两难之中的宋太宗有点儿近乎请求地说："难道我作为一朝天子，想庇护一个人都做不到吗？"

但是，赵普还是坚持己见，从法理、国运入手，认为必须将此十恶不赦的巨蠹绳之以法。赵普的理由充分，何况侯莫陈利用无知妄作，僭越的行为也触怒了宋太宗敏感的神经。宋太宗将侯莫陈利用赐死，派朝廷使者前往"脔杀之"。脔杀，就是用刀子从活人身上一块块地割肉，直到人死。

赵普胜利了，达到目的了。但是，下令后，宋太宗后悔了，或许是隐隐作痛的箭伤让他改变了主意，马上派人快马加鞭传令赦免。但传诏使者前往商州途中，马陷入泥泞中跌倒了，使者从泥泞中出来后又换马前行，到达商州时，侯莫陈利用已被斩杀于闹市之中。至此，赵普以他的正直与坚持，最终将这个江湖术士扳倒，更为关键的是，将依附侯莫陈利用的奸佞之臣统统贬官。扳倒侯莫陈利用是赵普整顿吏治的一个重要内容，所以，赵普才会盯着侯莫陈利用不放，一定要将他绳之以法。

侯莫陈利用最终被处死了，朝野上下、平民百姓听到这一消息，无不拍手称快，奔走相告。不过，试想一下，如果不是宋太宗派去的使者中途发生"交通事故"，恐怕侯莫陈利用还要继续逍遥法外，并且，这家伙会越炼越成精，扳倒他会越来越困难。

可见，即使由当朝宰相出面，要扳倒一位"江湖大师"都多么艰难！因为"大师"的身后往往还有更

既而悔之，遽使驰传贷其死，使者至新安，马旋泞而踣，掀于淖而出，换它马。及至，磔于市矣。——《续资治通鉴长编》卷二十九

重量级的"大师"!

　　"大师"重视交往高官，特别是权力极大的皇帝。"大师"重视交往名流，虽然名流不一定有权，但是，名流有名，结交名流可以沽名钓誉，捞取名声。权力与名誉是"大师"最看重的法宝。扳倒"大师"之难，难在"大师"身后权力的支撑。

　　侯莫陈利用是宋朝人，他最终的确是被扳倒了。但"江湖大师"并没有因为一个侯莫陈利用的消失而烟消云散，每隔一段时间，社会上总会出现那么几个著名的"大师"，今天也不例外。总结起来，"江湖大师"的江湖法术，无非就是在某一方面懂点儿皮毛的技术，弄点儿杂耍，懂点儿心理学，利用点儿人性，然后，很关键的一点，借助政界、商界甚至文艺圈，就能走上神坛，再然后，一批一批的信众就追腥逐臭了，包括一些社会的精英。"不问苍生问鬼神"的事情，从古至今都没有断绝。难道这些信众都是猪脑子吗？估计也不全是。"大师"是怎样炼成的？扳倒"大师"为什么又会如此费周折呢？这些问题都需要我们深思。

18.做大做强　更要做长

　　"做大做强"是当代世界使用频率最高的词语之一，以致在不知不觉中成为人们判断一个政权的重要标准。但是，对于自公元前221年至公元1911年的中国历史来说，我们不得不承认，某些帝国，如秦，如元，它们都做到了既大又强，但是，非常遗憾，它们都不是中国历史上的长周期王朝。秦帝国存在十五年，元帝国存在九十八年，和它们强大的国力相比，太短暂了。

如果把中国帝国历史上能够存在三百年左右的王朝列入"做长"的范畴，只有汉、唐、宋、明、清五代可以入围。秦帝国、横跨欧亚的蒙元帝国都是当时世界上最强大的帝国，但它们都没有进入长周期帝国的范围。

对于一个统一的帝国来说，做大做强，不如做长。短命终归非人愿。

中国历史上存在三百年左右的五大王朝中，汉、唐二朝被公认为中华民族历史上强大的王朝，宋朝一向被人们视为弱势王朝，但是，弱势宋朝的存在时间在五大王朝中仅次于汉，超过了唐、明、清三朝。

为什么在国人看来弱势的宋朝竟然在五大长周期帝国中位居第二呢？

原因多多，但有一条是绕不开的，即创业皇帝不简单。

宋太祖与宋太宗是宋朝的创业帝王，宋真宗开始了宋代的守成时代。一个长周期王朝的诞生一在于创业者，二在于守成者，三在于创业者与守成者的顺利衔接。就创业而言，宋太祖与宋太宗对于宋朝的贡献是不言而喻的。

宋太祖赵匡胤为实现宋朝的长治久安做了三件大事：一是致力于统一，二是致力于加强中央集权，三是致力于文官政治。

行动源于思想，思想源于现实。宋太祖的思想直接源于五代的战乱。五代五十三年却有十三位皇帝，平均一位皇帝在位四年左右。这段历史让亲身经历者宋太祖极为忧心。如何让自己费尽千辛万苦得来的帝位不会像五代的皇帝帝位一样短命？如何让大宋不成为继后周之后第六个短命王朝呢？

平定叛乱，统一天下，收缴兵权，加强中央集权，成为赵匡胤在位十七年最重要的事。当他离奇地离开这个世界时，大宋王朝已经存在了十七年，早已跳过了五代短命的泥淖，正在步入长周期王朝的序列。时代选择了赵匡胤，赵匡胤亦未辜负时代的厚望。自中唐之后形成的藩镇割据至太祖时代才真正结束，一个新的长周期王朝正一步步走来。

宋太宗继位后，继续抓住统一天下、加强中央集权、践行文治三件大事，取得了不俗的成绩。

赵光义迫使吴越献地，翦除了南方两个半割据政权。灭掉北汉，完成了周世宗、宋太祖的未竟大业。对辽作战，虽有高梁河之战和雍熙北伐的两次惨败，且太宗对辽作战的目的之一是超越太祖皇帝，但太宗统一天下之心依然可嘉可赞。

宋太宗对巩固中央集权用心最深。

首先，巩固皇权。因为太宗继承大统有诸多谜团，如无太祖传位遗诏，太祖亲子德昭、德芳健在等，所以初步巩固了帝位的太宗，对赵德昭要求赏赐平定北汉的军人的请求予以驳回，并且对其恶言相向，导致德昭自杀。德芳一如其父，莫名其妙地"睡死"了。太祖的两个儿子死后，弟弟赵光美先因"谋反"贬西京洛阳，后因"不悔过怨望"，再贬房州安置，死在了房州。所有有资格继承皇位的人全死了，最终太宗次子赵元僖亲王尹京，这标志着太宗的儿子要继承大统了。

其次，控制二府。宋代中书省、枢密院地位极为重要，二者合称"二府"。太宗历经多次迁转，最终让中书省形成"七相三参"的格局。七位宰相中五位是他的儿子，最小的宰相是他十三岁的儿子赵元杰。

枢密院经过调整，最终，太祖朝的枢密清除完毕，宋太宗的晋王邸成员开始执掌大宋的枢密院，宋太宗朝的开科进士开始进入国家军事系统，崇文抑武更加深化。

对开封府、中书省、枢密院的调整，让太宗完完全全地掌控了中央的权力。

再次，控制军权。对于文人出身的宋太宗，控制兵权是件困难的事。第一，他没有太祖皇帝行伍出身的经历，在军中没有天然的影响力。第二，高梁河之战后他不敢再亲临一线指挥作战。即使存在这些先天与后天的不足，太宗皇帝也没有放弃对兵权的控制。皇帝不临前线如何控制军权？太宗发明了阵图指挥法。战前授以阵图，将领临阵依图列阵作战。其他如设置监军、重用亲信、不设最高指挥等。这些办法虽然有不少甚至很大的弊端，但在控制军权方面发挥了很大作用。

最后，实行文官政治。重用本朝进士是太宗执政的重大举措。太宗即位第二年（太平兴国二年，即977年）正月，实际即位才两个月，举行了第一次进士考试，采取了"井喷式"的招生策略，极力扩大招生规模。自太祖朝开始连续参加十五次科考未被录取的一百八十四名考生一律被破格录取，总人数达到五百人。而太祖朝十七年科考十五次，一共录取一百八十八人，可见太宗朝第一次科考录取人数之多。

从太平兴国二年至淳化三年（992）十六年间，太宗共举行八次科举考试，录取6692人。太宗一朝，大宋王朝的行政官僚阶层基本是换了一次血，科举出身的文职人员成为国家政权最庞大最有实力的阶层。文人统治完全替代了五代时期的武人统治，文官统治的完全确立，表明一个文治时代的真正到来。五代王朝更迭的主因——武将专权一去不返。这为大宋的长治久安奠定了基础。

当然，宋太宗的诸多做法与他一心一意力求超越太祖皇帝的想法息息相关，也和他逆取皇权力图证明自己继位合法性相关。但是，这些做法，客观上对于一个王朝步入长周期发展发挥了巨大的作用。

宋真宗时代宋朝步入守成时代。宋代自真宗、仁宗朝开始，对宋太祖、宋太宗的"祖宗家法"高度重视，太祖、太宗时期的成规定制广受尊奉。这对于宋朝步入长周期发展也发挥了巨大作用。

太祖的仁政同样不容忽视。

宋太祖继位后，厚待后周柴氏一族，并用太祖誓碑的形式将此形成祖制加以固化，这种待遇在历代被武力推翻的王朝中实属罕见。太祖优待后周官员，不搞一朝天子一朝臣，而是施行一朝天子两朝臣，所有后周官员一律留任，最大限度地减少政权更迭造成的震荡和屠杀。优待文人，尽量不杀有不同政见的官员，造就了文人最受优宠的时代。

所有这一切，都最大限度地稳定了政权，都为赵宋王朝进入中国帝制时代长周期王朝之列创造了条件。

1.赵氏孤儿

2011年的贺岁片中,《赵氏孤儿》以历史题材独具特色,演绎了历史上有名的程婴救孤的故事。但是,电影是现代人理念的外在阐释,故事的年代、主要人物关系、人物的结局等方面都有了相应的改造,展现出人性中义与情的矛盾纠葛。那么,历史记载中的赵氏孤儿的故事究竟是个什么形貌呢?

赵氏孤儿的故事首见于《史记》,《赵世家》与《韩世家》中对此都有记载,可以相互补充,共现历史的真实画面。

在故事发生年代上,赵盾在屠岸贾作乱之前离世已久,此时赵氏家族以赵盾子赵朔为一族之首。

晋景公之三年,晋司寇屠岸贾将作乱,诛灵公之贼赵盾。赵盾已死矣,欲诛其子赵朔。——《史记·韩世家》

在故事发生的起因方面,屠岸贾作乱的理由是重提赵盾弑杀晋灵公事件,而非诬陷赵盾杀晋景公。而且所说的"赵盾弑其君"也非历史真相,实际是晋灵公意图谋害赵盾,在赵盾逃亡途中,赵盾的侄子赵穿将灵公杀死,拥立晋成公为君。晋成公登基之后,请回赵盾继续主持国政,当时的史官董狐认为赵盾出逃并没有逃出国境,应该对灵公被杀事件负责,而且回来主持国政之后也没有追究赵穿的责任,所以晋灵公被杀的这笔黑账应该记到赵盾头上。屠岸贾打出"杀乱臣"牌，大张旗鼓地要诛杀赵氏家族，而非暗地里蓄谋、设计。

在主要人物身份方面，赵朔的妻子是晋成公的姐姐，而非晋景公的姐姐。公孙杵臼是赵朔的门客，程婴则是赵朔的挚友。韩厥也非屠岸贾手下的喽啰，他在屠岸贾诛杀赵氏家族之前，义正词严地反驳屠岸贾所称的赵盾为弑杀晋灵公的贼人说法，在劝说屠岸贾无效后，向赵朔通风报信，劝其逃亡。在赵朔执意不肯后，答应不让赵家香火断绝，之后佯称有病便不出门。

在故事情节方面，在赵家被满门抄斩之时，身怀六甲的赵朔妻逃到宫中避过一难，后来生下一男婴。屠岸贾知晓之后，率人至宫中搜索，情急之下，赵夫人将孩子放置到裙裳里面，并暗暗祷告说："如果老天不亡赵氏，孩子你就不要哭！"说也奇怪，待屠岸贾带人冲进去之后，孩子竟未发出一声啼哭。

暂时骗过了屠岸贾，但是他们都知道屠岸贾在没有找到孩子之前是不会善罢甘休的，所以公孙杵臼与程婴聚到一起商量对策。最后公孙杵臼说他做容易的事情——死，由程婴来完成困难的事情——立孤。两人商定之后，从他人那里弄来

屠岸贾者，始有宠于灵公，及至于景公而贾为司寇，将作难，乃治灵公之贼以致赵盾，遍告诸将曰：『盾虽不知，犹为贼首。以臣弑君，子孙在朝，何以惩罪？请诛之。』——《史记·赵世家》

居无何，而朔妇免身，生男。屠岸贾闻之，索于宫中。夫人置儿绔中，祝曰：『赵宗灭乎，若号；即不灭，若无声。』及索，儿竟无声。——《史记·赵世家》

一个孩子，穿戴整齐后，藏匿于山中。接下来，两个人就上演了一场感天动地的双簧戏：程婴对搜索孩子的将领说谁给他千金，他就将赵氏家族唯一的血脉所在处说出。诸位将领自然是欣喜过望，随从程婴来到公孙杵臼所在地，公孙杵臼在众人面前把程婴骂了个狗血喷头，谴责他的变节行径，抱着孩子望天长叹，希望能将赵氏血脉留存下来。程婴的"卖友投敌"及公孙杵臼的慷慨激昂骗过了所有的人，最后公孙杵臼与被当作赵氏血脉的孩子都被杀掉了，程婴则带着真正的赵家孩子——赵武藏匿于山中，这一藏就是十五年。

十五年后，晋景公生了一场大病，占卜之后卜师说是皋陶的后代不能通达故而有妖物作怪。在晋国只有赵氏是皋陶的后代。也是赵氏家族命不该绝，晋景公找来询问的大臣就是之前通风报信的韩厥，韩厥将事情的前后经过一五一十地告知了景公。此后真正的立孤典礼正式启动，在景公与韩厥的谋划之下，当诸位将领进宫探问景公病情时，韩厥的部队突然出现，胁迫将领与赵武见面，诸将无奈之下，纷纷将当年的罪责推到屠岸贾身上。景公见时机成熟，派赵武、程婴与诸将领一道攻打屠岸贾，并将其灭族。

在人物结局方面，程婴十五年的含辛茹苦，

已脱，程婴谓公孙杵臼曰："今一索不得，后必且复索之，奈何？"公孙杵臼曰："立孤与死孰难？"程婴曰："死易，立孤难耳。"公孙杵臼曰："赵氏先君遇子厚，子强为其难者，吾为其易者，请先死。"乃二人谋取他人婴儿负之，衣以文葆，匿山中。——《史记·赵世家》

十五年的忍辱负重，一夕之间得到了回报。赵氏孤儿复立，赵氏家族得以延续血脉，程婴十五年一直紧绷的弦倏然松了下来，他对得起他的好友赵朔和主动选择死亡的公孙杵臼。最后程婴在赵武成人礼之后，选择了自杀来回报当年公孙杵臼对他的信任，欣然离世。

《史记》中的赵氏孤儿的故事已经是一个情节曲折、节奏紧凑、人物形象丰满的作品，之后民间传说更是不断增补添加，到元代纪君祥写出了著名的悲剧作品《赵氏孤儿冤报冤》，凸显了程婴的义薄云天之举，用自己的孩子换得了赵氏孤儿的生命，成为震撼中西方的作品。陈凯歌导演的《赵氏孤儿》基本上是在纪君祥的《赵氏孤儿》基础上作出的改编，其中人性的纠结得到充分展示，最后神色凄怆的程婴追着妻儿而去的画面让人不禁掬一把同情泪。

历史是人的历史，是活的历史，不同时代对于历史的阐释形成了独具特色的"当代史"，不同时代的赵氏孤儿版本，也是中国人的人性及审美历史变迁的展示。

2.解读历史从来都是为我所用

《史记·甘茂列传》记载丞相甘茂对秦武王说：

及赵武冠，为成人，程婴乃辞诸大夫，谓赵武曰：『昔下宫之难，皆能死。我非不能死，我思立赵氏之后。今赵武既立，为成人，复故位，我将下报赵宣孟与公孙杵臼。』——《史记·赵世家》

当年魏文侯命令乐羊伐中山国，这一仗打了三年才打胜。乐羊班师回朝，上书请功。魏文侯什么也没说，搬出来一个大筐，里面装满了这三年状告乐羊的谤书。乐羊一看，赶快向魏文侯说："此非臣之功也，主君之力也。"

甘茂引用这个故事是为自己即将出征韩国重镇宜阳打伏笔，可谓引用历史为自己服务。甘茂奉秦武王之命攻取宜阳，宜阳作为韩国军事重镇，防守极为严密，甘茂深知这一仗绝非一战可下，必然是一场旷日持久的战争。自己长期在外率兵作战，如果没有秦武王的鼎力支持，这仗无法打下去。所以，出兵之前他特意引用了魏文侯时乐羊伐取中山国一事告诫秦武王要坚定不移地支持自己。

甘茂还对秦武王讲了另一个故事：当年曾参在费居住，鲁国有一个人和曾参同名同姓。有一天，这位也叫曾参的杀了人，有人跑去告诉曾参的母亲，说你们家曾参杀人了。曾参的母亲泰然自若地坐在那里织布，理都不理。一会儿，又有一个人跑来说，曾参杀人了。曾参的母亲还是纹丝不动地坐在那里织布。停了一会儿，第三个人跑过来说，曾参杀人了。曾参的母亲一听，扔下织布机，翻墙就逃。像曾参这样的贤人，像曾参母亲这样了解自己儿子的人，三个人相继告诉她曾参杀人，她竟然也担心自身的安危

魏文侯令乐羊将而攻中山，三年而拔之。乐羊返而论功，文侯示之谤书一箧。乐羊再拜稽首曰："此非臣之功也，主君之力也。"

——《史记·樗里子甘茂列传》

了。可见，要他人始终如一地相信一个人多难。

甘茂讲这个历史故事，旨在劝谏秦武王要始终如一地信任自己，千万不要自己在前方打仗，秦武王在后方相信小人的谗言，不信任自己。尤其不要像曾参的母亲那样，只要有人连续不断地说坏话，秦武王就相信了。

人们解读历史从来都是为我所用。古人如此，今人亦如此。

甘茂深知秦武王的支持对自己攻取宜阳多么重要，所以才不厌其详地讲了乐羊伐中山的故事，讲了曾参母亲闻三人之言而怀疑自己儿子的故事。尽管甘茂做了这么详尽的铺垫，等到他真正率兵攻取宜阳之时，仗打了五个月还未攻取宜阳，果然有人在秦武王面前讲甘茂的坏话。秦武王召甘茂撤兵，甘茂搬出出兵之前和秦武王签的盟约，秦武王才改变态度，全力支持甘茂，最终甘茂攻占了魏国重镇宜阳，打通了秦国逐鹿中原的通道！

一次，我在某地机场候机，巧遇一位中年男子，他看见我，马上就问："王教授，我听过你讲的一个将军讨伐一个国家的故事，他打了胜仗，回来请赏，结果，国君搬出来一筐谤书给他看，他这才知道功劳不全是自己的。你能再给我讲讲这个故事吗？特别是故事中主人公的姓名。我想给我们公司的中层领

今臣之贤不若曾参，王之信臣又不如曾参之母信曾参也，疑臣者非特三人，臣恐大王之投杼也。——《史记·樗里子甘茂列传》

导讲讲这个故事。"于是，我将这个故事又详细地为他讲了一遍。

因为大家都要赶飞机，所以又聊了几句就各自登机了。我想，这位男士一定是一位老总，他了解乐羊伐中山的故事是想要自己公司的中层领导明白功劳不全凭他们自己的努力，老总的支持也是必不可少的因素。我很敬佩这位老总，他能从一个历史故事中听出来可以为己所用的道理，现在这位老总的故事又为我所用了。

历史要为我所用并没有错。我们了解历史的目的之一就是以史为鉴。

一个人无论经历多么丰富，都会因自身的局限而对这个繁复世界上的许多人、许多事缺乏认识。金钱、时间、精力、语言等都可能是限制一个人的因素。既然世界上有这么多事我们无法经历，那我们靠什么来认识这个世界？靠历史。因为历史记载了许多人经历过的事，这些事中有鲜为人知的见闻、爱恨情仇的纠葛、跌宕起伏的人生命运、阴晴圆缺的岁月离合。我们读历史，读到的是他人的故事，也是自己的生命领悟与内心的深刻思考。

历史是什么？哥伦比亚大学的马文·哈里斯用他的名著《巴西的城镇和乡村》说明了这样一个道理：历史就是用现在解释过去；法国史学家费尔南·布罗代尔则将文明史视为用过去解释现在。历史，不论是用现在解释过去，还是用过去解释现在，与现在都脱不了干系，历史从来就没有离开当下，这与意大利史学家克罗齐的经典名言"一切历史都是当代史"是不谋而合的。正因为如此，不论是历史的书写，还是历史的阅读、历史的接受，从来都是为"我"所用。

3.历史的必然与偶然

历史的发展是必然的。封土建国的封建制必然被帝国制取代；专制的帝国制畅行两千多年后，最终又被共和制取代。无论是袁世凯，还是溥仪，都无法恢复帝国制，这是历史的必然。时至今日，稍有常识的人都不会再做恢复帝国制的春梦了。如果今天谁还想做帝国梦，就注定会成为又一个历史的笑柄。

但是，历史的发展又充满了偶然性。忽视必然性，看不清历史发展的大势；忽略偶然性，看不到历史发展的曲折。二者都不可取。

历史的偶然性包含两层含义：一是历史发展的偶然性，二是历史记录的偶然性。

历史发展的偶然性也有两层含义：一指历史事件的发生有其偶然性，二指历史人物的产生有其偶然性。

春秋时期的晋国，是大国又是强国。强大统一的晋国阻挡了秦国东进的任何可能。但是，晋国内部却出于种种原因出现了卿权独大的现象。最终韩、赵、魏、智氏等六卿势力成为王权的巨大威胁，这种卿权坐大的现象在秦国却并不严重。晋的卿权强大，发展到极致便是韩、赵、魏三家分晋，强大统一的晋国顷刻间瓦解。这对于秦国来说是天大的好事。从此之后，秦国东进的大门被打开了。虽然秦国东出尚需假以时日，但是其大势已经形成。卿权坐大是春秋时期历史的必然，而发生在晋国等少数诸侯国中又是历史的偶然。秦国出于自身的原因没有出现卿权威胁王权的现象，这是它最终能够兼并六国的重要原因之一。

关键性历史人物的产生同样有着巨大的偶然性。

秦王政是中国政治制度史上一个地标性人物，他能登上历史舞台同样是历史的偶然。

首先，赵政当上秦王和他曾祖父秦昭襄王即位关系极大，没有赵政的曾祖父昭襄王即位，赵政绝对不可能成为秦王。

秦昭襄王同父异母的哥哥秦武王是一位天才的举重运动员，力气特大，特别喜欢举重，在一次与大力士孟说比赛举鼎时，被砸断了腿，估计是准备活动不足，或者是缺乏教练的指导；这次受伤非常严重，秦武王不久因伤痛去世。

秦武王继位时很年轻，当了三年国君就死亡，没有儿子，这样，法定继承人缺位。而且，他因伤突然死亡，来不及对继承人做出安排。谁能够继位为秦王呢？继承王位的秦王还能有所作为吗？

秦武王死后谁能继位为秦王立即成为秦国宫廷中的一件大事。

按照宗法制的原则，能继承秦王之位的只有秦武王的弟弟们。因此，秦惠文王后宫嫔妃生的儿子都有条件争夺王位；后宫中没有儿子的嫔妃和朝中大臣们虽然无条件继承王位，但是，有不少人希望自己能有拥立新王之功，也卷入了这场争斗。

武王有力好戏，力士任鄙、乌获、孟说皆至大官。王与孟说举鼎，绝膑。八月，武王死。——《史记·秦本纪》

武王取魏女为后，无子。——《史记·秦本纪》

此时，秦国有能力决策这一问题的只有三个人。

一是秦惠文王的王后，此时已经是王太后；二是秦武王的王后；还有一个人，虽然不是王室成员，但是很有实力。

他叫魏冉。秦惠文王、秦武王时代魏冉已经在朝廷任官，而且是手握大权的人物。

从表面上看，三个人都拥有一定的决定权，这叫三票制。

秦惠文王的王后、秦武王的王后从来没有干预过政事，力量不足，因此，这两票只是个样子。魏冉不同，他是秦惠文王、秦武王两朝元老，在朝中非常有势力。他这一票是三票中最为关键的一票。

秦惠文王的王后、秦武王的王后在立谁为继承人的问题上和魏冉的意见不一致；但是魏冉有权，他利用自己的权力一票搞定此事，强行立秦武王的异母弟赵稷为秦昭襄王。此时，赵稷正在燕国当质子（做人质的公子）。当赵稷被宣布立为新秦王的继位人之后，赵武灵王为了和赵稷建立友好关系，派代相赵固前往燕国迎接赵稷，燕国也愿落个人情，全力配合，赵稷顺利回到秦国，并被立为秦王。

赵稷就是秦始皇的曾祖父，他的即位完全是魏冉敲定的；远在异国他乡的公子完全没有左右自己

立异母弟，是为昭襄王。昭襄母楚人，姓芈氏，号宣太后。武王死时，昭襄王为质于燕，燕人送归，得立。

——《史记·秦本纪》

命运的能力，但是他的继位却为他的重孙赵政带来
了历史性的机遇！

其次，秦昭襄王的太子早夭。

秦昭襄王长寿，他的太子实在经不起这种长期
不能继位的痛苦，最后竟先于其父死了。悼太子的下
世给了秦始皇的祖父安国君一个历史性机遇，他继
承了太子之位，史称孝文王。孝文王继位一是因为他
的哥哥死了，二是因为太子死后他递补为太子。孝文
王正式继位只有三天，但是，他是赵政的祖父，他的
继位再次为赵政继位创造了机会。

再次，庄襄王意外即位。

孝文王下世后，异人（子楚）继位。孝文王有二十多
个儿子，在赵做质子的异人完全没有机会继位，幸亏
大商人吕不韦投资异人，异人成功当上嫡子。孝文王
下世后，他成为秦国国君。他是赵政的父亲，史称秦
庄襄王。

秦庄襄王在位三年下世，赵政十三岁继位为秦
王。赵政成为秦王，才有了他兼并六国成功的壮举，
才留下了他亲自设计的在中国存续两千余年的帝国
制度。

秦国兼并六国是历史的必然，废封建行郡县也
是历史的必然，但由秦始皇完成这两大历史使命则
是历史的偶然。

孝文王除丧，十月己亥即位，三日
辛丑卒。——《史记·秦本纪》

历史的记录同样有着各种偶然性。

真实的历史和记录的历史是两个完全不同的概念，但是，在人们的心中它们都叫"历史"；而且，记录的历史被人们习惯性地称为文献，更受人们的重视。

人们往往忘了一点：记录的历史受记录人各种主观因素的制约，往往和真实的历史有或大或小的区别。所以，记录下来的历史往往都有某种偶然性。同样，没有被史学家记录下来的历史并不等于不存在。历史研究要尊重文献记载，但是，历史研究也不能迷信文献记载。这是我们今天读史时应当遵循的原则之一。

近三十年来，随着诸多大型项目的开工，一批批我们从未见过的文献出土了。这就是二十一世纪的显学——出土文献学。出土文献大大丰富了我们的视野。比如秦代法令，我们过去知之甚少，但是，睡虎地秦简的出土真让我们大开眼界了，特别是这批竹简记载的《秦律十八种》更具独特价值。即使如此，我们今天能够看到的历史文献还是太少太少了。但是，这种局面必将得到改善。随着出土文献的不断涌现，一些被人们视为当然的结论就必然要修正了。

4.人人都是他自己的历史学家

《史记》记载，刘邦当了皇帝之后，向群臣们提出的第一个问题是："吾所以有天下者何？项氏之所以失天下者何？"刘邦手下的功臣王陵第一个起来回答刘邦："项羽妒贤嫉能，有功者害之，贤者疑之，战胜而不予人功，得地而不予人利，此所以失天下也。"可是，我们遍读《史记》《汉书》的有关纪传，找不到项羽"妒贤嫉能"的任何明显事例。王陵所举的"有功者害之，贤者疑之，战胜而不予人功，得地而不予人利"四个重要方面，我们在史料中一条也找不到。王陵是刘邦的同乡，此公的最大特点是为人耿直。刘邦临终之际，吕后向刘邦问及相国人选，刘邦给出的答案是：萧何之后是曹参，曹参之后是王陵。可见，刘邦对王陵非常器重。吕后大封诸吕之时，王陵第一个站出来义正词严地以"白马盟誓"驳斥吕后，坚决不主张封诸吕为王。吕后气得牙根直痒，但是，王陵此时身为右丞相，而且高举的又是刘邦定下的规矩，吕后非常无奈。此时的左丞相陈平、太尉周勃都迎合吕后，同意封诸吕为王。王陵因此义愤填膺，怒斥陈平、周勃。像王陵这么一位耿直的大臣，应当不会无端造谣诬陷项羽以取悦刘邦，因此，王陵所言一定有据。但是，司马迁、班固硬是没写。无奈！

刘邦当上皇帝之后，封萧何为天下功臣第一，曹参为功臣第二，接着又封了第一批功臣，但还有一大批功臣未及封。有一天，刘邦站在宫殿与宫殿相连的通道上，看见手下的大臣三三两两地在一块儿议论纷纷。刘邦挺纳闷，问身边的张良：他们在谈什么？张良回答：他们在谈谋反。刘邦一听，吓了一大跳。忙问张良：他们为什么要谋反？张良回答："您起自布衣，是这些人帮助您才打下了天下。现在您贵为天子，封赏的都是自己喜爱的人，诛杀的都是与自己有仇怨的人。现在朝中正在统计战功。如果所有的人都受封，天下的土地毕竟有限。这些人既担心得不到封赏，又怕您追究他们的过失而被杀，所以聚集在一起商量造反。"张良之言可能有点儿危言耸听，但张良所说的"所封皆萧、曹故人所亲爱"，"所诛者皆生平所仇怨"这两句话，分量不轻！前者，我们在《史记·萧相国世家》《史记·曹相国世家》中看得清清楚楚。但是，"所诛者皆生平所仇怨"一句，遍读《史记》《汉书》均未见任何记载。张良此言是对刘邦所问的回答，如果张良瞎扯，刘邦肯定不会同意张良的判断。事实上，刘邦一听，顿时吓呆了，忙向张良问计，可见，张良所言刘邦统统承认，其中包括"所诛者皆生平所仇怨"。但是，司马迁、班固硬是没记。无奈！

　　真实的历史一旦流逝，就再也无法重复。记录的历史永远小于真实的历史。我们能够做的永远只是还原真实历史的一部分。我们不知道有多少真实的历史未被史学家所记录，因此，全面再现历史是不可能的。

　　历史学家在撰写历史时为什么要选择？选择的原因是什么？

　　面对杂乱无章的史料，史学家撰写历史必然要有所选择，即使让我们写一段当代史也必然会有所筛选；但是，这种选择很大程度上取决于史学家本人。首先是史学家个人的偏好。这种个人

陛下起布衣，以此属取天下，今陛下为天子，而所封皆萧、曹故人所亲爱，而所诛者皆生平所仇怨。今军吏计功，以天下不足遍封，此属畏陛下不能尽封，恐又见疑平生过失及诛，故即相聚谋反耳。——《史记·留侯世家》

偏好受时代环境、个人经历、意识形态、心理状态、美学追求、撰写动机、史学修养等众多因素的影响。因此，同样一个历史人物，在不同史学家的笔下，呈现出来的形象差异极大。对所爱之人，必然有所回护，甚至会有所删除。对所憎之人，必然会详加记录，甚至采用野史传闻。史学家本人的道德水准实在是至关重要。中国古代一直崇尚良史，就是因为古人懂得，记录历史一定要尽量客观、公正。

由于我们今天看到的历史都是史学家记录的历史，所以，当我们阅读这些历史文献时就不能不多问几个为什么；否则，我们可能会受到历史文献的误导。但是，我们今天了解那个久远的历史又只能依据这些历史文献的记录，离开了这些记录，我们对历史可能会更加茫然。

既要依赖传世的历史文献，又不能盲从历史文献，这是一个艰难的过程，也是一个对解读历史的学者的基本要求。伴随着传世文献的流传，目前不少考古发现中又出现了大量的出土文献。出土文献弥补了传世文献的部分不足，对我们认识古代历史有了不少帮助。但是，出土文献更是一种偶然，它绝对不可能完全弥补传世文献的诸多不足。

由于历史是历史学家选择性记录的产物，所以，历史学家如果刻意隐瞒某些事实，就会在记录历史时"手下留情"。这种情况大大增加了阅读的风险。

1931年，美国史学家卡尔·贝克尔就任美国历史学会主席时发表了《人人都是他自己的历史学家》的著名演讲，生动地阐释了相对主义的历史观念。贝克尔认为："把历史学看作对曾经存在的现实的一种节略的、不完美的再现，看作一种为满足那些以史为鉴的人的需求而对不稳定的记忆模型所做的重新设计和粉饰，既无损于历史学的价值，也无损于历史学的尊严。"历史的记录是节略的、不完美的，是有意图的重新设计与粉饰，当然，正因为如此，历史才具备了无穷探究的意义。

5.神化与丑化

对所有历史人物的解读都存在着一个惊人的规律：神化与丑化。这，不仅存在于中国史中，而且存在于世界史中。

上古传说中的尧、舜、禹，周代开国天子周文王、周武王，历来都是我们的先民们在主流社会的主流舆论中极度推崇的圣君明君。翻开我们文字记载的文明史，充满了对这些圣君明君的赞美和向往。可是，这些圣君明君，难道是神？为什么他们没有一点儿人的味道，反倒充满了神的味道呢？

如果以历史的角度来看，尧、舜、禹是我们上古时代部落的领袖，周文王、周武王是周代的开国之君，他们都是人，不是神！至于今天变成了我们所知道的神或者半神半人的形象，都是后人塑造的。

我们总是习惯说文学塑造人物，历史就不塑造人物了吗？历史对人物的塑造丝毫不比文学的塑造逊色，甚至有过之而无不及。我们在自己民族的历史上塑造了尧、舜、禹、周文王、周武王这一系列圣君形象，对他们作为"人"的一面却几乎没有记载。可见，从上古开始，历史人物就存在着神化的倾向。这种神化忽略了部落领袖凡人的一面。谁不是凡人呢？所有的人都是凡人！名人是凡人，高官是凡人，领袖也是凡人！区别只在于：名人是有较大知名度的凡人，高官是对国家和民族负有较大责任的凡人，领袖是对国家、民族负有重大责任的凡人！

既然是凡人，就具有凡人的一切！包括性格上的弱点与优点、作风上的急躁与缓慢、身体上的强壮与柔弱等。那么，为什么我们在圣君明君的记载中看不到有关他的缺点、弱项的记载呢？只能说是记载出了问题！因为记载这些圣君明君之时，记录者对圣君明君的缺点、弱项有意或无意作了删节或者屏蔽，只保留了他们的长处、优点，甚至对他们的优点、强项进行了夸张。这种现象非常普遍，这是历史的神化！

有神化就有丑化！它们是一对孪生兄弟。

对某些主流舆论所排斥的人物，记载之时则完全相反。优点、强项消失了，缺点、弱项突出了，甚至于只有缺点和弱项，没有优点和强项。这就是历史的丑化。

神化与丑化都是历史记载的大忌，但是，神化与丑化又是历史记载的必然。

一部历史，如果对人物没有任何臧否，肯定是败笔之作。历史学家首先是人，是有喜怒哀乐的鲜活的人，有自己的政治倾向，有自己的评价尺度，因此，对历史人物必然有自己的看法。无论是理性的评价，还是感性的好恶，都会流淌到笔端，呈现在纸上。所以，没有神化与丑化的文献记载、文献解读几乎是不存在的。但是，神化与丑化过了头，历史的客观性就会大打折扣，把握拿捏到恰如其分的程度实在是极为不易。

我们对现实社会英雄模范人物的宣传同样存在着一定程度的神化倾向。这是解读当代人物的大忌。无论古代人物，还是当代人物，我们要力求客观，不要因为凝聚在我们笔端的感情而妨碍了客观与公正。

从理论上讲，历史是对过去的再现，不管是历史人物，还是历史事件，需要的只是描述。然而，这种纯粹的再现是根本做不到的，所以，有的史学家干脆将历史视为"表现"，荷兰史学家安克斯密特就是将历史视为表现的典型。他将美学与文学理论范畴的"表现"引入到历史叙述中，意图从美学的观点重新审视历史编纂。这种史学理论，完全可以在历史人物的神化或丑化中找到足够的事实依据。

再版后记

自2006年1月16日开始在中央电视台"百家讲坛"讲史起,九年时间,我主要讲述了"读《史记》"和"读《宋史》"两大系列。

写作讲稿的过程中,我通读、细读了不少原始文献。历时九年的写作、阅读历程,和单纯求知阅读的感受大大不同。我和当时央视许多主讲人不同的是,登上"百家讲坛"时,我已经61岁,是老年人。老年人的特点是经历了太多的事,看到了太多的人和事。

一个甲子的人生,见识、经历的太多,有些感受任凭它随风而去,有些感受当时就觉得要记下来。于是,我将随手记下的感受加以整理,形成了这本书。

这些读史讲史的札记,大都随感而发,因此篇幅或长或短,内容或深或浅,一开始并未有意识地按照某个类型或者主题来写,纯粹是为札记而札记。但是,把这近八十篇札记汇集在一起后,就有点儿眼花缭乱了,所以做了个分类,把主旨比较接近的放在了一起,按道德品性、情感百态、人生际遇、治国理政、历史阐释五类做了简单区分。这个分类只是一个大致的划分,主要是为了方便读者阅读;每一部分内容大致按涉及的主要人物的历史先后排序。

历史的丰富性在于,特定的条件下,历史竟然可以重复。尽管历史的教训赫然在目,但是,悲剧在历史中的重复,往往令人不胜唏嘘。人们读历史,如同读现实,甚至于短暂的一生中可以经历两次乃至多次重复的历史,让人啼笑皆非。

更令人瞠目的是,惨痛的历史并未让后人接受教训。正如一位哲人所说："人类在历史中吸取的唯一教训就是人类从来不会在历史中吸取教训。"正如杜牧《阿房宫赋》所言："秦人不暇自哀而后人哀之，后人哀之而不鉴之，亦使后人而复哀后人也。"

尽管历史事件是固定的、唯一的、不可逆的，但对历史的解读却是千差万别的，这正是历史无穷魅力之所在。历史一旦被书写下来，"书写的历史"就已经固定下来了。"解读的历史"却在不断地变化，这种变化是一个逐渐累积的过程。后人不断依照自己对人性、文化、社会的认识，赋予历史以新的见解，"解读的历史"在这种连绵不断的过程中一点点积累着、丰富着。这种积累、丰富的过程永远不会中断，因此，历史只能越来越丰富。这种丰富，归根结底是人类对自身的认识越来越深化的必然结果。所以，不同时代，不同年龄，不同文化，不同国别的人，对同一段历史的认识是不同的，甚至大相径庭。但是，有一点可以肯定：人类对历史的认识总是越来越深入，越来越丰富，因为人类对自身的认识是越来越深入，越来越丰富的。

"这既无损于历史的价值，也无损于历史的尊严。"

王立群

2024年8月于北京

图书在版编目（CIP）数据

历史从未走远 / 王立群著. -- 北京 : 东方出版社,
2024. 12. -- ISBN 978-7-5207-4035-7

Ⅰ. K0-53

中国国家版本馆 CIP 数据核字第 2024YW9180 号

历史从未走远
LISHI CONGWEI ZOUYUAN

作　　者：王立群
策划编辑：王莉莉
责任编辑：李伟楠
书籍设计：潘振宇
责任审校：曾庆全
出　　版：东方出版社
发　　行：人民东方出版传媒有限公司
地　　址：北京市东城区朝阳门内大街166号
邮政编码：100010
印　　刷：北京汇瑞嘉合文化发展有限公司
版　　次：2024年12月第1版
印　　次：2024年12月第1次印刷
开　　本：880毫米×1230毫米　1/32
印　　张：11
字　　数：249千字
书　　号：ISBN 978-7-5207-4035-7
定　　价：69.00元
发行电话：(010)85924663　85924644　85924641